Wettbewerbsrechtliche und regulatorische Analyse der Kapazitätenvergabe an Grenzkuppelstellen im Elektrizitätsbinnenmarkt

Veröffentlichungen des Instituts für deutsches und europäisches Wirtschafts-, Wettbewerbs- und Regulierungsrecht der Freien Universität Berlin

Herausgegeben von Franz Jürgen Säcker

Band 41

PL ACADEMIC RESEARCH

Anke Reimers

Wettbewerbsrechtliche und regulatorische Analyse der Kapazitätenvergabe an Grenzkuppelstellen im Elektrizitätsbinnenmarkt

PL ACADEMIC RESEARCH

Bibliografische Information der Deutschen Nationalbibliothek
Die Deutsche Nationalbibliothek verzeichnet diese Publikation in der Deutschen Nationalbibliografie; detaillierte bibliografische Daten sind im Internet über http://dnb.d-nb.de abrufbar.

Gedruckt auf alterungsbeständigem,
säurefreiem Papier.

ISSN 1863-494X
ISBN 978-3-631-64807-0 (Print)
E-ISBN 978-3-653-03672-5 (E-Book)
DOI 10.3726/ 978-3-653-03672-5

PL Academic Research ist ein Imprint der Peter Lang GmbH.

Peter Lang – Frankfurt am Main · Bern · Bruxelles · New York · Oxford · Warszawa · Wien

Dieses Buch erscheint in einer Herausgeberreihe bei PL Academic Research und wurde vor Erscheinen peer reviewed.

www.peterlang.com

Meiner Familie

Vorwort

Die vorliegende Arbeit wurde im Wintersemester 2012/2013 von der Juristischen Fakultät der Freien Universität Berlin als Dissertation angenommen. Die mündliche Prüfung fand am 19. Juni 2013 statt. Das Manuskript wurde im August 2012 abgeschlossen, spätere Entwicklungen konnten noch vereinzelt Berücksichtigung finden.

Meinem Doktorvater, Herrn Professor Dr. mult. Franz-Jürgen Säcker, danke ich für die Betreuung der Arbeit, die Übernahme des Prüfungsvorsitzes und die Aufnahme in die vorliegende Schriftenreihe. Herrn em. Professor Dr. Helmut Lecheler danke ich für die Erstellung des Zweitgutachtens sowie Herrn Professor Dr. Gregor Bachmann für die Teilnahme an der mündlichen Prüfung.

Zudem danke ich Herrn Dr. Thilo Reimers für die umfangreichen und konstruktiven fachlichen Diskussionen, insbesondere im Hinblick auf den kartellrechtlichen Teil dieser Arbeit. Außerdem danke ich Herrn Dr. Gerhard Reimers für die gründliche Durchsicht des vollständigen Manuskripts. Wertvolle Unterstützung habe ich darüber hinaus vor allem von meiner Schwester, Frau Professorin Dr. Dörte Schmidt, sowie von Frau Dr. Dorothee Maue, Frau Dr. Ann-Christin Soekadar, Herrn Dr. Helmut Elsner und Herrn Dr. Kai Uwe Pritzsche erfahren. Ihnen allen sei hierfür herzlich gedankt. Meinem Bruder Dirk Schmidt und ganz besonders meinen Eltern Dr. Heike und Dieter Schmidt danke ich für ihre stete Unterstützung.

Mein letzter und größter Dank gilt Lutz.

Berlin, im Oktober 2013 — Anke Reimers

Inhaltsverzeichnis

Abkürzungsverzeichnis

AAC	Already Allocated Capacity
Abl.	Amtsblatt
Abs.	Absatz
ACER	Agency for the Cooperation of Energy Regulators
AEUV	Vertrag über die Arbeitsweise der Europäischen Union
a.F.	alte Fassung
AG	Aktiengesellschaft
Art.	Artikel
ATC	Available Transmission Capacity
Aufl.	Auflage
BB	Betriebs-Berater
BCE	Base Case Exchange
Bd.	Band
BeNeLux	Belgien, Niederlande und Luxemburg
BGBl.	Bundesgesetzblatt
BKartA	Bundeskartellamt
BNetzA	Bundesnetzagentur
BTDrs.	Bundestagsdrucksache
CACM	Capacity Allocation and Congestion Management
CEER	Central Eastern Europe Region
CWE	Central Western Europe
Dena	Deutsche Energieagentur GmbH
ders.	derselbe
EC	European Community
EdF	Électricité de France
EEA	Einheitliche Europäische Akte
EEX	European Energy Exchange AG
EG	Europäische Gemeinschaft
EGKS	Europäische Gemeinschaft für Kohle und Stahl
EGV	Vertrag zur Gründung der Europäischen Gemeinschaft
EL	Ersatzlieferung
e/m/w	Zeitschrift für Energie Markt Wettbewerb

endg.	endgültig
ENTSO-E	European Network of Transmission System Operators for Electricity
EPEX	EXPEX Spot European Power Exchange
ERGEG	European Regulators' Group for Electricity and Gas
ERoEM	European Review of Energy Markets
ET	Energiewirtschaftliche Tagesfragen
ETSO	European Transmission System Operators
EuR	Europarecht
EuroPex	Association of European Power Exchanges
EuZW	Europäische Zeitschrift für Wirtschaftsrecht
EUV	Vertrag über die Europäische Union
EVU	Energieversorgungsunternehmen
EWS	Europäisches Wirtschafts- und Steuerrecht
FKVO	Fusionskontrollverordnung
Fn.	Fußnote
FS	Festschrift
gem.	gemäß
GmbH	Gesellschaft mit beschränkter Haftung
h.M.	herrschende Meinung
Hrsg.	Herausgeber
I.E.L.T.R.	International Energy Law & Taxation Review
i.d.R.	in der Regel
i.S.d.	im Sinne des / der
i.S.v.	im Sinne von
i.V.m.	in Verbindung mit
JoNI	Journal of Network Industries
kV	Kilovolt
KSzW	Kölner Schrift zum Wirtschaftsrecht
ME	Markt & Energie
mwN	mit weiteren Nachweisen
n.F.	neue Fassung
NJW	Neue Juristische Wochenschrift
N&R	Netzwirtschaften und Recht
NTF	Notified Transmission Flow
NTC	Net Transfer Capacity
PTDF	Power Transfer Distribution Factor
RdE	Recht der Energiewirtschaft

RGBl.	Reichsgesetzblatt
RL	Richtlinie
Rn.	Randnummer
Rz.	Randziffer
SSNIP	Small but Significant Non-Transitory Increase in Price
StromHVO	Stromhandelsverordnung
TRM	Transmission Reability Margin
TTC	Total Transfer Capability
TU	Technische Universität
Tz.	Teilziffer
UA	Unterabsatz
UCPTE	Union pour la coordination de la production et du transport de l'électricité
UCTE	Union for the Co-Operation of Transmission of Electricity
VO	Verordnung
vs.	versus
WuW	Wirtschaft und Wettbewerb
www	world wide web
ZfE	Zeitschrift für Energiewirtschaft
ZNER	Zeitschrift für neues Energierecht
ZWeR	Zeitschrift für europäisches Wirtschaftsrecht

1 Einleitung

1.1 Ausgangsproblematik und Untersuchungsgegenstand

Der europäische Energiebinnenmarkt soll bis zum Jahr 2014 vollendet sein.[1] Dieses Ziel steht seit Jahren im Fokus der europäischen Energiepolitik. So hat der Europäische Rat bereits 1986[2] hervorgehoben, dass „eine bessere Integration des von Handelshemmnissen befreiten Energiebinnenmarktes mit dem Ziel, die Versorgungssicherheit zu erhöhen, die Kosten zu verringern und die wirtschaftliche Wettbewerbsfähigkeit zu verstärken" oberste Priorität habe. Der europäische Wettbewerb im Strombereich soll nur noch durch technische Schranken beeinflusst werden. Im idealen Elektrizitätsbinnenmarkt soll es möglich sein, in Tschechien Elektrizität von einem portugiesischen Erzeuger zu beziehen, der außerdem Großkunden in Finnland beliefert. Wettbewerbsverzerrungen sollen abgebaut werden mit dem Ziel der Reduzierung der darauf beruhenden Transaktionskosten. Verbrauchern soll eine größere Wahlfreiheit auf niedrigem Preisniveau gesichert werden. Insgesamt soll damit der Standort Europa für Großkunden wieder an Attraktivität gewinnen.[3] Diente in der Vergangenheit grenzüberschreitender Stromhandel vor allem der Versorgungssicherheit, soll der Elektrizitätsbinnenmarkt nunmehr auch ökonomischen Interessen dienen, um Preisunterschiede zwischen den nationalen Märkten auszunutzen.[4]

Verstärkter grenzüberschreitender Stromhandel bietet drei Vorteile:[5]

– *Verstärkung des grenzüberschreitenden Wettbewerbs*: grenzüberschreitender Handel erhöht die Marktliquidität, verringert die Konzentration auf Anbieterseite und führt zu niedrigeren Preisen.

1 Europäischer Rat, Schlussfolgerungen der Tagung vom 1./2. März 2012, Nr. 19.
2 Europäischer Rat, Entschließung vom 16.09.1986, Nr. 5 lit. b).
3 Schwintowski, in: Schwintowski (Hrsg.), Energierecht in der Zukunft, 17, 19.
4 Presser, Grenzüberschreitender Stromhandel, S. 167.
5 Siehe hierzu ausführlich Wawer, ZfE 2/2009, 91, 91.

– *Effizienzsteigerungen*: Die Verstärkung grenzüberschreitenden Handels ermöglicht unter Ausnutzung geographische und politische Besonderheiten der Mitgliedstaaten eine Angleichung der Preise.
– *Erhöhung der Versorgungssicherheit bei gleichbleibenden Kosten*: Aufgrund der europaweiten Verbindung der nationalen Märkte können vorzuhaltende Reserven auf den einzelnen Märkten reduziert werden, was wiederum zu Kosteneinsparungen führt.

Zwischen den einzelnen nationalen Netzen liegen Grenzkuppelstellen[6], die gleichsam als Brücken zwischen diesen fungieren. Sie sind von entscheidender Bedeutung für den Elektrizitätsbinnenmarkt, denn nur mit ausreichenden Kapazitäten an Grenzkuppelstellen ist der grenzüberschreitende Handel überhaupt möglich.[7] Die Verfügbarkeit von Übertragungskapazitäten an Grenzkuppelstellen zwischen den Mitgliedstaaten spielt für die Schaffung eines europäischen Elektrizitätsbinnenmarkt eine wichtige Rolle: Sie verbinden die nationalen Märkte und wirken wettbewerbsfördernd.[8]

Die Übertragungskapazitäten an den europäischen Grenzkuppelstellen sind jedoch nicht ausreichend, um den intendierten Handel zu bewältigen,[9] da sie mit der Entwicklung des Handels elektrischer Energie der letzten Jahre nicht mitgehalten haben.[10] Die derzeit bestehenden Grenzkuppelstellen dienten bislang primär der Netzsicherheit[11] und wurden vor allem zur Sicherung des Synchronverbundes[12], zur besseren Auslastung von Kraftwerken[13] sowie zur Bewältigung von Notfällen

---

6 Synonym wird in der Literatur auch der aus dem Englischen abgeleitete Begriff „Interkonnektor" verwandt, teilweise wird von „Verbindungsleitung" gesprochen.

7 Kommission, KOM(2009) 115 vom 11.02.2009, S. 4; Gómez–Ibàñez, Regulating Infrastructure, S. 298; Bardt, Regulierungen im Strommarkt, S. 36; Haubrich/Fritz/Zimmer/von Sengbusch/Kopp/Li, ET 2002, 232, 232; ERGEG, Northern Europe Electricity Regional Initiative vom 11.04.2008, S. 4; ERGEG, Cross Border Framework for Electricity Transmission Network Infrastructure vom 18.04.2007, S. 4.

8 Bundesnetzagentur, Bericht zur Auswertung der Netzzustands- und Netzausbauberichte der deutschen Elektrizitätsübertragungsnetzbetreiber vom 14.03.2011, S. 22.

9 Kühling/Sester, Rechtsgutachten 2006, S. 7; siehe außerdem „Kapazitätenengpässe behindern den Handel", F.A.Z. vom 01.11.2006, S. 14.

10 Neus/Haubrich/Moser, ET 2004, 387, 387.

11 Siehe hierzu schon Kommission, MEMO/01/76 vom 12.03.2001, S. 1; Kaiser, Verordnete Regulierung, S. 64; Consentec, Analysis of Cross-Border Congestion Management Methods, S. 1.

12 Knops/de Vries/Hakfoort, JoNI 2001, 311, 312.

13 Kroneberg, ET 2003, 589, 589.

und Engpässen dimensioniert.[14] Abgesehen davon sollten die Grenzkuppelstellen allenfalls langfristige grenzüberschreitende Stromflüsse ermöglichen.[15]

Es besteht jedoch inzwischen ein viel größerer Bedarf an grenzüberschreitenden Kapazitäten,[16] während die Kapazitäten selbst gleich geblieben sind.[17] Zu einer Veränderung der nationalen Marktkonzentrationen ist es bislang nicht gekommen.[18] Die mangelnden Übertragungskapazitäten führen zu einer Beeinträchtigung der Versorgung-[19] sowie der Netzsicherheit.[20] Zudem verhindern die Engpässe eine kostenminimierende Bereitstellung von Energie und behindern den Wettbewerb.[21]

Es ist außerdem bereits abzusehen, dass an den Grenzkuppelstellen zukünftig weitere Engpässe entstehen werden, da sich durch die Etablierung vor allem großer Off-Shore Windparks die Situation an Grenzkuppelstellen gravierend verschlechtern wird. So ist bis zum Jahr 2020 allein vor der Küste Deutschlands die Installation von 37 GW geplant.[22] Damit werden neue Grenzkuppelstellen unabdingbar,[23] um in Zeiten hoher Windeinspeisung die vermehrten Stromflüsse bei der unzureichenden Ausbaudichte des deutschen Höchstspannungsnetzes bewältigen zu können.

Grundsätzlich können Engpässe langfristig vor allem durch Netzausbaumaßnahmen behoben werden.[24] Diese sind jedoch äußerst kostenintensiv und zudem nur mittelfristig durchführbar.[25] Derzeit dauert die Planung einer 380 kV-Leitung in Deutschland im Durchschnitt zwischen fünf und sechs Jahren; weitere drei Jahre dauert es, bis der Bau der Trasse, das Errichten der Strommasten und das Verlegen der Leitungen tatsächlich abgeschlossen ist. E.ON berichtet in einer Pressemitteilung sogar, bis zu 14 Jahre allein auf den Abschluss des Raumordnungs- und

---

14 Keller, Netznutzungspreise in liberalisierten Elektrizitätsmärkten, S. 272; Neus/Haubrich/Moser, ET 2004, 387, 387 mwN; Kroneberg, ET 2003, 589, 589.

15 Kommission, SEK 1999/0470 vom 16.04.1999, S. 7.

16 Wawer, ZfE 2/2009, 91, 91.

17 Knops/de Vries/Hakfoort, JoNI 2001, 311, 312.

18 Kommission, Mitteilung vom 11.03.2010, KOM(2010) 84, S. 16.

19 Ehricke, ZNER 2004, 211, 213.

20 Li/Haubrich, ET 3/2006, 16, 16.

21 Höffler, Engpassmanagement und Anreize zum Netzausbau im leitungsgebundenen Energiesektor, S. 55.

22 Dena, Netzstudie II, Januar 2011, S. 6.

23 F.A.Z. vom 07.01.2010: „Neues Stromnetz in der Nordsee“.

24 Europäisches Parlament, Aussichten für den Erdgas- und Elektrizitätsbinnenmarkt vom 10.07.2007, Erwägungsgrund O; Roels, ET 2006, 20, 21.

25 Li/Haubrich, ET 3/2006, 16, 16.

Planfeststellungsverfahrens gewartet zu haben. Auch nach Aussage anderer Übertragungsnetzbetreiber in Deutschland stehen zwar ausreichende Investitionsmittel bereit, um vor allem auch neue grenzüberschreitende Kapazitäten zu bauen, jedoch würden die langen und umständlichen Genehmigungsverfahren die Umsetzung bislang stark behindern.[26] Diese werden außerdem oftmals noch durch behördliche Widersprüche und Klagen Dritter noch weiter verzögert.[27]

In der Praxis haben sich nach Auftreten erster Engpässe verschiedene Kapazitätenberechnungs- und -vergabemethoden etabliert. Die Wahl einer bestimmten Berechnungs- oder -vergabemethode durch die Grenzkuppelstellenbetreiber hat vielschichtige Auswirkungen: Die Effizienz der vorhandenen Infrastruktur wird beeinflusst, die Preise auf beiden Seiten der Grenzkuppelstelle verändern sich und Auswirkungen auf die Wettbewerbssituation lassen sich verzeichnen.[28] Wie die Sektorenuntersuchung der Kommission im Jahr 2006 gezeigt hat, hat sich der grenzüberschreitende Handel an Grenzkuppelstellen nicht, wie erwartet, weiterentwickelt, was unter anderem auch auf eine unzulängliche Kapazitätenberechnung und -vergabe zurückzuführen ist.[29] Internationale Transportkapazitäten werden oftmals als bilaterale Größen zwischen zwei Ländern oder zwischen Gruppen von Ländern ausgewiesen. Die Kapazitätenvergabe erfolgt an vielen Grenzen unabhängig voneinander.[30] Durch die Anwendung unterschiedlicher Kapazitätenvergabemethoden und wegen der ihnen zugrundeliegenden unterschiedlichen Prämissen bleiben tausende Stunden Kapazität an den Grenzkuppelstellen ungenutzt.[31] Oft differieren auch die rechtlichen Gegebenheiten auf beiden Seiten oder es existieren unterschiedliche Preissysteme. Die Wahl einer bestimmten Berechnungs- oder Vergabemethode hat Auswirkungen auf den Ausnutzungsgrad der jeweiligen Grenzkuppelstelle.

Die optimierte Berechnung und Vergabe der Kapazitäten könnte auch ohne einen Zubau von Kapazitäten einen Teil des Problems bereits lösen,[32] insbesondere bei Anwendung vor Manifestierung eines Engpasses. Viele der bislang in der Praxis angewandten Kapazitätenvergabemethoden haben sich als unzureichend effizient

26 Siehe hierzu F.A.Z. vom 26.09.2007 „Glos dauert der Ausbau der Stromnetze zu lange".

27 So F.A.Z vom 07.01.2010 „Das Nordsee-Netz steht oben auf der Prioritätenliste".

28 De Vries/de Joode/Hakvoort, ERoEM 3/2009, 1, 10.

29 Siehe hierzu ausführlich Hauteclocque, Long-term supply contracts in European decentralized electricity markets, S. 102f.

30 Haubrich/Fritz/Zimmer/von Sengbusch/Kopp/Li, ET 2002, 232, 235.

31 Ryan, Journal of Energy & Natural Resources Law 2009, 42, 53.

32 Presser, Grenzüberschreitender Stromhandel, S. 167 mwN.

erwiesen.[33] Zudem lag der Fokus bislang vor allem auf der Kapazitätenvergabe im Falle eines bereits vorliegenden Engpasses. Es ist jedoch notwendig, auch die Kapazitätenvergabe vor Vorliegen eines Engpasses zu optimieren, da hierdurch Engpässe vermieden werden können.

Aus der Stromhandelsverordnung[34] und den dazugehörigen Leitlinien ergibt sich, dass die Kapazitätenvergabe an Grenzkuppelstellen folgenden Prinzipien entsprechen sollte[35]:

- Ökonomische Effizienz und Förderung von Wettbewerb,
- Maximierung der vorhandenen Kapazitäten und ihrer Nutzung,
- Transparenz gegenüber den Netznutzern auf nichtdiskriminierender Basis und
- Sicherer Netzbetrieb (n-1 Kriterium).

Die StromHVO und ihre Leitlinien lassen jedoch große Interpretationsspielräume zu.[36] Zudem nehmen die Vorgaben keine Rücksicht darauf, dass die Kapazitätenvergabe beispielsweise im Rahmen des Primärmarktes anders zu beurteilen sein könnte als im Rahmen des Sekundärmarktes. Die vorliegenden Defizite sind auch nicht durch das sogenannte dritte Binnenmarktpaket behoben worden.[37]

Die Grenzkuppelstellen sind von einem optimalen Betrieb weit entfernt.[38] Die derzeit praktizierten Engpassmanagement-Lösungen in ganz Europa verfolgen eher einen regionalen als einen europäisch-integrierten Ansatz.[39] Problematisch ist auch, dass oftmals an den einzelnen Grenzkuppelstellen mehrere Übertragungsnetzbetreiber angeschlossen sind.[40] Hinzu kommt, dass Grenzkuppelstellenbetreiber teilweise Engpässe aktiv dazu nutzen, um den eigenen Markt gegenüber

33 Kühling/Hermeier, ZNER 2006, 27, 27.

34 Verordnung (EG) Nr. 714/2009 des europäischen Parlaments und des Rates vom 13. Juli 2009 über die Netzzugangsbedingungen für den grenzüberschreitenden Stromhandel und zur Aufhebung der Verordnung (EG) Nr. 1228/2003 vom 14.8.2009, Abl. EU L 211/15, im Folgenden: StromHVO.

35 Siehe hierzu ausführlich ERGEG, Guidelines on Congestion Management vom 18.07.2005, S. 1, 3.

36 So im Jahr 2009 zur StromHVO a.F. ERGEG, Regulation (EC) 1228/2003 Compliance Monitoring vom 19.02.2009, S. 3.

37 ERGEG, Regulation (EC) 1228/2003 Compliance Monitoring vom 19.02.2009, S. 4.

38 Eine optimale Bewirtschaftung würde sich positiv auf die Effizienzgewinne auswirken, Höffler, Engpassmanagement und Anreize zum Netzausbau im leitungsgebundenen Energiesektor, S. 55.

39 ETSO, Development and Implementation of a Coordinated Model vom 25.02.2009, Rn. 113ff.

40 Knops/de Vries/Hakfoort, JoNI 2001, 311, 312.

Wettbewerbern abzuschotten.[41] Die Berechnung und Vergabe der Kapazitäten ist nicht notwendigerweise allein am zu erzielenden Erlös ausgerichtet. Ohne eine möglichst optimierte Kapazitätenberechnung und -vergabe ist ein europäischer Elektrizitätsbinnenmarkt nicht zu erreichen.

1.2 Ziele und Aufbau der Arbeit

Die Motivation für diese Arbeit liegt in der hohen Relevanz und Aktualität des Themas in der Praxis. Sie soll einen Beitrag zur Identifizierung rechtlich zulässiger Kapazitätenberechnungs- und -vergabemethoden leisten und Anregungen für die Weiterentwicklung der rechtlichen Rahmenbedingungen geben. Dabei soll untersucht werden, inwiefern in unterschiedlichen Situationen unterschiedliche Bewertungskriterien heranzuziehen sind, z.B. durch Differenzierung zwischen Primär- und Sekundärmarkt bzw. Unterscheidungen hinsichtlich des Zeithorizontes. Hier ist noch Forschungsbedarf vorhanden. Weder die regulatorischen noch die wettbewerbsrechtlichen Regelungen beinhalten bisher konkrete Vorgaben, welche Methoden in welchen Situationen zulässig sein sollen. Es soll deshalb aufgezeigt werden, welche Kapazitätenberechnungs- und -vergabemethoden im Einklang mit den wettbewerbsrechtlichen und regulatorischen Vorgaben stehen, bzw. an welchen Stellen eine Weiterentwicklung der Vorgaben notwendig ist. Allein anhand der Einhaltung der rechtlichen Vorgaben ist eine optimale Bewirtschaftung der Grenzkuppelstellen nicht möglich.

Zu diesem Zweck ist die Arbeit wie folgt aufgebaut: Zunächst erfolgt im zweiten Kapitel eine Übersicht über die Grundlagen des grenzüberschreitenden Kapazitätsmanagements unter Berücksichtigung der physikalischen Besonderheiten. Jede Rechtsprüfung setzt die Kenntnis der zugrunde liegenden Tatsachen voraus. Die dem grenzüberschreitenden Stromhandel zugrunde liegende Tatsachenlage ist sehr komplex, da sich der grenzüberschreitende Stromhandel durch eine Reihe von technischen, wirtschaftlichen und organisatorischen Besonderheiten auszeichnet. Die vorliegende Arbeit stellt kurz interdisziplinär die technischen und ökonomischen Hintergründe der Kapazitätenberechnung und deren Vergabe dar. Es wird der Begriff des „Engpasses“ definiert und seine ökonomische Wirkung beschrieben. Anschließend werden die einzelnen Kapazitätenberechnungs- und -vergabemethoden erläutert, bevor abschließend die (rechts-)historische Entwicklung des Kapazitätsmanagements dargestellt wird.

---

41 Röller/Stehmann, Perspektiven der Wirtschaftspolitik 2006, 355, 365.

Das zweite Kernthema befasst sich mit den regulatorischen Rahmenbedingungen der Kapazitätenvergabe an Grenzkuppelstellen (Kapitel 3). Zunächst werden die regulatorischen Vorgaben dargestellt und erläutert. Es folgt, aufgebaut auf den im zweiten Kapitel erläuterten Grundlagen, eine Bewertung der Berechnungs- und Vergabemethoden anhand der regulatorischen Vorgaben, vor allem anhand der StromHVO und ihrer Leitlinien. Es wird näher untersucht, inwiefern in bestimmten Situationen die anzulegenden Vorgaben zu modifizieren sind und inwieweit sich dies auf die Zulässigkeit bestimmter Methoden auswirkt.

Das dritte Kernthema beinhaltet die wettbewerbsrechtliche Beurteilung der Kapazitätenvergabe an Grenzkuppelstellen (Kapitel 4). Zunächst wird das Verhältnis zwischen Regulierung und Kartellrechtsanwendung erläutert unter strikter Beachtung der Unterschiede zwischen regulatorischen und wettbewerbsrechtlichen Regelungen. Anschließend wird die bisherige Praxis der wettbewerbsrechtlichen Beurteilung dargestellt, bevor eine Bewertung der Berechnungs- und Vergabemethoden anhand der Art. 101f. AEUV vorgenommen wird. Nachdem die Eingriffsmöglichkeiten der Behörden aufgezeigt werden, wird anhand eines praktischen Fallbeispiels der derzeitige Stand der wettbewerbsrechtlichen Beurteilung der Kapazitätenvergabe an Grenzkuppelstellen aufgezeigt und analysiert werden. Abschließend werden die gefundenen Ergebnisse in Thesen zusammengefasst und ein Ausblick auf die weitere Entwicklung der Kapazitätenberechnung und -vergabe an Grenzkuppelstellen gegeben.

2 Elektrizitätstechnischer Hintergrund und Entwicklung des Kapazitätsmanagements bei grenzüberschreitenden Stromflüssen

Im Folgenden sollen die tatsächlichen, technischen und ökonomischen Hintergründe der Kapazitätenvergabe an den Grenzkuppelstellen erläutert werden. Ohne diese ist eine sachgerechte juristische Beurteilung, sei es aus regulatorischer, sei es aus wettbewerbsrechtlicher Sicht, nicht möglich. Denn nur die Kenntnis der Hintergründe macht begreiflich, warum die Wahl einer bestimmten Vergabemethode vor sowie bei Vorliegen eines Engpasses Auswirkungen hat. Auch wird deutlich, warum eine Vorgabe der zu wählenden Vergabemethode überhaupt eine Alternative zu einem kostenintensiven Netzausbau darstellt.

In einem zweiten Schritt soll die historische Entwicklung der Kapazitätenvergabe an den Grenzkuppelstellen dargestellt werden.

2.1 Grundlagen des grenzüberschreitenden Kapazitätsmanagements

Die juristische Beurteilung des grenzüberschreitenden Stromhandels an den Grenzkuppelstellen setzt einen Überblick der tatsächlichen sowie Grundkenntnisse der technischen Grundlagen voraus. Diese sind mitbestimmend für seine Organisationsstrukturen. Ohne sie könnte weder der Durchleitungsbegriff an der Grenzkuppelstelle ausreichend definiert, noch seine Auswirkung auf die Netzbetreiber und die Netznutzer beurteilt werden. Schließlich gibt es im Bereich der Elektrizität bestimmte physikalische oder auch organisatorische Sachzwänge, die bei der rechtlichen Prüfung des grenzüberschreitenden Stromhandels beachtet werden müssen. Elektrizität unterliegt einheitlich physikalischen Gesetzen, die nach der Einspeisung in das Netz nicht mehr zur Disposition rechtlicher oder auch politischer Entscheidungen stehen.

2.1.1 Physikalische Besonderheiten der Elektrizität

Die Lieferung von Strom besteht aus der gleichzeitigen Einspeisung und Entnahme von Elektrizität aus dem Netz. Aufgrund seiner physikalischen Eigenheiten ist die direkte Zuordnung bzw. die gezielte „Versendung“ von über ein Stromnetz gelieferter Elektrizität nicht möglich. Elektrizität fließt nicht entlang vorher festgelegter Vertragspfade, sondern gehorcht ihren eigenen physikalischen Gesetzen. Grundsätzlich fließt die elektrische Energie von den Einspeisequellen (Kraftwerken) über das Stromnetz zu den Verbrauchern (Energiesenken).[42] Nach dem Kirchhoffschen Gesetz sucht sich die elektrische Energie immer den Weg des geringsten Widerstandes.[43] Sie tangiert auf ihrem Weg immer die Übertragungsleitungen anderer Unternehmen.[44] Außerdem existieren bei der Übertragung von Strom Leitungsverluste; der Handel über größere Entfernungen hat deshalb sowohl wirtschaftliche als auch technische Grenzen.[45] Im europäischen Höchstspannungsnetz wird weit überwiegend mit Wechselstrom[46] gearbeitet.[47]

Es ist wichtig zu verstehen, dass keine „Stückmenge" Strom gehandelt und transportiert werden kann. Wird z.B. Strom von Polen über Deutschland nach Frankreich gehandelt, dann entspricht nur die Strommenge, die in Frankreich entnommen wird, derjenigen, die in Polen in das Übertragungsnetz eingespeist wurde; die Elektronen selbst sind nicht identisch. Vielmehr ist sogar möglich, dass der Strom, der in Frankreich entnommen wurde, ursprünglich aus Belgien stammt. Oder dass ein Händler aus den Niederlanden als Zwischenhändler fungierte. Dies bedeutet, dass eine Kostenberechnung, die sich an den jeweiligen Vertragspfaden orientiert, zwar eine gewisse Logik in sich birgt, jedoch nicht mit der physikalischen Wirklichkeit oder den verursachten Kosten übereinstimmt.[48] Es liegt damit in der Natur der Elektrizität, dass sich ihre Herkunft oder die Energiequelle, aus der die

---

42 Eine Ausnahme bildet die dezentrale Erzeugung für den Eigenverbrauch.

43 Je niedriger dabei der elektrische Widerstand der Leitung ist, desto mehr Strom kann zur gleichen Zeit hindurch geleitet werden. Dabei ist der Widerstand umso größer, je dünner und länger die Netzleitung ist. Zumindest bezogen auf die deutschen Lastverhältnisse gilt, dass die Planung von Transportnetzen dann ausgewogen ist, wenn die Spannungshöhe in kV in etwa der Leitungslänge in Kilometern entspricht, Heuck/Dettmann, Elektrische Energieversorgung, S. 3.

44 Je weiter der Übertragungsweg ist, desto weiter „fächert" sich dabei der Lastfluss auf, siehe hierzu Müller, Handbuch der Elektrizitätswirtschaft, S. 37f.

45 Müller, Handbuch der Elektrizitätswirtschaft, S. 26.

46 Siehe hierzu ausführlich Zinow, Rechtsprobleme der grenzüberschreitenden Durchleitung von Strom in einem EG-Binnenmarkt für Energie, S. 23f mwN.

47 Es existieren insoweit drei Übertragungsarten: Das einphasige System (einphasige Systeme versorgen vor allem elektrische Bahnen, da dann nur ein einziger Stromabnehmer zu versorgen ist), das Drehstromsystem und die Hochspannungs-Gleichstromübertragung (HGÜ), vgl. Heuck/Dettmann, Elektrische Energieversorgung, S. 48.

48 Ferrey, The New Rules – A Guide to Market Regulation, S. 10f.

Elektrizität gewonnen wurde, nach der Einspeisung in das Höchstspannungsnetz nicht mehr nachvollziehen lässt.[49] Dementsprechend wird nie die physische Strommenge im engeren Sinne gehandelt, sondern immer nur ein Recht zum Bezug von Strom, das den Erwerber zur Entnahme einer bestimmten Menge Strom aus dem Netz über einen festgelegten Zeitraum berechtigt.[50]

Aufgrund der technischen Eigenart von Elektrizität muss immer exakt soviel Energie in die Netze eingespeist werden, wie gerade entnommen wird.[51] Insbesondere muss vermieden werden, dass unkontrolliert Strom eingespeist wird.[52] Sonst käme es zu nicht mehr regelbaren Frequenz- und Spannungsschwankungen und eine automatisierte Trennung von Verbrauchern und/oder einspeisenden Kraftwerken wäre die Folge. Auch physikalische Engpässe[53] oder in Extremsituationen eine Überhitzung der Leitungen, was zu deren kompletten Zusammenbruch führen kann, sind möglich. Über die Grenzkuppelstellen wirkt sich dieser Kreislauf auf ganz Europa aus.[54]

Die Netzbetreiber können zwar über bestimmte Schalthandlungen und andere technische Eingriffe den Strom in gewissem Umfang „lenken", ein physikalischer Engpass in einem bestimmten Leitungsabschnitt kann jedoch nicht durch Eingriffe des Netzbetreibers aufgelöst werden. Allerdings sind die Höchstspannungsnetzbetreiber verpflichtet, durch vorausschauende Betriebsführung[55] diese Gefahren einzuschränken. Zudem bestehen zumindest innerhalb Deutschlands umfassende Kontrollsysteme: Kaum eine Höchstspannungsleitung erstreckt sich weiter als 100km, ohne dass in einem Umspannwerk die aktuelle Spannung und die für Mitteleuropa möglichst konstante Frequenz von 50 Hertz des Stroms gemessen werden.[56]

---

49 EuGH, Urteil vom 13.03.2001, Rs. C-379/98, Slg. 2001, I-2099, Rn. 29 – PreußenElektra.

50 Monopolkommission, Sondergutachten 54, Strom und Gas 2009, Rn. 33.

51 Von Rottenburg, Importbeschränkungen für „schmutzigen Strom" nach dem Welthandelsrecht, S. 34.

52 Die Versorgung darf durch das Auftreten eines Fehlers nicht unterbrochen werden. Erst bei simultanem Auftreten zweier Fehler zur gleichen Zeit darf es zu Versorgungsunterbrechungen kommen (sog. (n-1)-Ausfallkriterium).

53 Zur Definition des physikalischen Engpasses siehe unten, S. 17.

54 Löfken, Technology Review 9/2006, 34, 36.

55 Unter „Betriebsführung" werden alle Maßnahmen verstanden, die zum Betreiben eines Höchstspannungsnetzes notwendig sind, wie der bedarfsgerechte Einsatz von Kraftwerken, die Netzführung, die Instandsetzung und Wartung der Anlagen sowie die Zählung der erbrachten Leistungen zwischen den Übertragungsnetzbetreibern. Die „Netzführung" dagegen umfasst nur die Handlungen, die zur Steuerung des Netzes unabdingbar sind (z.B. Schalthandlungen), siehe Heuck/Dettmann, Elektrische Energieversorgung, S. 437ff.

56 Löfken, Technology Review 9/2006, 34, 36.

2.1.2 Übertragungsnetze

In der öffentlichen Energieversorgung Deutschlands gibt es grundsätzlich vier Spannungsebenen: Höchstspannung (380 kV)[57], Hochspannung (110 kV), Mittelspannung (10 kV / 20 kV) und Niederspannung (230 V / 400V). Höchstspannungsübertragungsnetze dienen in der Regel dazu, Elektrizität über weite Strecken zu befördern, zu „übertragen". Grundsätzlich können bei der Übertragung von Elektrizität vom Erzeuger bis zum Endkunden folgende Stufen unterschieden werden:

- Übertragungsnetze (Übertragung von Elektrizität über Höchstspannungs- und Hochspannungsnetze);
- Verteilernetze (Übertragung von Elektrizität über Mittelspannungs- und Niedrigspannungsnetze im lokalen Bereich);
- Belieferung der Endkunden (Haushaltskunden sowie Großkunden-„Retail").

Die Übertragungsnetze dienen ausschließlich dem Transport des Stroms, während die Verteilernetze nur der „Verteilung", also der Belieferung der Endkunden dienen. Dies bedeutet, dass Verteilernetze in der Regel in eine Richtung liefern, nämlich vom vorgelagerten Netz hin zum Endkunden, während Übertragungsnetze in alle Richtungen übertragen. Die Höchstspannungsnetze dienen zum einen dazu, Erzeuger mit Umspannwerken zu verbinden, zum anderen verbinden sie die einzelnen Transportnetze der Übertragungsnetzbetreiber. Verbraucher werden an das Höchstspannungsnetz normalerweise nicht angeschlossen.

2.1.3 Grenzkuppelstellen

Die nationalen Höchstspannungsnetze sind durch sogenannte Grenzkuppelstellen miteinander verbunden. Aufgrund der technischen Gegebenheiten ist es nicht möglich, ein Höchstspannungsnetz beliebig groß zu machen. Denn je größer

57 Weltweit sind jedoch auch weit höhere Spannungsebenen zu verzeichnen. So gibt es in den USA und Russland Leitungen über 500kV und in Kanada existieren sogar 735kV-Netze. In China werden große Strommengen über 750 kV Gleichstromleitungen über lange Strecken transportiert. Dies ist auf die größeren Entfernungen zurückzuführen, die die Leitungen dort überbrücken müssen. Allerdings können bei diesen Leitungen Entnahmestellen zwischen dem Ein- und Ausspeisepunkt nur mit sehr hohem finanziellem Aufwand eingerichtet werden. Dementsprechend machen sie im deutschen Höchstspannungsnetz, das sehr viel enger vermascht ist als die Netze in Ländern wie USA, Kanada oder China, nur bedingt Sinn, siehe hierzu Heuck/Dettmann, Elektrische Energieversorgung, S. 3.

ein Höchstspannungsnetz ist, desto schwieriger ist die Einhaltung der Frequenz, weshalb es zu Phasenfehlern und aufgrund der Größe des Netzes zu erheblichen Laufzeitfehlern kommen kann. Zu berücksichtigen ist außerdem die thermische Belastung der Leitung sowie die Spannungshaltung und die Bereitstellung einer ausreichenden Kurzschlussleistung.[58]

Die Grenzkuppelstellen sind entweder Gleich- oder Wechselstromleitungen, die über Transformatoren die nationalen Höchstspannungsnetze miteinander verbinden.[59] Auf diesem Wege werden die Frequenz und Phasen der Stromflüsse vor der Überleitung in das neue Netz aneinander angeglichen. Diese Verbindungsleitungen sind zwar physikalisch notwendig, müssen jedoch nicht auf den Landesgrenzen liegen. Denkbar wäre in diesem Zusammenhang, die Netze in Regionen, unabhängig von ihrer Staatenzugehörigkeit, zu unterteilen. Grenzkuppelstellen wären jedoch weiterhin notwendig, da sonst die Netzsicherheit gefährdet würde. Denn innerhalb eines Verbundsystems müssen alle Erzeuger wie Kraftwerke synchron, das heißt mit exakt gleicher Netzfrequenz arbeiten und entsprechend geregelt werden. Eine direkte Kupplung der unterschiedlichen Verbundsysteme ist daher nicht möglich.

Grenzkuppelstellen sind die Verbindungsleitungen zwischen den Höchstspannungsnetzen der unterschiedlichen Übertragungsnetzbetreiber.[60] Aufgrund der historischen Entwicklung der national ausgeprägten Netze verlaufen diese zumeist über mitgliedstaatliche Grenzen zwischen den nationalen Höchstspannungsnetzen. Die Übertragungskapazität an den Grenzkuppelstellen ist, wie auch das Übertragungsnetz selbst, begrenzt.[61] Eine Erhöhung der Kapazitäten ist zunächst durch verschiedene Ausbaumaßnahmen möglich:[62]

- Bau neuer Grenzkuppelstellen;
- Erhöhung der Strombelastbarkeit der vorhandenen Leitungen, Erhöhung der Masten oder Einsatz neuer Leiter mit höherer Belastbarkeit;
- Einsatz von lastflusssteuernden Betriebsmitteln[63].

---

58 BNetzA, Auswirkungen des Kernkraftwerk-Moratoriums auf die Übertragungsnetze und die Versorgungssicherheit, S. 7.

59 Kolks, Wertschöpfungsnetzwerke im Energiemarkt, in: Bach/Buchholz/Eichler, 283, 285.

60 ERGEG, Guidelines of Good Practice on Information Management and Transparency in Electricity Markets, S. 9.

61 IAEW/Consentec, Analysis of electricity network capacities and identification of congestion, Abschnitt D.1.3.

62 Li/Haubrich, ET 3/2006, 16, 16.

63 Beispielsweise durch gestufte Blindleistungs- und Lastflusssteuerung über mechanisch geschaltete Elemente und Querregeltransformatoren.

Hierbei ist jedoch zu beachten, dass diese unterschiedlichen Maßnahmen nicht nur unterschiedliche lokale Auswirkungen haben, sondern in unterschiedlicher Stärke das gesamte Übertragungsnetz beeinflussen. So erhöht der Bau einer neuen Grenzkuppelstelle die Übertragungskapazitäten systemweit, während dagegen lastflusssteuernde Betriebsmittel zwar Engpässe an einer Stelle entlasten, jedoch dafür an anderer Stelle Lastflüsse überhaupt erst herbeiführen können.[64] Lastflusssteuernde Maßnahmen stellen damit zwar oftmals das mildeste, jedoch nicht unbedingt das am besten geeignete Mittel zur Engpassbeseitigung dar.

Die Kapazitäten an den Grenzkuppelstellen werden zudem durch Schwankungen in den nationalen Höchstspannungsnetzen beeinflusst: Erhöhte Lasten in den nationalen Netzen können insbesondere in Zeiten starker Nachfrage die verfügbaren Verbundkapazitäten beschränken und damit die Bedeutung möglicher Stromeinfuhren schmälern.[65]

2.1.4 Europaweiter Transport von elektrischem Strom

Europaweiter „Transport“ von Strom findet im eigentlichen Sinne nicht statt. Denn, wie oben[66] bereits vereinfacht beschrieben, herrscht innerhalb eines Netzes eine bestimmte Netzspannung. Wird Strom an einer Stelle entnommen, dann fließt er von anderer Stelle nach; es wird jedoch keine bestimmbare Strommenge von Punkt A nach Punkt B „transportiert“ oder „geleitet“.[67] Zwar werden diese Begriffe in allen relevanten Gesetzestexten verwendet, es handelt sich hierbei um eine reine Fiktion zur Vereinfachung der komplexen physikalischen Gegebenheiten.

Ein europaweiter Verbundbetrieb bietet den Marktteilnehmern folgende technisch-wirtschaftlichen Vorteile und Möglichkeiten:[68]

- Optimierung der Erzeugungskosten durch Verbesserung der wirtschaftlichen Lastverteilung auf unterschiedliche Kraftwerke,
- kurzfristige Bereitstellung von Kraftwerksreserven bei Störungen oder Erzeugungsmangel,

---

64 Li/Haubrich, ET 3/2006, 16, 17.

65 So für die Grenzkuppelstelle zwischen Spanien und Portugal, Kommission, Comp/M.3440 – EDP/ENI/GDP.

66 Siehe S. 9f.

67 Ferrey, The New Rules, S. 10f.

68 Müller, Handbuch der Elektrizitätswirtschaft, S. 35.

- Bereitstellung von Netzreserven im vermaschten Verbundnetz bei Netzüberlastungen oder Netzausfällen,
- Verbesserung der Versorgungssicherheit und Wirtschaftlichkeit durch gemeinsame Regelungen,
- langfristig größere Freiheit in der Standortauswahl sowohl auf Seiten der Erzeuger als auch auf Seiten der industriellen Großverbraucher,
- Bau größerer und wirtschaftlicherer Kraftwerke,
- wirtschaftlichere Nutzung der unterschiedlichen Energiequellen (vor allem im Rahmen der erneuerbaren Energien[69]), was zu einer effizienteren Stromerzeugung führt,
- Optimierung der eigenen Kraftwerksreserve durch Poolung mit Verbundpartnern,
- besserer Austausch von Forward-Mengen und Bandlieferungen,
- bessere Ausnutzung von Tageszeitunterschieden.

Auf der anderen Seite ist der reine Stromtransport über lange Leitungen unwirtschaftlicher als die standortnahe Erzeugung. Neben den technischen Grenzen bestehen zudem administrative, rechtliche, organisatorische und politische Barrieren.[70]

2.2 Engpass: Definition und ökonomische Wirkung

Ein Engpass liegt vor, wenn an einer Grenzkuppelstelle die Nachfrage nach Übertragungskapazität zum „Normalpreis" das Angebot übersteigt. Ein Engpass besteht aber auch bereits dann, wenn der Netzbetreiber die begründete Erwartung hat, dass das sog. „n-1 Kriterium" ohne Sondermaßnahmen nicht eingehalten werden kann, obwohl er alle bekannten oder prognostizierten Anmeldungen von Stromhandelsaktivitäten (sog. Fahrplanmeldungen) eingehalten hat.[71] Ein Engpass an sich bereitet grundsätzlich noch keine Probleme, da gegenläufige Stromflüsse miteinander saldiert werden können.[72] Problematisch wird ein Engpass dann, wenn

69 So würde eine größere europaweite Vernetzung voraussichtlich mittelfristig dazu führen, dass Erneuerbare Energien dort eingesetzt werden, wo sie auch am effektivsten sind.

70 Müller, Handbuch der Elektrizitätswirtschaft, S. 37ff.

71 Freiwillige Selbstverpflichtung der Übertragungsnetzbetreiber nach § 11 Abs. 2 ARegV der deutschen Übertragungsnetzbetreiber für ein verbindliches Verfahren zum Engpassmanagement nach Artikel 6 der Verordnung (EG) Nr. 1228/2003, S. 18, einsehbar unter Bundesnetzagentur, Beschluss vom 26.10.2009, BK6-08-260 (ebenso die Beschlüsse BK6-08-262, BK6-08-264 und BK6-08-269 vom selben Tag).

72 Vgl. hierzu unten, S. 26.

die Kapazität an den Grenzkuppelstellen nicht nur vorübergehend stark einseitig beansprucht wird. Im Grundsatz führt ein Engpass zu einer Aufteilung eines zusammenhängenden Marktgebietes in unterschiedliche Marktregionen, in denen aufgrund der regionalen Nachfrage und der unterschiedlichen Angebotsstrukturen unterschiedliche Preise existieren. Ein (einseitiger) Engpass spiegelt damit die Preisdifferenz zwischen den Regionen wider[73] und führt zu messbaren ökonomischen Veränderungen.

Das Auftreten eines Engpasses im Höchstspannungsnetz führt ökonomisch zu einem gesamtgesellschaftlichen Verlust an Wohlfahrt. Das nachstehende Preis-Mengen-Diagramm fasst die ökonomischen Wirkungen eines Engpasses zusammen. In einer Situation ohne Engpass würde sich aus dem Schnittpunkt von Angebots- und Nachfragekurve die optimale Menge an grenzüberschreitendem Strom q* und der Preis p* einstellen. Kommt es zu einem Engpass, ist die Menge an grenzüberschreitendem Strom geringer (z.B. qE<q*). Entsprechend wird auch der Preis pE höher als bei fehlendem Engpass sein. Der Engpass verursacht für den Betreiber des Netzes eine Knappheitsrente (Rechteck pEBDE). Für einen monopolistischen Netzbetreiber[74] ist diese maximal, wenn er den Preis so setzt, dass sein Grenzerlös den Grenzkosten entspricht. Zu einem gesamtgesellschaftlichen Wohlfahrtsverlust kommt es, weil bei Vorliegen eines Engpasses die Menge grenzüberschreitenden Stroms geringer und der Preis höher als ohne Engpass ist. Das Dreieck BCD stellt diesen Wohlfahrtsverlust grafisch dar.

Durch effiziente Allokation der Kapazitäten („gutes“ Engpassmanagement, angemessene Regulierung und effektiver Einsatz des Wettbewerbsrechts) kann mittels Reduktion der Engpässe (Verschiebung von qE in Richtung q*) die gesamtgesellschaftliche Wohlfahrt gesteigert werden. Eine vollständige Beseitigung der Engpässe ist jedoch nicht zwingend ökonomisch sinnvoll, da Netzausbau und der Bau neuer Grenzkuppelstellen Investitionskosten verursachen. Maßstab für eine möglichst optimale Reduktion der Engpässe ist, dass der Wohlfahrtsgewinn aus seiner Verminderung gerade den Investitionskosten für den Netzausbau entspricht. Auch vor diesem Hintergrund ist es angezeigt, Engpässe zuerst möglichst weitgehend durch ein optimales Kapazitätsmanagement, eine angemessene Regulierung und eine effektivere Anwendung des Wettbewerbsrechts zu reduzieren.

---

73 Monopolkommission, Sondergutachten 54, Rn. 330.

74 Die Netze stellen ein sog. „natürliches Monopol“ dar: ein natürliches Monopol liegt vor, wenn ein einziges Unternehmen aufgrund von Skalen- oder Verbundeffekten die Nachfrage nach seinen Dienstleistungen zu niedrigeren Preisen befriedigen kann als dies bei mehreren Unternehmen der Fall wäre, siehe Säcker, ZNER 2/2004, 98, 98 mwN.

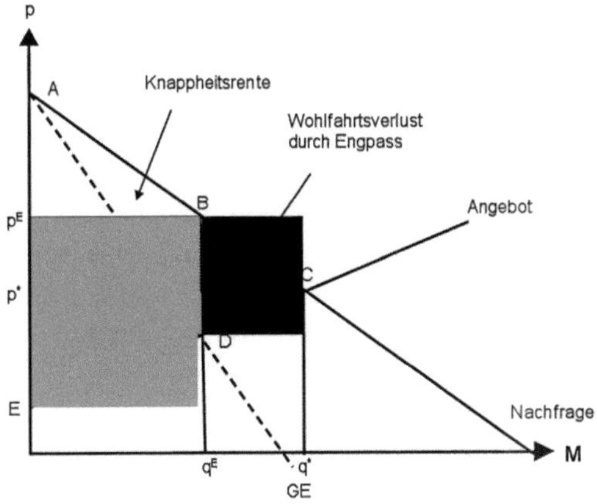

Abbildung 1: *Quelle: Eigene Abbildung in Anlehnung an Höffler, F., Engpassmanagement und Anreize zum Netzausbau im leitungsgebundenen Energiesektor, Gutachten im Auftrag der Monopolkommission, Vallendar 2008, S. 13.*

Es gibt physikalische und wirtschaftliche Engpässe. Physikalische Engpässe liegen bei technischer Unmöglichkeit, die Elektrizitätsnachfrage zu befriedigen, vor.[75] Mit betrieblichen Maßnahmen kann ein solcher Engpass nicht mehr beseitigt werden. Ein physikalischer Engpass führt in kurzer Zeit zu einem Ausfall des gesamten Netzes, falls die Nachfrage nach Kapazitäten nicht ausreichend vermindert werden kann. Endgültig ist die Lösung nur in der Investition und im Bau neuer Grenzkuppelstellen zu finden.[76] Es wird zwischen kurz- und langfristigen physikalischen Engpässen unterschieden. Für die Engpassbewirtschaftung ist sowohl relevant, wie oft und wie lange die vorhandenen Kapazitäten überstiegen werden, als auch, inwiefern der Engpass selbst vorhersehbar war. Ein kurzfristig auftretender Engpass erlaubt und erfordert andere Bewirtschaftungsmaßnahmen als ein Engpass, der vorab hätte erkannt werden können. Gegen vorhersehbare Engpässe,

75 Vgl. Dummer/Popelka, e&i 2004, 420, 420; Kaiser, Verordnete Regulierung, S. 64; Zur Legaldefinition siehe Art. 2 Abs: 2 lit. c) StromHVO; Kapitel 4.2 Abs. 1 Transmission Code 2007, online abrufbar unter http://www.bdew.de/bdew.nsf/id/DE_7PDJCW_TransmissionCode_2007_Netz-_und_Systemregeln_der_deutschen_uebertragungsnetzbetreibe/$file/TransmissionCode2007.pdf, zuletzt abgerufen am 16.10.2013.

76 Knops/de Vries/Hakfoort, Congestion, JoNI 2001, 311, 316.

die eventuell sogar schon vorab veröffentlicht wurden, kann durch gezielte Vergabemaßnahmen präventiv vorgegangen werden.[77]

Im Falle eines wirtschaftlichen Engpasses wäre es zwar physikalisch möglich die Kapazitätennachfrage zu erfüllen, doch die gebuchten Kapazitäten übersteigen zumindest zeitweilig die tatsächlich vorhandenen Kapazitäten.[78] Die Nachfrage könnte nur dann befriedigt werden, wenn die Absendung der Stromlieferung verändert würde, doch dies würde zu erhöhten Preisen führen. Im Gegensatz zu physikalischen Engpässen gefährden wirtschaftliche Engpässe nicht die Versorgung der Endkunden, führen jedoch zu höheren Verbraucherpreisen.[79]

2.3 Kapazitätsmanagement

Unter Kapazitätsmanagement wird hier sowohl die Berechnung der Kapazitäten als auch die unterschiedlichen Methoden ihrer Vergabe verstanden. Die Berechnung der Kapazitäten ist Voraussetzung für den Einsatz der Vergabemethoden, sie wird daher zuerst betrachtet. In der Literatur wird die Berechnung der Kapazitäten, vor allem aus rechtlicher Sicht, eher vernachlässigt. Allerdings bewies gerade der flächendeckende Stromausfall Italiens am 28. September 2003, dass die Regelung des grenzüberschreitenden Handels sich zu wenig an den physikalischen Flüssen orientiert.[80] Im Folgenden soll deshalb ein Überblick über die verschiedenen Berechnungsmethoden gegeben werden.

2.3.1 Berechnung der Kapazitäten an den Grenzkuppelstellen

Die Kapazitätenberechnung einer Grenzkuppelstelle erweist sich schon deshalb als schwierig, weil keine allgemein gültige Definition der „optimalen Transportkapazität" existiert. In der Regel unterscheidet sich die theoretisch technisch mögliche von der tatsächlich vorhandenen Kapazität. Verantwortlich dafür sind technische Restriktionen, Sicherheitsreserven und bereits vertraglich abgeschlossene Übertragungen.

---

77 Siehe hierzu unten, S. 26f.

78 Kaiser, Verordnete Regulierung, S. 64.

79 Knops/de Vries/Hakfoort, JoNI 2001, 311, 316.

80 Bacher, Marktkompatibles Engpassmanagement bei elektrischen Netzen, Präsentation vom 25.01.2005.

2.3.1.1 Statische Berechnungsmethoden

In der Praxis werden die verfügbaren Kapazitäten bilateral zunächst anhand eines physikalischen Netzmodells berechnet. Dieser Base Case Exchange (BCE) analysiert Austauschprogramme zwischen zwei beliebigen benachbarten Netzen. Es berücksichtigt verschiedene Transaktionen, wie z.B. Langzeitverträge oder Spot-Markt Geschäfte, die – aufgrund der in der Vergangenheit abgewickelten Transaktionen und zukünftiger Schätzungen – im berechneten Zeitraum voraussichtlich erfolgen werden. Es werden u.a. die folgenden Informationen benötigt[81]:

- Die Wärme-Nennwerte (Thermal Ratings)[82] und elektrischen Parameter;
- Die Minimal- / Maximalwerte der einspeisenden / ausspeisenden Kraftwerke;
- Die beabsichtigte Netzstruktur und das Erzeugungsmodell unter Berücksichtigung der Einspeisungen an jeder Grenzkuppelstelle;
- Das Vertragspfadmodell unter Berücksichtigung der Ausspeisungen sowie
- Die voraussichtlich maximal vorhandene Strommenge.

Allerdings ist diese Methode der Kapazitätenberechnung nicht mehr ausreichend genau, sobald mehr als zwei Mitgliedstaaten zusammentreffen. In diesen Fällen kann es zu mehrdeutigen Ergebnissen kommen.[83]

Genauere Ergebnisse liefert die „Total Transfer Capability (TTC)“, die auf Basis des Base Case Exchange erstellt wird. Sie ist die maximale Leistung, die dauernd zwischen zwei Netzgebieten ausgetauscht werden kann, ohne dass der sichere Betrieb in beiden elektrischen Systemen gefährdet wird. Diese Leistungsmaximierung kann in Verbindung mit betrieblichen Sicherheitsstandards allerdings nur unter der Voraussetzung erfolgen, dass Netzwerkverhältnisse[84], Erzeugung und Netzauslastung im Voraus bekannt sind. Mathematisch lässt sich die TTC wie folgt darstellen: TTC = NTC + TRM.

Ökonomische Relevanz hat erst die Net Transfer Capacity (NTC)-Methode.[85] Sie ist das maximale Austauschprogramm zwischen zwei internationalen Netzgebieten

---

81 ETSO, Procedures for cross-border Transmission Capacity Assessments, S. 6f.

82 Vgl. ETSO, Net Transfer Capacities (NTF) and Available Transfer Capacities (ATC), S. 4.

83 Haubrich/Fritz/Zimmer/von Sengbusch/Kopp/Li, ET 2002, 232, 235.

84 Beispielsweise die maximale Wärmegrenzen der Leitungen/Netze, Volt-Obergrenzen sowie Sicherheitsstandards, siehe ETSO, Net Transfer Capacities (NTF) and Available Transfer Capacities (ATC), S. 5.

85 siehe hierzu ausführlich Dieckmann, Engpassmanagement im Europäischen Strommarkt, S. 66.

unter Berücksichtigung der möglichen zukünftigen Fehlerquellen.[86] Dieser Idealwert wird in der Praxis aber nicht erreicht. Aufgrund von Gleichzeitigkeitseffekten ist ein etwas geringerer Gesamtwert zu bilden.[87]

Diese Methode der Kapazitätenberechnung kommt den Einspeisern grundsätzlich entgegen, da die austauschbaren Kapazitäten direkt mit den Energiemarktprodukten korrespondieren,[88] ist aber rein indikativ und nur unverbindlich.[89] Aus den NTC-Werten wird dann das Vertragspfadmodell erstellt, wonach die nutzbare Transportkapazität ohne Berücksichtigung tatsächlicher Lastflüsse in Anspruch genommen werden kann.[90] Grundsätzlich werden die NTC-Werte für eine Grenzkuppelstelle zwischen zwei Mitgliedstaaten berechnet; in Ausnahmefällen kann jedoch auch die Übertragungskapazität zwischen einem Mitgliedstaat auf der einen Seite und einer Gruppe von Staaten auf der anderen berechnet werde.[91] Allerdings kann die NTC nicht Kapazitätenberechnungen zu Grunde gelegt werden, sobald Stromflüsse über mehrere Grenzen stattfinden sollen,[92] da sie zu statisch ist.

In die Berechnung wird daneben eine Sicherheitsmarge, die Transmission Reability Margin (TRM), einbezogen.[93] Diese bildet Unsicherheiten[94] der errechneten TTC ab[95]. Anschließend wird die TRM angegliedert an den Real-Time-Markt, in welchem jeder Übertragungsnetzbetreiber einen Wert festlegt,[96] um die Sicherheit des eigenen Netzes garantieren zu können. Da die Unsicherheitsfaktoren,

86 Siehe hierzu ausführlich ETSO, Definitions of Transfer Capacities in liberalised Electricity Markets, S. 6.

87 BNetzA, Auswirkungen des Kernkraftwerk-Moratoriums auf die Übertragungsnetze und die Versorgungssicherheit, S. 56.

88 Zimmer/Eckenroth/Feldmann/Jones/Elms/Riechmann/Schlecht/Cremer/Haubrich, ET 2004, 786, 787.

89 ETSO, Definitions of Transfer Capacities in liberalised Electricity Markets, S 9.

90 Haubrich/Fritz/Zimmer/von Sengbusch/Kopp/Li, ET 2002, 232, 233f.

91 ETSO, Procedures for Cross-Border Transmission Capacity Assessments, S. 4.

92 ETSO, Definitions of Transfer Capacities in liberalised Electricity Markets, S. 11.

93 Vgl. ETSO, Net Transfer Capacities (NTF) and Available Transfer Capacities (ATC), S. 5

94 Nichtbeabsichtigte Abweichungen der physischen Stromflüsse aufgrund der Leistungsfrequenzregelung, Notfallaustausche zwischen Übertragungsnetzbetreibern aufgrund von unerwarteten Störungen sowie Ungenauigkeiten oder Fehler bei der Erfassung von netzrelevanten Daten.

95 ETSO, Definitions of Transfer Capacities in liberalised Electricity Markets, S. 6.

96 ETSO, Procedures for Cross-border Transmission Capacity Assessments, S. 9.

die mit der Berechnung der TTC einhergehen,[97] steigen, je weiter im Voraus die TTC berechnet wird und je länger der zu berechnende Zeitraum ist, empfiehlt es sich, die TTC immer möglichst kurzfristig und für kurze Zeiträume zu berechnen. Nachdem die Berechnung des TTC abgeschlossen ist, wird der Total Transfer Flow (TTF) durch Programmaustausch an den TTC angegliedert. Hierdurch erfolgt eine Berücksichtigung der physischen grenzüberschreitenden Stromflüsse.[98] Dieser wird wiederum aufgegliedert in den Notified Transmission Flow (NTF) und den Physical Flow ΔFmax.

Der NTF ist der physikalische Leistungsfluss, der sich aus der Summe der geplanten und gesicherten Übertragung in einem bestimmten Zeitraum und der für den nächsten Tag aktuell bestätigten Tagesgeschäfte ergibt.[99] Er entsteht aus dem BCE und den parallelen Stromflüssen. Oftmals ist es schwierig, diese parallelen Stromflüsse (z.B. loop flows[100], netzbedingte Stromflüsse) zu determinieren und von den geplanten Stromflüssen zu separieren, da Strom sich unabhängig von den Vertragsbeziehungen bewegt. So kommt es vor allem zu windstarken Zeiten vor, dass ein Teil des in Norddeutschland produzierten Windstroms über die Höchstspannungsnetze der Nachbarländer (Niederlande, Belgien und Frankreich im Westen bzw. Polen und Tschechien im Osten) nach Süddeutschland fließt.[101] Der Physical Flow ΔFmax ist der physische Stromfluss, der, veranlasst durch die erzeugte Strommenge (ΔEmax ist die maximale Kapazitätenmenge,

---

97 Wie z. B. beeinträchtigende Stromflüsse in benachbarten Netzen, geplante Erzeugungsmengen oder voraussichtliche Netzauslastung.

98 Siehe hierzu ausführlich: ETSO, Definitions of Transfer Capacities in liberalised Electricity Markets, S. 6ff.

99 ETSO, Net Transfer Capacities (NTC) and Available Transfer Capacities (ATC), S. 8.

100 Loop Flows (Ringflüsse) entstehen, wenn zu viel Strom in ein Transportnetz eingespeist werden: das Netz “fließt über”. Sie entstehen, wenn die Differenzen zwischen den vereinbarten Austauschprogrammen und den tatsächlichen an den Grenzen zwischen nationalen und ausländischen Netzen ausgetauschten Ist-Leistungen zu groß werden und deshalb die Intensivierung von Austauschen in einer Region zu Überlastungen in einer anderen Region führen. Spannungsverluste sind die Folge, so dass wiederum mehr Energie in das Netz eingespeist werden muss. Je mehr Engpässe also entstehen, desto mehr Strom muss bereitgestellt werden, um die durch die loop flows hervorgerufenen Netzverluste auszugleichen. Vgl. Ferrey, The New Rules, S. 11; Senke, Elektrizitätslieferverträge nach der Liberalisierung der Elektrizitätsmärkte im Lichte des europäischen und deutschen Kartellrechts, S. 84, Fn. 478.

101 BNetzA, Auswirkungen des Kernkraftwerk-Moratoriums auf die Übertragungsnetze und die Versorgungssicherheit, S. 6f.

die vergeben werden kann, bevor die Netzsicherheit gefährdet wird)[102], über die Grenzkuppelstellen geleitet werden kann. Die mögliche Gesamtkapazität kann somit definiert werden als: TTF = NTF + ΔFmax.[103]

Aufgrund der hohen Anfälligkeit der Netze bei falschen Berechnungen und der weitreichenden Auswirkungen eines Netzausfalls wird zusätzlich eine weitere Sicherheitsmarge einberechnet: Das sogenannte (n-1)-Kriterium. Es dient der Beurteilung der Netzsicherheit. Sollte ein Fehler innerhalb eines Netzes entstehen, so ist die Netzsicherheit weiterhin gewährleistet.[104] Erst bei Hinzutreten eines weiteren Fehlers kann es zu Ausfällen kommen. Das bedeutet, dass auch nach Ausfall einer Grenzkuppelstelle der sichere Betrieb des gesamten Netzes gewährleistet bleibt.[105]

Am Ende werden dann die Already Allocated Capacities (AAC), also die Gesamtsumme der bereits zugeteilten Kapazitätenrechte, von der errechneten Summe abgezogen. Übrig bleibt dann die Available Transmission Capacity (ATC). Sie ist die verbleibende Übertragungskapazität für weitere kommerzielle Aktivitäten zwischen zwei verbunden Netzgebieten, zusätzlich zu den bereits vorhandenen Übertragungen im Verbundnetz.[106] Sie stellt die Differenz zwischen der NTC und der AAC dar (NTC – AAC = ATC; NTC – NTF = ATC).[107]

---

102 ETSO, Definitions of Transfer Capacities in liberalised Electricity Markets, S. 8; ETSO, Procedures for Cross-Border Transmission Capacity Assessments, S. 8.

103 ETSO, Definitions of Transfer Capacities in liberalised Electricity Markets, S. 13.

104 Hierbei sind jedoch nicht nur Komponenten des Stromnetzes selbst, sondern auch nicht-technische Ursachen von Stromversorgungsstörungen wie etwa Naturkatastrophen, Streik, terroristische Angriffe oder Boykotte zu berücksichtigen, Erdmann, TU International 55, Juli 2004, 8, 8.

105 Mit der n-1-Formel wird die technische Fähigkeit einer Infrastruktur zur Deckung der gesamten Gasnachfrage in einem berechneten Gebiet bei Ausfall der größten einzelnen Infrastruktur während eines Tages mit außergewöhnlich hoher Nachfrage beschrieben, wie sie mit statistischer Wahrscheinlichkeit einmal in 20 Jahren auftritt. Für den Gassektor wurde die n-1-Formel legaldefiniert, siehe zur Berechnung Anhang 1 Verordnung (EU) Nr. 994/2010 des Europäischen Parlaments und des Rates vom 20. Oktober 2010 über Maßnahmen zur Gewährleistung der sicheren Erdgasversorgung und zur Aufhebung der Richtlinie 2004/67/EG des Rates, Abl. EU L 295/1.

106 Zur Berechnung der ATC siehe ausführlich ETSO, Development and Implementation of a Coordinated Model for Regional and Inter-Regional Congestion Management, S. 14f.

107 Siehe hierzu ausführlich ETSO, Definitions of Transfer Capacities in liberalised Electricity Markets, S. 7 sowie ETSO, Net Transfer Capacities (NTC) and Available Transfer Capacities (ATC), S. 9.

Bildlich lässt sich diese Methode wie folgt darstellen (hier am Beispiel der Central Eastern Europe-Region):

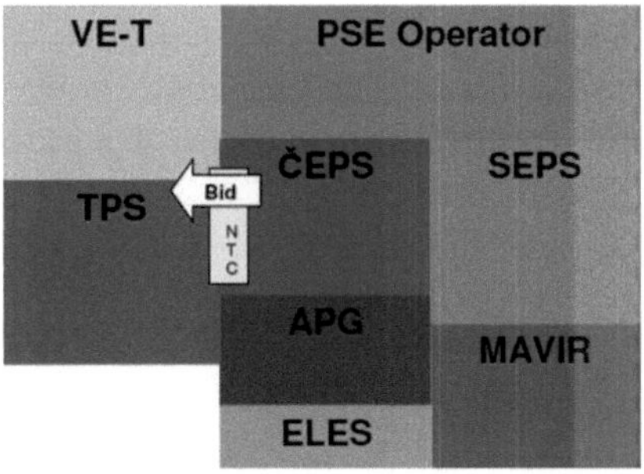

Abbildung 2: *Auktion auf Basis von bilateral zwischen den Übertragungsnetzbetreibern ermittelten Übertragungskapazitäten (NTC), aus: Vattenfall Europe Transmission GmbH, Das lastflussbasierte Modell zur Berechnung von Übertragungskapazitäten in der CEE-Region, S. 5.*

Allerdings führt die Berechnung anhand der NTC-Methode nur dazu, dass die physikalischen Lastflüsse berücksichtigt werden, die aus der eigenen Regelzone des beteiligten Übertragungsnetzbetreibers entstehen. Das zugrunde gelegte Auslegungsszenario bezieht jedoch nicht mit ein, ob die Gebote in der gesamten Region dazu führen könnten, dass das bei der NTC-Bestimmung maßgebliche Netzelement nicht begrenzend wirkt. Denn die NTC-Methode führt zu einer statischen Betrachtung.[108] Ring- und Transitflüsse als externe Parameter der Netznutzung können nicht in die Betrachtung mit einbezogen werden.[109]

2.3.1.2 Lastflussbasierte Berechnungsmethoden

Es ist jedoch technisch auch möglich, die sich aus der Summe aller Handelsgeschäfte zwischen allen Marktgebieten potentiell ergebenden physikalischen Lastflüsse im Netz zu berechnen.[110] Die sog. Power Transfer Distribution Factor-Methode (PTDF) orientiert sich an den tatsächlich auftretenden physikalischen Stromflüssen. Danach lässt sich feststellen, zu welchem Prozentsatz ein

108 Vattenfall Europe Transmission GmbH, Das lastflussbasierte Modell zur Berechnung von Übertragungskapazitäten vom 30.09.2009, S. 6.

109 Dieckmann, Engpassmanagement im Europäischen Strommarkt, S. 67.

110 Zur Berechnung siehe ausführlich ETSO, Development and Implementation of a Coordinated Model for Regional and Inter-Regional Congestion Management, S. 17.

Stromtransport zwischen zwei Ländern die einzelnen Leitungen in Anspruch nimmt,[111] die rein vertraglichen Kontraktpfade werden außer Betracht gelassen.

Notwendig ist die Kenntnis des Gesamtnetzes und aller potentiellen Handelsgeschäfte. Dann lassen sich die physikalischen Lastflüsse im Netz simulieren. Die Berechnung der Kapazitäten erfolgt im Gegensatz zu den statischen Methoden nicht ex-ante sondern im Zusammenspiel mit den abgegebenen Geboten während des tatsächlichen Vergabeprozesses.[112]

Bildlich lässt sich lastflussbasierte Methode wie folgt darstellen (hier am Beispiel der Central Eastern Europe-Region):

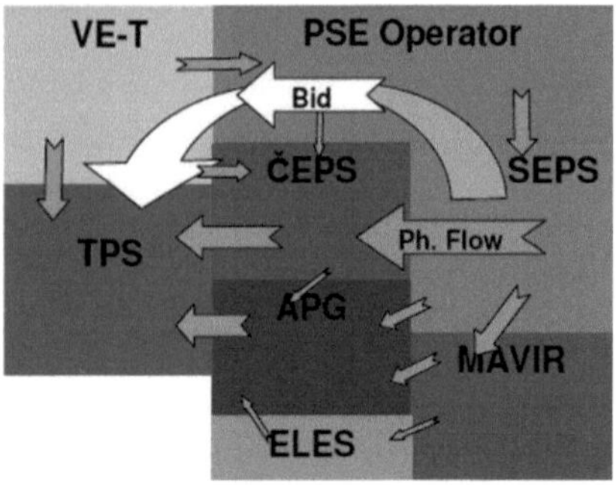

Abbildung 3: *Lastflussbasierte Allokation mir Berücksichtigung der Lastflüsse im Netz, aus: Vattenfall Europe Transmission GmbH, Das lastflussbasierte Modell zur Berechnung von Übertragungskapazitäten in der CEE-Region, S. 6.*

Die Berücksichtigung der Lastflüsse der gesamten Region unter Einbeziehung der Handelsgeschäfte führt zu einer Berücksichtigung der aktuellen Marktsituation und ermöglicht zudem die Vergabe von Kapazitäten zwischen nicht benachbarten Übertragungsnetzbetreibern.[113] Dadurch können auch kurzfristige Veränderungen im Rahmen der Berechnung der Kapazitäten berücksichtigt werden. Zudem werden entgegengesetzte Stromflüsse automatisch miteinander saldiert. Nachteilig ist allerdings, dass die PDTF-Methode schwieriger zu implementieren ist. Sie funktioniert nicht bilateral zwischen den beteiligten

---

111 Zimmer/Eckenroth/Feldmann/Jones/Elms/Riechmann/Schlecht/Cremer/Haubrich, ET 2004, 786, 788.

112 Dieckmann, Engpassmanagement im Strommarkt, S. 68f.

113 Vattenfall Europe Transmission GmbH, Das lastflussbasierte Modell zur Berechnung von Übertragungskapazitäten in der CEE-Region, S. 6.

Grenzkuppelstellenbetreibern einer Grenzkuppelstelle. Vielmehr erfordert sie die Zusammenarbeit der Grenzkuppelstellenbetreiber zumindest einer Region, wobei die Genauigkeit der Berechnung steigt, je größer die Zahl der teilnehmenden Grenzkuppelstellenbetreiber ist.[114]

2.3.1.3 Zwischenergebnis Kapazitätenberechnungsmethoden

Die statischen Berechnungsmethoden, insbesondere im Rahmen der NTC-Bestimmung, lassen sich einfach implementieren und sind innerhalb Europas bereits erprobt. Jedoch bieten diese einige Nachteile, insbesondere da sie bilateral berechnet werden und keine Stromflüsse über mehrere Grenzen hinweg berücksichtigen können.

Dagegen bietet die lastflussbasierte Berechnungsmethode die Möglichkeit, alle Lastflüsse und geplanten Handelsaktivitäten der Region zu berücksichtigen. Diese Methode stellt im Rahmen der Berechnung quasi das Gegenstück zu impliziten Auktionen dar. Die Berechnung der Kapazitäten über mehrere Grenzen hinweg ist problemlos möglich. Auf der anderen Seite setzt die Berechnung mittels der lastflussbasierten Methode detaillierte Kenntnisse des gesamten Marktes, sowohl hinsichtlich der technischen Gegebenheiten als auch hinsichtlich der Handelsgebote voraus. Zudem ist sie umso genauer, je mehr Grenzkuppelstellen involviert sind. Dementsprechend schwierig ist ihre Implementierung.

2.3.2 Kapazitätenvergabe

Im Folgenden sollen die unterschiedlichen Vergabemethoden vor und nach Entstehung eines Engpasses untersucht werden. Ohne ein Grundlagenverständnis der Vergabe- und Engpassmanagementmethoden ist weder eine regulatorische noch eine wettbewerbsrechtliche Beurteilung der Kapazitätenvergabe und des Engpassmanagements an den Grenzkuppelstellen möglich. Aufgrund der physikalischen Eigenschaften der Elektrizität und der Tatsache, dass die Grenzkuppelstellen zwischen die nationalen Netze als „Frequenzregler“ geschaltet sind, müssen die Kapazitäten an den Grenzkuppelstellen aktiv vergeben werden. Ein unkontrolliertes Ein- oder Ausspeisen ist nicht möglich.[115]

---

114 Dieckmann, Engpassmanagement im Strommarkt, S. 69 mwN.

115 Vgl. Frontier Economics/Consentec, Analysis of Cross-Border Congestion Management Methods, S. 4.

2.3.2.1 Maßnahmen vor Entstehung eines Engpasses

Als präventive Maßnahme zur Vermeidung von Engpässen stehen Grenzkuppelstellenbetreibern vor allem die Maximierung der Kapazität durch Überlagerung oder Aufrechnung (Saldierung), das koordinierte Redispatching sowie das Countertrading zur Verfügung.[116]

Zuallererst sollte immer eine Saldierung entgegengesetzter Stromflüsse vorgenommen werden, indem diese gegeneinander aufgerechnet werden. Theoretisch kann die Kapazität einer Grenzkuppelstelle damit ins Unendliche gesteigert werden. Wenn beispielsweise über eine Stromleitung zwischen Deutschland und Frankreich ein Liefervertrag geschlossen wird, um z.B. 100 MW in Richtung Deutschland zu transportieren, und gleichzeitig ein zweiter Vertrag abgeschlossen wird, um z.B. 80 MW in Richtung Frankreich zu transportieren, dann müssen physikalisch nur 20 MW in Richtung Deutschland transportiert werden. Entgegengerichtete vertragliche Stromflüsse können damit überlagert und saldiert werden.[117] Daraus folgt, dass die wirtschaftliche Kapazität einer Stromleitung deutlich höher als ihre physikalische Kapazität sein kann.

Sollte eine Saldierung nicht zu zufriedenstellenden Ergebnissen führen, kann es notwendig werden, die grenzüberschreitenden Stromflüsse durch Einflussnahme auf den Kraftwerkspark auf einer oder sogar auf beiden Seiten des drohenden Engpasses zu regulieren. Sollte also nach der Preisbildung an der Börse bzw. im Rahmen außerbörslichen Handels bei Abgabe der Fahrpläne ein Engpass entstehen so wird diesem durch Eingriff in die Steuerung der physikalischen Lastflüsse entgegen getreten.[118] Unter internem Redispatching[119] wird die Steigerung der Einspeiseleistung eines oder mehrerer Kraftwerke innerhalb einer Regelzone bei gleichzeitiger Senkung der Einspeiseleistung eines oder mehrerer anderer Kraftwerke innerhalb der gleichen Regelzone verstanden, mit dem Ergebnis, dass die gesamte Einspeiseleistung aller Kraftwerke unverändert bleibt. Grundsätzlich ist die Gesamtkapazität von Kraftwerken nicht für die Abdeckung des Strombedarfs notwendig; deshalb wurde ein Mechanismus entwickelt, um zu entscheiden, welches Kraftwerk arbeiten soll und welches Kraftwerk in Reservebereitschaft zu stehen hat („dispatching“). Normalerweise trifft der unabhängige Übertragungsnetzbetreiber diese Entscheidungen, welche diskriminierungsfrei und nach objektiven

---

116 Diese Methoden werden auch als „operative Methoden des Engpassmanagements“ bezeichnet, siehe Presser, Grenzüberschreitender Stromhandel, S.162f.

117 Kommission, Zweiter Bericht über den Harmonisierungsbedarf vom 02.04.1999, Anhang.

118 Wawer, ZfE 31/2007, 109, 111.

119 Siehe hierzu Hamdorf, IR Energie Verkehr Abfall Wasser, 2005, 245, 247.

Kriterien (wirtschaftlicher Vorrang – „merit order“[120]) zu erfolgen haben. Bei der Adaptation einer Kraftwerkseinsatzplanung schließen die Übertragungsnetzbetreiber der betroffenen Gebiete jedoch keine ausgleichenden Handelsverträge ab, sondern verändern direkt die Einsatzplanung der Kraftwerke, damit resultierende Stromflüsse innerhalb der Grenzen der Leistungsbeschränkungen bleiben.[121]

Beim externen Redispatching beeinflusst der Übertragungsnetzbetreiber den Kraftwerkseinsatz insofern, als sich dies aus der entsprechenden Wettbewerbsposition des Kraftwerkseinsatzes ergibt; der Engpass wird so durch zusätzlich erzeugten Strom ausgeglichen. Um dies zu erreichen, wird der Strom auf beiden Seiten der betroffenen Grenzkuppelstelle zunächst so gehandelt, als ob gar kein Engpass vorläge. Damit entsteht für beide Märkte ein einheitlicher Preis. Erst anschließend wird die Erzeugung beeinflusst, indem im Exportland die Erzeugung verringert, im Importland aber erhöht wird. Dies wird so lange weitergeführt, bis sich der Engpass aufgelöst hat.[122]

Redispatching kann aufgrund der variablen Zuordnung der einzelnen Kraftwerke zu unterschiedlichen Regelzonen[123] und Bilanzkreisen[124] in drei Grundformen vorkommen:

- Regelzonen intern und Bilanzkreis intern;
- Regelzonen intern, aber Bilanzkreis überschreitend sowie
- Regelzonen und Bilanzkreis überschreitend („cross-border“).

---

120 Die sogenannte „merit order“ (Wert-Reihenfolge) beschreibt die sortierte Grenzkostenkurve der Stromerzeugung. Sie wird herangezogen, um zu jedem beliebigen Zeitpunkt zu bestimmen, welche Kraftwerke die Nachfrage am kostengünstigsten decken können, siehe hierzu ausführlich von Roon/Huck, Merit Order des Kraftwerksparks, S. 1.

121 Kommission, Zweiter Bericht über den Harmonisierungsbedarf vom 02.04.1999, Anhang.

122 Kaiser, Verordnete Regulierung, S. 69.

123 Eine Regelzone besteht jeweils aus dem Netzgebiet eines Übertragungsnetzbetreibers sowie den nachgeordneten Verteilnetzen. In der Bundesrepublik Deutschland gibt es vier Übertragungsnetzbetreiber und damit auch vier Regelzonen, siehe hierzu Bartsch/Pohlmann, in: Säcker (Hrsg.), Berliner Kommentar zum Energierecht 2010, § 24 Anh. A. EnWG, § 4 StromNZV, Rn. 4 mwN.

124 Innerhalb der unterschiedlichen Regelzonen werden sog. Bilanzkreise gebildet, um die Bilanzierung der gehandelten Energie zu vereinfachen. Sie dienen dazu, Abweichungen zwischen prognostiziertem Verbrauch („Lastprognose“) und tatsächlicher Erzeugung sowie tatsächlichem Verbrauch so gering wie möglich zu halten; sie sind „virtuelle Gebilde mit Kontierungsfunktion“, siehe ausführlich Bartsch/Pohlmann, in: Säcker (Hrsg.), Berliner Kommentar zum Energierecht 2010, § 24 Anh. A. EnWG, § 4 StromNZV, Rn. 5ff mwN.

Im Rahmen des grenzüberschreitenden Engpassmanagements ist nur das koordinierte externe Redispatching, das sowohl Regelzonen als auch Bilanzkreis überschreitend angewandt wird, von Bedeutung (sog. Cross-Border Coordinated Redispatching (CCR)).[125]

Beim Countertrading werden präventive oder kurative gegenläufige Handelsgeschäfte durchgeführt, die vom Übertragungsnetzbetreiber veranlasst werden, um kurzfristig drohende Engpässe an den Grenzkuppelstellen zu vermeiden, zu vermindern oder aufzulösen.[126] Sobald trotz entgegen gerichteter Durchleitungen ein physikalischer Engpass entsteht, kann jede weitere vertragliche Transaktion in der überfüllten Richtung nur dann durchgeführt werden, wenn z.B. der Übertragungsnetzbetreiber gleichzeitig einen entsprechenden Stromfluss in die entgegengesetzte Richtung arrangiert,[127] indem er in dem Markt mit dem niedrigeren Preisniveau Strom verkauft und gleichzeitig in dem Markt mit dem höheren Preisniveau Strom einkauft. Dies ist jedoch nur dann möglich, wenn der Übertragungsnetzbetreiber Strom von Erzeugern, oder auch von Verbrauchern, die zu einer Erhöhung bzw. Verringerung ihres Verbrauchs bereit sind, kauft oder an diese verkauft.[128] Diese Gegengeschäfte führen dann im Resultat zu einer Erhöhung der vorhandenen Kapazitäten.[129]

Dieses Vorgehen stellt zunächst wirtschaftlich gesehen zwar einen Verlust dar. Auf der anderen Seite vermeiden die Grenzkuppelstellenbetreiber dadurch jedoch, dass ein Engpass entsteht. Vor allem haben die Grenzkuppelstellenbetreiber in der Regel ein Interesse daran, dass ein Engpass nicht offiziell als solcher deklariert wird. Außerdem sind sie durch das dadurch herbeizuführende Saldierungsaufkommen in der Lage, alle festen Kapazitätsverträge zu bestätigen. Damit funktioniert das Countertrading ähnlich wie das koordinierte Redispatching, jedoch mit dem Unterschied, dass die Übertragungsnetzbetreiber beim Countertrading selbst aktiv am Handel teilnehmen,[130] wobei die Leistung der Kraftwerksparks gleich bleibt.

---

125 Kaiser, Verordnete Regulierung, S. 68.

126 Verband der Netzbetreiber, Anhang A.1 Transmission Code 2007, online abrufbar unter http://www.bdew.de/bdew.nsf/id/DE_7PDJCW_TransmissionCode_2007_Netz-_und_Systemregeln_der_deutschen_uebertragungsnetzbetreibe/$file/TransmissionCode2007.pdf, zuletzt abgerufen am 16.10.2013.

127 Kommission, zweiter Bericht über den Harmonisierungsbedarf vom 02.04.1999, Anhang.

128 Kommission, zweiter Bericht über den Harmonisierungsbedarf vom 02.04.1999, S. 13.

129 Knops/de Vries/Hakfoort, JoNI 2001, 311, 324.

130 Kaiser, Verordnete Regulierung, S. 69.

2.3.2.2 Maßnahmen bei Vorliegen eines Engpasses

Übersteigt die Nachfrage die physikalisch vorhandenen Kapazitäten und ist der entstandene Engpass nicht durch die beschriebenen präventiven Maßnahmen aufzulösen, müssen Grenzkuppelstellenbetreiber diesen durch aktive Aufteilung der vorhandenen Kapazitäten beseitigen. Seitdem erstmals Engpässe an den Grenzkuppelstellen auftraten, haben sich in der Praxis unterschiedliche Kapazitätenvergabemethoden herausgebildet. Zunächst wird zwischen quantitativen und marktbasierten Verfahren unterschieden.

2.3.2.2.1 Quantitative Verfahren

Bei quantitativen Verfahren erfolgt eine mengenmäßige Zuteilung der Kapazitäten durch den Übertragungsnetzbetreiber. Sie beruhen auf verschiedenen Kriterien:

- Beim Eigentümervorrang werden Netznutzer aufgrund ihrer Zugehörigkeit zu derselben Unternehmensgruppe bevorzugt.
- Im Rahmen der Retention ist die Leitungskapazität ausschließlich reserviert für vertikal-integrierte Unternehmen oder zur Erfüllung von sogenannten Altverträgen, die vor der Liberalisierung geschlossen wurden.
- Beim Pro-Rata-Vergabeverfahren können alle Marktteilnehmer ihre Wünsche nach Kapazitätsreservierungen bis zu einem bestimmten Zeitpunkt bei den Übertragungsnetzbetreibern einreichen. Der endgültige Zeitpunkt für das Ende der Einreichungs-Periode muss im Vorhinein festgelegt und veröffentlicht werden. Die Reservierungswünsche werden dann summiert und zu den verfügbaren Kapazitäten ins Verhältnis gesetzt.[131] Jedem Marktteilnehmer wird dann die nachgefragte Kapazität multipliziert mit diesem Faktor zugeteilt.[132]
- Grundsätzlich ist auch eine Führung von Prioritätenlisten denkbar. Die Vergabe der Kapazitäten erfolgt nach einem oder mehreren Beurteilungsmerkmalen, z.B. alphabetische Reihenfolge, Unternehmensgröße, historische Beziehungen oder Herkunftsland.
- Beim Long-Before-Short-Verfahren werden Langzeitverträge vor kurzfristigen Lieferverträgen bedient.[133] Langfristige Verträge werden hauptsächlich von im Markt etablierten Unternehmen abgeschlossen, die über einen festen Kundenstamm und damit auch über eine hohe Planungssicherheit verfügen. Jüngere,

131 Jones, The Internal Energy Market, Rn. 13.31.

132 Knops/de Vries/Hakvoort, JoNI 2001, 311, 328.

133 Knops/de Vries/Hakvoort, JoNI 2001, 311, 328.

häufig kleinere Unternehmen haben dagegen eher ein Interesse an kurzfristigen Verträgen, da sie mit einem eher kürzeren Planungshorizont arbeiten.[134]

- Eine leicht zu implementierende Vergabemethode ist das First-Come-First-Served-Verfahren. Von den Übertragungsnetzbetreibern wird ein Zeitpunkt bekannt gegeben, ab dem Marktteilnehmer Reservierungswünsche einreichen können. Diese werden wiederum aufaddiert und so lange bedient bis die Kapazitäten erschöpft sind.[135] Dies führt allerdings dazu, dass alle Marktteilnehmer ihre Reservierungswünsche zeitgleich anmelden wollen.
- Beim Served-Today-Served-Tomorrow-Verfahren erhalten die bisherigen Kapazitätsteilnehmer die Möglichkeit ihre bereits getätigten Kapazitätsreservierungen fortzuschreiben, bevor andere Marktteilnehmer diese anmelden können. Das Served-Today-Served-Tomorrow ist eine Variante des First-Come, First-Served Verfahrens.
- Im Rahmen des Grandfathering werden zukünftige Kapazitäten auf der Basis des historischen Ausnutzungsgrades zugeteilt.[136] Das Grandfathering ist eine Variante des Served-Today-Served-Tomorrow-Verfahrens.
- Beim Lotterie-Verfahren erfolgt eine Vergabe nach einem Zufallsprinzip an diejenigen Marktteilnehmer, die sich zuvor für die ausgeschriebene Lotterie qualifiziert und registriert haben.

2.3.2.2.2 Marktorientierte Verfahren

Marktorientiert, bzw. marktbasiert[137] sind die verwendeten Methoden dann, wenn sie den Wettbewerb mehrerer Marktteilnehmer um ein knappes Gut berücksichtigen und damit angebots- und nachfrageorientiert sind.[138] Dazu zählen vor allem explizite und implizite Auktionen und das in der Praxis immer relevanter werdende Market Coupling sowie das Market Splitting.

---

134 Kaiser, Verordnete Regulierung, S. 71.

135 Jones, The Internal Energy Market, Rn. 13.31.

136 Im Unterschied zur Retention wird beim Grandfathering der Ausnutzungsgrad bei der Kapazitätenvergabe beachtet, während bei der Retention allein Altverträge wieder bedient werden, unabhängig von der tatsächlichen Nutzung der Kapazitäten.

137 Neben dem Begriff „marktorientiert“ findet sich synonym häufig auch der Begriff „marktbasiert“. Die unterschiedliche Terminologie ergibt sich aus einer Übersetzung des englischen Begriffs „market-based“ als „marktbasiert“. In der englischen Fassung der StromHVO ist von „market-based solutions“ die Rede, was in der amtlichen deutschen Übersetzung als „marktorientierte Lösungen“ übersetzt wurde.

138 Kühling, RdE 2006, 173, 177; Frontier Economics/Consentec, Analysis of Cross-Border Congestion Management Methods, S. 12; Knops/de Vries/Hakfoort, JoNI 2001, 311, 328.

2.3.2.2.2.1 Explizite Auktionen

Bei expliziten Auktionen werden die Kapazitätsreservierungen getrennt von jeglichen Energiehandelsgeschäften durchgeführt. Es wird nur das Recht versteigert, eine Übertragungskapazität für einen bestimmten Zeitraum zu nutzen.[139] Eine Pflicht des Marktteilnehmers, die erworbenen Übertragungsrechte auszuüben, besteht nicht.[140] Vielmehr werden die Übertragungsrechte zunächst als eigenständiges „Produkt" versteigert. Erst anschließend wird der (Spot-) Handel unter Berücksichtigung der erworbenen Übertragungsrechte durchgeführt. Die insgesamt verfügbare Kapazität wird dabei mit unterschiedlichen Fristigkeiten von einer Stunde bis zu einem Jahr verteilt.[141] Explizite Auktionen sind verhältnismäßig einfach zu implementieren, bringen jedoch den Nachteil mit sich, dass durch die Trennung von Strom und Kapazitätsmärkten nicht immer alle Kapazitäten ausgenutzt werden.[142]

Es gibt unterschiedliche Ausprägungen von expliziten Auktionen, die nach folgenden Kriterien unterschieden werden können: Vergabe, Richtung, Laufzeit, Zeitplan, Nutzung der Kapazität und Informationenvergabe. Teilweise bedienen sich Übertragungsnetzbetreiber sogenannter Auktionsbüros („Auction Offices"), die im Auftrag und in Rechnung der Übertragungsnetzbetreiber die Auktionen durchführen.[143] Trotz der unterschiedlichen Ausprägungen laufen explizite Auktionen nach folgendem Schema ab:

- Vereinbarung der betroffenen Übertragungsnetzbetreiber über die Ausgestaltung der expliziten Auktionen, die in der Regel zum Vertrag führt;
- Veröffentlichung der Auktionsregeln;
- Gebotsabgabe bis zu dem angegebenen Stichtag;
- Sortierung nach der Höhe der Gebote und
- Zuteilung bis zur Erreichung der Kapazität.

Die Höhe des Auktionspreises richtet sich wiederum nach dem gewählten Auktionsverfahren: Bei Last-Accepted-Offer-Auktionen wird der Preis des letzten

139 Knops/de Vries/Hakfoort, JoNI 2001, 311, 329.

140 Zimmer/Eckenroth/Feldmann/Jones/Elms/Riechmann/Schlecht/Cremer/Haubrich, ET 2004, 786, 788; Nicht nominierte Mengen sollen dem Markt jedoch nach dem use-it-or-lose-it-Prinzip wieder zur Verfügung gestellt werden (Art. 16 Abs. 4 StromHVO).

141 Bundeskartellamt, Sektorenuntersuchung Stromerzeugung Stromgroßhandel vom 13.1.2011, S. 240.

142 Wawer, ZfE 31/2007, 109, 113.

143 Kühling/Sester/Wipfler/Matz/Hermeier, Rechtsgutachten über die Etablierung eines Auction Offices im Rahmen des Open Market Coupling, S. 7.

noch bedienten Gebotes für alle zum Zuge kommenden Gebote verwendet. Bei der Pay-As-Bid-Auktion muss jedes bediente Gebot den jeweils auch gebotenen Preis bezahlen.[144]

2.3.2.2.2.2 Implizite Auktionen

Im Rahmen von impliziten Auktionen erfolgt die Kapazitätenvergabe über Handelstransaktionen an der Strombörse[145] in direkter Verbindung mit den zugehörigen Energiegeschäften.[146] In der Regel geben die Marktteilnehmer am Vortag für jede Lieferstunde des Folgetages ihre Gebote in eindeutig bestimmten Gebieten ab. Aus diesen Geboten wird pro Gebiet ein Energiepreis bestimmt. Gibt es zwischen zwei Gebieten eine Preisdifferenz, wird zwischen diesen Gebieten der Stromfluss in eine Richtung so lange eingestellt, bis sich die Energiepreise angeglichen haben oder bis die maximal verfügbare Kapazität in die andere Richtung erreicht wird. Separate Übertragungsrechte werden nicht vergeben.[147] Der Stromaustausch ergibt sich verbindlich aus dem Energiemarkt. Die entlastende Wirkung gegenläufiger Stromflüsse, durch die ein Engpass verringert werden kann[148], kann bei der Allokation berücksichtigt werden.[149] Ein weiterer Vorteil ist, dass die Angebote für Kapazitäten nicht mehr zeitlich versetzt vor der Marktpreisfindung an den Börsen abzugeben sind.[150] Die Entgelte für die Nutzung der Grenzkuppelstelle ergeben sich implizit durch einen gegebenenfalls vorliegenden Preisunterschied zwischen den betroffenen Märkten.[151] Zudem erfolgen die Stromflüsse bei impliziten Auktionen in der Regel im Einklang mit den Preissignalen, die der Markt vorgibt.[152]

---

144 Knops/de Vries/Hakfoort, JoNI 2001, 311, 330.

145 Bundeskartellamt, Sektorenuntersuchung Stromerzeugung Stromgroßhandel vom 13.1.2011, S. 240.

146 Knops/de Vries/Hakfoort, JoNI 2001, 311, 333; Müller-Kirchenbauer/Struck/Siedentopp/Reukauf/Nailis, ME 5/2002, 30, 33.

147 Zimmer/Eckenroth/Feldmann/Jones/Elms/Riechmann/Schlecht/Cremer/Haubrich, ET 2004, 786, 787.

148 Knops/de Vries/Hakfoort, JoNI 2001, 311, 326.

149 Zimmer/Eckenroth/Feldmann/Jones/Elms/Riechmann/Schlecht/Cremer/Haubrich, ET 2004, 786, 788.

150 Neus/Haubrich/Moser, ET 2004, 387, 388.

151 Bundeskartellamt, Sektorenuntersuchung Stromerzeugung Stromgroßhandel vom 13.1.2011, S. 240.

152 Kommission, Prospects for the internal gas and electricity market vom 10.01.2007, SEC(2006) 1709, S. 27.

Implizite Auktionen bringen jedoch nicht nur Vorteile mit sich. Im Gegensatz zu quantitativen Verfahren und auch zu expliziten Auktionen sind sie nur schwer zu implementieren. Zwischen den einzelnen Mitgliedstaaten bestehen nach wie vor große tatsächlich Unterschiede, beispielsweise in Bezug auf die Intra-Day Märkte oder bezüglich der sog. Matching Rules.[153] Für eine europaweite Einführung impliziter Auktionen müssten die tatsächlichen Bedingungen der Vergabe der Kapazitäten harmonisiert werden.

Eine Weiterentwicklung der impliziten Auktion ist die sogenannte hybride Auktion. Dabei treten die regionalen Strombörsen im Auftrag ihrer Kunden als Teilnehmer einer expliziten Kapazitätsauktion auf, welche von den Übertragungsnetzbetreibern angeboten wird. Aus Sicht der Börsenteilnehmer stellt dies eine implizite Auktion dar: Für internationale Transaktionen (z.B.: Verkauf an der Börse in Deutschland und „Rückkauf" in den Niederlanden zur Lieferung an Endkunden in den Niederlanden) müssen keine expliziten Übertragungsrechte mehr erworben werden. Zur gleichen Zeit ist es möglich Gebote für explizite Übertragungsrechte für den kurz- und langfristigen OTC-Handel zuzulassen.[154]

Eine weitere Variante der impliziten Auktion ist die sogenannte multilaterale Auktion. Dabei werden nicht nur Kapazitäten zwischen zwei angrenzenden Staaten vergeben, sondern gleichzeitig alle Kapazitäten zwischen der Ein- und der Ausspeisegrenzkuppelstelle über mehrere Ländergrenzen hinweg versteigert. Dies hat folgende Vorteile:

- Marktteilnehmer können Übertragungsrechte direkt zwischen Handelsquelle und –senke (auch zwischen nicht benachbarten Ländern) beantragen, ohne dass dem Übertragungsnetzbetreiber betriebliche Risiken entstehen.
- Abweichungen zwischen physikalischem und vertraglichem Leistungsfluss werden reduziert. Außerdem wird im Rahmen des Zuteilungslogarithmus anhand der PTDF-Werte[155] die tatsächliche Inanspruchnahme aller relevanten Engpassstellen durch den internationalen Stromaustausch explizit berücksichtigt.
- Der Volatilität der Energiemärkte (tages- und jahreszeitliche Schwankungen des Marktpreisgefälles) wird optimal Rechnung getragen.

---

153 Siehe hierzu EuroPEX, Using Implicit Auctions to Manage Cross-Border Congestion vom 8.07.2003, Rn. 7ff.

154 Zimmer/Eckenroth/Feldmann/Jones/Elms/Riechmann/Schlecht/Cremer/Haubrich, ET 2004, 786, 787.

155 Siehe hierzu oben, S. 23.

Derzeit werden grenzüberschreitende Übertragungskapazitäten zumeist für jede Grenze separat durchgeführt. Dies hat den Nachteil, dass dabei nicht nur unterschiedliche Allokationsverfahren angewandt werden oder unterschiedliche Fristen zu beachten sind, sondern dass auch Unterschiede hinsichtlich der Verbindlichkeit der Übertragungsrechte oder der Regeln für den Sekundärhandel bestehen. Für diejenigen Marktteilnehmer, die über mehrere Grenzen handeln, entstehen dadurch nicht nur organisatorische Schwierigkeiten, sondern auch erhebliche wirtschaftliche Risiken. Des Weiteren muss bei separaten Zuteilungen, die in der Regel wohl in Unkenntnis des Zuteilungsstatus an anderen Grenzen erfolgen, durch Abstimmung der bilateralen Kapazitäten a priori sichergestellt werden, dass die Netzsicherheit erhalten bleibt. Es muss einkalkuliert werden, dass Einspeiser Stromtransporte „auf Umwegen" anmelden, um Engpässe zu vermeiden. Die Einführung von multilateralen Auktionen wird dementsprechend nicht in einem Schritt und nur mit größeren logistischen Problemen möglich sein. Auf der anderen Seite lassen sich schon durch die Koordinierung der unterschiedlichen expliziten Auktionen über mehrere Ländergrenzen hinweg erhebliche Vorteile sowohl für Marktteilnehmer als auch für Übertragungsnetzbetreiber erzielen.[156]

2.3.2.2.2.3 Market Coupling

Beim Market Coupling werden die Marktgebiete unterschiedlicher Strombörsen durch Einsatz eines bestimmten Software-Programms miteinander „gekoppelt".[157] Dadurch wird eine Integration der Märkte herbeigeführt, ohne die Preise europaweit zu harmonisieren.[158] Das Market Coupling ist eine Weiterentwicklung der Hybriden Auktion. Es geht über deren Grundform hinaus, indem es diese Form des Kapazitätenmanagements durch eine systemweite Optimierung der volkswirtschaftlichen Wohlfahrt unter Berücksichtigung aller relevanten technischen Nebenbedingungen umsetzt.[159] Nach dem Prinzip des Market Coupling ist es nicht mehr notwendig, getrennte Angebote abzugeben und die damit verbundenen

156 Siehe Zimmer/Eckenroth/Feldmann/Jones/Elms/Riechmann/Schlecht/Cremer/Haubrich, ET 2004, 786, 787f. mwN.

157 Mindestens zwei Strombörsen verwalten die grenzüberschreitenden Stromflüsse an einer Grenze zwischen den Börsengebieten.

158 Menzel, Rolle und Bedeutung von Strombörsen im Europäischen Binnenmarkt, Präsentation der European Energy Exchange AG (EEX) anlässlich des Workshops "Transparenter Strommarkt – Utopie oder Wirklichkeit?!" am 26. November 2007 bei der Bundesnetzagentur.

159 Tersteegen/Hinüber/Mirbach/Haubrich, ET 4/2007, 37, 37.

Risiken (Verfall nicht genutzter Kapazitäten) einzugehen. Dies hat den Vorteil, dass so das theoretisch optimale Preisverhältnis zwischen den Handelszonen und damit der faire Wert der zu verteilenden Kapazitäten ermittelt werden kann.[160]

Voraussetzung für das Market Coupling ist die Zentralisierung bestimmter Börsenfunktionen[161] sowie die zeitliche Synchronisation der beteiligten Spotmärkte. In der Regel wird ein Auction Office eingesetzt, das selbst als Marktteilnehmer an den Strombörsen auftritt.[162] Außerdem müssen sog. geschlossene Auktionen[163] durchgeführt werden, damit vor Tätigwerden des Auction Office die Angebots- und Nachfragekurven aggregiert und daraus der Preis gebildet werden kann. Dabei werden stündlich je Marktgebiet die aggregierten Angebots- und Nachfragekurven sowie mögliche Kombinations-[164] und Kapazitätsgebote ausgewertet. Außerdem werden die im Tagesbereich verbleibenden maximalen Übertragungskapazitäten berücksichtigt. Diese werden stündlich von den Übertragungsnetzbetreibern ermittelt. Für ein reibungsloses Funktionieren des Market Couplings ist es zudem unabdingbar, dass die Energiebilanz aus Kauf- und Verkaufsgeboten sowie im Import- als auch Exportbereich ausgeglichen ist.[165]

---

160 Neus/Haubrich/Moser, ET 2004, 387, 388.

161 Das Clearing wird jedoch dezentral durchgeführt, was Berechnungen sowie in den einzelnen Marktgebieten als auch marktgebietsübergreifend notwendig macht.

162 Dem Auction Office kommt damit eine Vielzahl von Aufgaben zu: Neben dem Sammeln der anonymisierten Auftragsbücher, der Gebote für Stundenkapazitäten von den Händlern und der Lastflussparameter der Übertragungsnetze ist das Auction Office für die Allokation der Stundenkapazitäten bei den Händlern und die Abgabe von preisunabhängigen Geboten an die Börsen zuständig. Zudem nimmt das Auction Office in der Regel auch die finanzielle und physische Abwicklung der Spotgeschäfte (Fahrplanmanagement) mit den Börsen, die Fahrplanmeldung für den grenzüberschreitenden Stromtransport sowie die Abrechnung der Stundenkapazitäten mit den Händlern sowie die Endabrechnung mit den Übertragungsnetzbetreibern vor, siehe hierzu ausführlich Kühling/Sester/Wipfler/Matz/Hermeier, Rechtsgutachten über die Etablierung eines Auction Offices im Rahmen des Open Market Coupling, S. 8ff.

163 Die Abgabe eines Angebots ist nur bis zu einem bestimmten, vorher festgelegten Zeitpunkt möglich. Die beteiligten Börsen übermitteln nach Abschluss der Angebotsphase ihre verdeckten Orderbücher an das Auction Office. Nur unter dieser Voraussetzung kann das Auction Office die Angebots- und Nachfragekurven aggregieren und einen Preis bilden.

164 Blockkontrakt, bei dem für mehrere zusammenhängende Stunden ein Gebot abgegeben werden kann; diese Kombinationsgebote werden von einigen Strombörsen wie z.B. der EEX definiert vorgegeben, andere Börsen (z.B. APX) lassen eigene Definitionen zu.

165 Hinüber/Egger/Neus/Haubrich, ET 2004, 790, 790f.

Nachdem die geschlossenen Auktionen durchgeführt und die Orderbücher der Börsen an das Auction Office übermittelt wurden, werden zunächst die Gleichgewichtspreise der unterschiedlichen Börsen miteinander verglichen. Anschließend nimmt das Auction Office die Allokation der Kapazitäten vor[166], wobei es als Bieter an den jeweiligen Börsen auftritt.[167] Dadurch werden die die Marktgebiete verbindenden Übertragungskapazitäten systemweit optimiert, indem die Kauf- und Verkaufsgebote in jedem Marktgebiet berücksichtigt werden. Idealerweise ergibt sich dabei direkt der optimale Energieaustausch und es entwickeln sich die verschiedenen Marktgebietspreise. Damit kommt es nicht nur zur bestmöglichen Auslastung der Übertragungskapazitäten sondern es bildet sich das optimale Preisverhältnis zwischen den einzelnen Marktgebieten, was zu einem fairen Preis für die Reservierung von Übertragungskapazitäten führen sollte.[168] Falls das Vorgehen des Auction Office nicht zu einem einheitlichen Gleichgewichtspreis[169] aller beteiligten Grenzkuppelstellen führt, erzielt es durch die An- und Verkäufe der Kapazitäten einen Erlös.[170]

Stark vereinfacht lässt sich der Ablauf des Market Coupling zwischen zwei Marktgebieten wie folgt zusammenfassen[171]:

- Sobald zwischen zwei Marktgebieten ein Preisgefälle festgestellt wird, melden die betroffenen Grenzkuppelstellenbetreiber die für den nächsten Tag berechneten Kapazitäten bei den Strombörsen oder einem sog. Auction Office an;
- Im Falle der Zuhilfenahme eines Auction Offices stellen die Strombörsen nach Handelsschluss diesem ihre anonymisierten Orderbücher zur Verfügung;

166 Die Menge an Strom, die das Auction Office kauft bzw. verkauft hängt in jedem Fall von der berechneten Kapazität, den übermittelten Orderbüchern sowie den Geboten ab, die im Rahmen der expliziten Auktionen bereits vergeben wurden. Da das Auction Office als einziger Marktteilnehmer alle relevanten Kennzahlen kennt, ist es in der Lage, seine Gebote mengenmäßig so zu platzieren, bis sich die Gleichgewichtspreise angeglichen haben oder aber keine weitere Übertragungskapazität mehr zu Verfügung steht.

167 Siehe zur Beschreibung des tatsächlichen Ablaufs ausführlich Kühling/Sester/Wipfler/Matz/Hermeier, Rechtsgutachten über die Etablierung eines Auction Offices im Rahmen des Open Market Coupling, S. 8f.

168 Hinüber/Egger/Neus/Haubrich, ET 2004, 790, 790.

169 Die Einstellung eines Gleichgewichtspreises auf beiden Seiten einer Grenzkuppelstelle stellt den Idealfall in einem vollkommenen Markt dar. Angesichts der nicht oftmals unzureichenden Kapazitäten ist sein Eintritt sehr unwahrscheinlich.

170 Kühling/Sester/Wipfler/Matz/Hermeier, Rechtsgutachten über die Etablierung eines Auction Offices im Rahmen des Open Market Coupling, S. 9.

171 Pritzsche, in: Ehricke (Hrsg.), Die neuen Herausforderungen im Lichte des Energierechts, 2009, 73, 79; Böttcher, e/m/w 2/2009, 24, 24.

- Das Auction Office errechnet in der Folge aus Kapazitäten und Preisen den optimalen Stromfluss;
- Um den gewünschten Stromfluss zu erreichen, werden zusätzliche, preisunabhängige Gebote bei der Börse eingestellt;
- Anschließend werden bis zur Auslastung der gemeldeten freien Kapazitäten alle Transaktionen ausgeführt, was im Ergebnis zu zwei neuen Gleichgewichtspreisen zwischen den nationalen Märkten führt.[172]

Innerhalb des Market Coupling kann unterschieden werden zwischen (1) Volume Coupling und (2) Price Coupling.[173] Beim Volume Coupling berechnet das zentrale System lediglich die Stromflüsse an den Grenzen, die Strombörsen berechnen die Preise und das Handelsvolumen der einzelnen Teilnehmer in ihren jeweiligen Gebieten. Innerhalb des Volume Coupling basiert die Kosten- und Preiskalkulation allein auf einem Kupplungs-Algorithmus, der sich aus den tatsächlichen Stromflüssen ergibt. Das heißt, dass das zwischengeschaltete Auction Office nur die Stromflüsse berechnet, während die Preiskalkulation den Börsen überlassen bleibt. Dabei kann es zu geringfügigen Abweichungen bei den jeweils beteiligten Börsen kommen, je nach Art des verwendeten Algorithmus. Auf der anderen Seite besteht hier die Möglichkeit, lokale physikalische Unterschiede in die Berechnung einzubeziehen. Ein weiterer Vorteil des Volume Coupling ist, dass die Börsen viel unabhängiger bleiben als dies beim Price Coupling der Fall ist. Auf der anderen Seite ist Volume Coupling technisch schwierig durchzusetzen und bietet außerdem dadurch, dass jede Börse die Preise selbst kalkuliert, eine höhere Fehlerwahrscheinlichkeit. Außerdem wird an den Börsen aufgrund des höheren Kalkulationsaufwandes mehr Personal benötigt, was sich wiederum auf die Preise niederschlagen kann.

Beim Price Coupling berechnet das zentrale System nicht nur die Stromflüsse an den Grenzen sondern auch die Preise und das Handelsvolumen der einzelnen Teilnehmer in ihren jeweiligen Gebieten. Im Falle von Price Coupling werden auch die Börsenpreise zentral ermittelt. Dabei gilt der Grundsatz, dass der ermittelte Börsenpreis umso belastbarer ist, je mehr Marktgebiete miteinander gekoppelt sind. Dies hat zur Folge, dass die auf diesen Preisen basierenden Terminkontrakte

172 Gegebenenfalls werden an der zuständigen Strombörse noch zusätzlich explizite Auktionen durchgeführt, je nachdem ob an der jeweiligen Grenzkuppelstelle gleichzeitig mehrere Verfahren angewandt werden.

173 Volume Coupling und Price Coupling können nebeneinander koexistieren. Dies bedeutet, dass jeder Teilnehmer auf seiner Seite der Grenzkuppelstelle für sich entscheiden kann, welches System er favorisiert (sog. offene Struktur).

attraktiver für die Handelsteilnehmer werden. Innerhalb des Price Coupling überlassen die Börsen die Preiskalkulation dem System selbst. Die Preise, die sich aus der kombinierten Preis- und Fließkalkulation ergeben, werden von der jeweils zuständigen Börse als Verkaufspreis verwendet. Politisch ist die Lösung allerdings nur schwierig durchzusetzen, da die Börsen einen Teil ihrer Unabhängigkeit aufgeben und an das eingesetzte Auction Office abgeben müssten.

2.3.2.2.2.4 Market Splitting

Das Market Splitting wurde aus dem Market Coupling entwickelt und ist am ehesten vergleichbar mit den klassischen impliziten Auktionen. Beim Market Splitting wird der Strommarkt innerhalb eines Börsengebietes in mehrere geographische Zonen unterteilt, in denen die handelbaren Kapazitäten limitiert sind. Anschließend wird vom Übertragungsnetzbetreiber ein Lastfluss veranschlagt und es werden die vorhandenen Engpässe bestimmt. Die Lastflüsse werden entsprechend der definierten Engpässe beschränkt, wodurch es auf der dem Engpass vorgelagerten Seite zu einer Preissenkung, auf der dem Engpass nachgelagerten Seite zu einer Preiserhöhung kommt.[174] Dies hat zur Folge, dass die Marktteilnehmer weniger Interesse daran haben, weiterhin Strom aus dem unterversorgten Gebiet zu beziehen, wodurch der resultierende Stromfluss über den Engpass verringert wird.[175] Der Engpass wird also aufgrund der Preisunterschiede durch den Markt, bzw. durch die veränderten Nachfragewerte aufgelöst.[176] Die Balance im Markt zwischen Angebot und Nachfrage wird automatisch hergestellt. Der Preismechanismus spiegelt damit sowohl den Strompreis als auch den Preis für verfügbare Kapazitäten wider oder anders formuliert: Im Rahmen des Market Splitting werden in allen beteiligten Märkten die gleichen Preise erreicht solange kein Engpass vorliegt. Kommt es jedoch zu einem Engpass, dann sorgt das System des Market Splitting für seine Auflösung durch gezielt eingesetzte Stromflüsse.

Dieses System hat allerdings den Nachteil, dass es ein hohes Maß an Koordination zwischen den beteiligten Börsen und den Übertragungsnetzbetreibern innerhalb des jeweiligen Gebietes erfordert.[177] Schwierigkeiten können sich hier vor allen bei bilateralen Verträgen in vermaschten Netzen ergeben.[178] Dafür

---

174 Celli/Riis-Madsen, I.E.L.T.R. 2002, 177, 179.

175 Kommission, Zweiter Bericht über den Harmonisierungsbedarf vom 02.04.1999, Anhang.

176 Kaiser, Verordnete Regulierung, S. 67.

177 Kroneberg, ET 2003, 589, 590.

178 Müller-Kirchenbauer/Nailis/Struck/Siedentopp/Reukauf, ME 5/2002, 30, 33.

ermöglicht es aber auf der anderen Seite die Bildung eines gebietsübergreifenden Referenzpreises (z.B. dem sogenannten Systempreis bei Nord Pool Spot), da nur eine Börse involviert ist.

2.3.3 Zwischenergebnis Kapazitätenvergabemethoden

Im Rahmen der quantitativen Verfahren erfolgt eine mengenmäßige Zuteilung der Kapazitäten. In der Praxis haben sich in der Vergangenheit die folgenden Verfahren etabliert: Eigentümervorrang, Retention, Pro-Rata-Verfahren, Prioritätenlisten, Long-Before-Short-Verfahren, First-Come-First-Served-Methode, Served-Today-Served-Tomorrow-Verfahren, Grandfathering und Lotterien. Allen ist gemeinsam, dass die Ihnen zugrundeliegenden Kriterien einfach darzustellen und umzusetzen sind.

Von marktorientierten Methoden wird gesprochen, sobald sich die Vergabe der Kapazitäten an Angebot und Nachfrage orientiert. Praktisch relevant sind vor allem explizite und implizite Auktionen sowie das Market Coupling und das Market Splitting. Bei expliziten Auktionen werden die Kapazitäten getrennt von den eigentlichen Stromhandelsgeschäften vergeben, während sowohl bei impliziten Auktionen als auch beim Market Coupling und beim Market Splitting eine gemeinsame Vergabe von Stromlieferung und Kapazität erfolgt. Die Stromflüsse orientieren sich in der Regel an den im Markt vorherrschenden Preissignalen. Insbesondere beim Market Coupling, das zu einer „Kopplung“ verschiedener Märkte an einer Strombörse führt, wird eine hohe Integrationsdichte der nationalen Märkte herbeigeführt. Auf der anderen Seite sind explizite Auktionen wesentlich schneller und einfacher zu implementieren als dies bei impliziten Auktionen und vor allem beim Market Coupling der Fall ist. Auch das Market Splitting, bei dem ein Strommarkt innerhalb eines Börsengebietes in mehrere geographische Zonen aufgeteilt wird, erfordert eine hohe Koordination der Marktteilnehmer.

2.3.4 Zusammenfassung Kapazitätsmanagement

Wie sich gezeigt hat, gibt es weder eine allgemeingültige Methode die vorhandenen Kapazitäten zu berechnen noch nur eine Methode, die berechneten Kapazitäten im Anschluss zu vergeben. In der Praxis haben sich unterschiedliche Vergabemethoden herauskristallisiert, die auf unterschiedlichen Auswahlkriterien beruhen. Ihre Implementierung und Umsetzung variieren im Einzelnen erheblich. Während die quantitativen Vergabemethoden sich durch ihre einfache Anwendbarkeit auszeichnen, erscheint es, dass die marktorientierten Verfahren mittelfristig für alle Marktteilnehmer die größeren Vorteile mit sich bringen werden. Die Rechtmäßigkeit dieser unterschiedlichen Vergabemethoden wird sich allein anhand der Kriterien des Regulierungs- und des Kartellrechts definieren lassen.[179]

2.4 Historische Entwicklung des Kapazitätsmanagements

Im Folgenden soll die historische Entwicklung der Kapazitätenvergabe und des Engpassmanagements an den Grenzkuppelstellen skizziert werden.

2.4.1 Das Monopolsystem

Noch bis in die zweite Hälfte des 20. Jahrhunderts wurde europa- und sogar weltweit die Energiewirtschaft innerhalb eines Systems vertraglich begründeter Versorgungsmonopole organisiert. In Deutschland wurde dies im Gesetz zur Förderung der Energiewirtschaft von 1935[180] kodifiziert. Wettbewerb war im Stromsektor nahezu ausgeschlossen. Es lag allein in der Verantwortung des Energieversorgungsunternehmens, die Endabnehmer unter Beachtung der Versorgungssicherheit möglichst preisgünstig zu versorgen.[181] Grenzüberschreitender Stromhandel spielte keine nennenswerte Rolle.[182] Die Energieversorgungsunternehmen hatten vielmehr sog. Demarkationsabreden getroffen mit dem Inhalt, in dem Gebiet des jeweils anderen keine Versorgung vorzunehmen.[183] Den Grenzkuppelstellen wurde dementsprechend noch keinerlei Beachtung geschenkt. Allerdings gab es schon 1930 erste Überlegungen, einen europäischen Verbund einzurichten. Durch diesen sollten die Erzeugungsschwerpunkte von der Ukraine bis Spanien und Norwegen mittels 400 kV-Leitungen mit den Lastschwerpunkten zusammengeschaltet werden.[184] Umgesetzt wurden diese Pläne jedoch nicht.

Im Jahr 1951 erfolgte erstmals eine offizielle Koordination der grenzüberschreitenden Zusammenarbeit. Das westeuropäische Verbundsystem der Union pour la

179 Siehe zu der regulatorischen und kartellrechtlichen Prüfung der Kapazitätenvergabemethoden unten, Kapitel 3 und Kapitel 4.

180 RGBl. I, Nr. 139, 1451 vom 16. Dezember 1935.

181 Siehe hierzu ausführlich Kühne, KSzW 3/2011, 219, 219f.

182 Bardt, Regulierungen im Strommarkt, S. 31.

183 Kühling, KSzW 3/2011, 219, 220.

184 Müller, Handbuch der Elektrizitätswirtschaft, S. 37.

Coordination de la Production et du Transport de l'Ectricité wurde gegründet. Die nationalen Verbundsysteme blieben jedoch erhalten. Hauptzweck des UCPTE-Verbundes war nicht die Erhöhung des grenzüberschreitenden Stromhandels, sondern nur die Erhöhung der Versorgungssicherheit[185] durch Reservestellung sowie die rasche grenzüberschreitende Aushilfe durch Sekunden- und Minutenreserve.[186] Die nationalen Netze wurden zwar erstmals zum kurzfristigen Elektrizitätsaustausch in geringem Umfang miteinander synchronisiert.[187] Eine Steigerung des Wettbewerbs durch die Erhöhung grenzüberschreitender Stromflüsse war jedoch nicht beabsichtigt. Der grenzüberschreitende Stromaustausch blieb relativ gering. Teilweise gab es zwar mittel- oder langfristige grenzüberschreitende Lieferabsprachen, um beispielsweise Kapazitätsengpässe durch Kraftwerksausfälle abzufangen. Diese langfristigen Absprachen stellten jedoch die Ausnahme dar.[188]

Bei Unterzeichnung des EGKS[189]-Vertrags 1952 sowie des Euratom-Vertrags betonten die Gründungsstaaten zumindest die Notwendigkeit eines gemeinsamen grenzüberschreitenden Ansatzes im Energiebereich.[190] Direkte Auswirkungen auf die grenzüberschreitende Kapazitätenvergabe hatte dies jedoch nicht. Grenzüberschreitender Handel fand nur in einem sehr geringen Ausmaß statt. Es gab keine Vorgaben über die Ausgestaltung der Kapazitätenvergabe an den Grenzkuppelstellen. Diese waren jedoch auch noch nicht notwendig, da zu diesem Zeitpunkt ausreichende Kapazitäten an den Grenzkuppelstellen vorhanden waren, um das geringe Aufkommen zu bewältigen.

2.4.2 Die 1980er Jahre: Erste Anfänge grenzüberschreitenden Handels

In den 1980er Jahren rückte der grenzüberschreitende Handel etwas mehr in den Vordergrund. Um konkret den grenzüberschreitenden Stromhandel und vor allem den Stromtransit zu forcieren, plante die Europäische Kommission zunächst ein

185 Knops/de Jong, JoNI 6/2005, 261, 265.

186 Wichtigster Grundsatz im Rahmen des UCPTE-Verbundes war, dass jeder Vertragspartner in seinem Versorgungsbereich eigenverantwortlich eine sichere Stromversorgung gewährleisten musste (sog. Prinzip der nationalen Eigenständigkeit).

187 Presser, Grenzüberschreitender Stromhandel, S. 33.

188 Zinow, Rechtsprobleme der grenzüberschreitenden Durchleitung von Strom in einem EG-Binnenmarkt für Energie, S. 47f.

189 Europäische Gemeinschaft für Kohle und Stahl.

190 Kommission, KOM (2007) 1 endgültig, S. 3.

abgestuftes Common-Carrier-System einzuführen.[191] Die Steigerung des grenzüberschreitenden Handels durch das Common-Carrier-System sollte vor allem der Versorgungssicherheit und der Kostensenkung dienen, stellte jedoch auch nach Meinung der Kommission nicht den einzigen Weg zu mehr Wettbewerb dar.[192] Da es eine vollkommene Trennung der Netzbetreiber von der Produktion vorsah[193] konnte es sich jedoch nicht durchsetzen und wurde durch Pläne zur Einführung des Third-Party-Access ersetzt.

Zudem setzte sich im Verlauf der 1980er Jahre mehr und mehr der Gedanke des Wettbewerbs und damit die Ausweitung der grenzüberschreitenden Stromlieferungen durch. Die Einheitliche Europäische Akte (EEA)[194] vom 17. und 28. Februar 1986, die gerade auch in Hinblick auf die Energieversorgung geschlossen worden war, sah eine Beseitigung der grenzüberschreitenden Handelsbeschränkungen vor. Hintergrund waren ökonomische Interessen der stromintentensiven Industrien: So hatte sich beispielsweise die BASF AG[195] bei der Kommission beschwert, dass aufgrund der bestehenden Monopolsystem und der Abschottung der nationalen Märkte kein kostengünstiger Atomstrom aus Frankreich bezogen werden könne.[196] Die Entschließung des Europäischen Rates vom 16. September 1986[197] über neue energiepolitischen Ziele der Gemeinschaft enthielt in der Folge die Forderung nach einem von Handelshemmnissen befreiten Energiebinnenmarkt mit dem Ziel, die Kosten zu verringern, die wirtschaftliche Wettbewerbsfähigkeit zu stärken und die Versorgungssicherheit zu erhöhen. Die Öffnung der Grenzkuppelstellen für den Wettbewerb war integraler Bestandteil zur Erreichung dieser Ziele.

Darauf basierend wurde am 2. Mai 1988 das Arbeitsdokument der Kommission „Der Binnenmarkt für Energie“ erlassen.[198] Schon zu diesem Zeitpunkt stand für die Kommission fest, dass regionale oder auch nationale Monopole und Ausschließlichkeitsrechte sowie die daraus resultierenden Hindernisse im

---

191 Die Nutzung des Übertragungsnetzes als Common-Carrier bedeutet, dass Dritte freien Zugang zum bestehenden Leitungsnetz haben und dieses gegen Bezahlung einer Gebühr für Durchleitungen nutzen dürfen, vgl. Kommission, KOM(89) 336 endg., S. 2.

192 Kuckuck, ET 1990, 390, 390f.

193 Ksoll/Schöler, Alternative Organisation zweistufiger Strommärkte, Potsdam 2001, S. 2.

194 BGBl. 1986 II, S. 1102.

195 Seit 2008 firmierend als Societas Europaea (SE).

196 Kühling, KSzW 3/2011, 219, 221 mwN.

197 Europäischer Rat, Entschließung über neue energiepolitische Ziele der Gemeinschaft für 1995 vom 16.09.1986, S. 1–3.

198 Kommission, KOM(88) 238, endg. vom 2.5.1988.

grenzüberschreitenden Handel mit Elektrizität abgeschafft werden müssten.[199] Denn nennenswerter grenzüberschreitender Handel fand nach wie vor nicht statt. So exportierten die bundesdeutschen Stromversorger im Jahr 1987 nur 15.795 GWh und importierten 18.989 GWh. Der Austauschsaldo entsprach nur 0,8 % des inländischen Verbrauchs.[200]

Im Herbst 1989 wurde außerdem eine Arbeitsgruppe aus deutschen und französischen Stromversorgern gebildet, die über eine Intensivierung des bilateralen Stromaustausches beraten sollte. Ende 1989 wurden sogar Leitlinien über die deutsch-französische Zusammenarbeit in der Energiepolitik beschlossen. Darin wurden die deutsch-französischen Elektrizitätsunternehmen aufgefordert, den begonnen Dialog fortzusetzen und neue Möglichkeiten für die Kommerzialisierung und Intensivierung des grenzüberschreitenden Stromhandels zu entwickeln.[201] Abgesehen davon ging die Kommission davon aus, dass sich ein höherer Stromaustausch und die daraus resultierenden niedrigeren Kosten auf dem Binnenmarkt positiv für die europäische Wirtschaft auf die Exportmöglichkelten außerhalb der Gemeinschaft auswirken würden.[202] Angestoßen wurde die Entwicklung des grenzüberschreitenden Stromhandels auch durch die Öffnung Osteuropas Ende 1989. Nicht nur in der ehemaligen DDR, sondern in allen osteuropäischen Transformationsstaaten waren die Stromerzeugungsstrukturen stark unterwickelt. Es bestand ein hoher Importbedarf.[203]

Die Kapazitätenvergabe an den Grenzkuppelstellen war jedoch noch immer nicht in den Fokus der Akteure gerückt. Dies lag vor allem weiterhin daran, dass aufgrund der geringen Nachfrage nach grenzüberschreitenden Kapazitäten weder physikalische noch vertragliche Engpässe an den Grenzkuppelstellen zu verzeichnen waren. Eine Regulierung der Kapazitätenvergabe bzw. des Engpassmanagements erschien noch nicht notwendig. Im Jahr 1989 betrug der EU-weite grenzüberschreitende Stromhandel nur ca. 4 % des gesamten Stromverbrauchs.[204]

199 Zinow, Rechtsprobleme der grenzüberschreitenden Durchleitung von Strom in einem EG-Binnenmarkt für Energie, S. 80.

200 Angaben aus: Kommission, KOM(89) 336 vom 29.09.1989, Anlage 1.

201 Zinow, Rechtsprobleme der grenzüberschreitenden Durchleitung von Strom in einem EG-Binnenmarkt für Energie, S. 49.

202 Kommission, KOM(89) 347 vom 07.02.1990, S. 10.

203 Zinow, Rechtsprobleme der grenzüberschreitenden Durchleitung von Strom in einem EG-Binnenmarkt für Energie, S. 49.

204 Ein Beispiel für eine grenzüberschreitende Kooperation findet sich zwischen Deutschland und Frankreich: so hatte sich bereits im Jahr 1987 die Badenwerk AG (als Vorunternehmen der EnBW) bei den französischen Kernkraftwerken Fessenheim und

Die Kommission war zu diesem Zeitpunkt aber bereits der Ansicht, dass dieser Umfang erheblich angehoben werden sollte.[205]

2.4.3 Die 1990er Jahre: Erste Regelungen zu Grenzkuppelstellen bei noch geringer faktischer Relevanz

Tatsächliche Auswirkungen zeigten die Liberalisierungsbemühungen innerhalb der Europäischen Union, angeführt von Großbritannien und den skandinavischen Ländern, Anfang der neunziger Jahre.[206] Von dort verbreitete sich der Versuch, die Monopolmärkte für den Wettbewerb zu öffnen, durch ganz Europa.[207] Bezogen auf die Grenzkuppelstellen zielten die Liberalisierungsbemühungen vor allem darauf ab, diese zu öffnen, um den Wettbewerb auf den nationalen Märkten zu erhöhen. Außerhalb des Energiesektors hatte der EuGH[208] bereits in mehreren Urteilen festgestellt, dass Ein- und Ausfuhrmonopole eine Maßnahme gleicher Wirkung und rechtswidrig seien, weshalb sie gegen die Regeln des freien Waren- und Dienstleistungsverkehrs verstießen.

Die Schaffung eines europäischen Binnenmarktes gestaltete sich im Energiesektor schwieriger als auf den meisten anderen Gebieten. Dem ersten Versuch der Kommission im Jahre 1992, eine Richtlinie zu entwickeln, welche den grenzüberschreitenden Stromhandel forcieren und damit die Elektrizitätsmärkte für den Wettbewerb öffnen würde, wurde von der Mehrzahl der Mitgliedstaaten keine große Unterstützung entgegengebracht.[209] In der Folge wurde am 29. Oktober 1990 zunächst die Transitrichtlinie für Elektrizität erlassen.[210] Sie sollte

---

Cattenom eingekauft, vgl. Zinow, Rechtsprobleme der grenzüberschreitenden Durchleitung von Strom in einem EG-Binnenmarkt für Energie, S. 48.

205 Kommission, KOM(89) 336 vom 29.09.1989, S. 12, Tz. 35.

206 Zur Entwicklung des grenzüberschreitenden Stromhandels in den 1990er Jahren siehe ausführlich Hauteclocque, S. 72ff.

207 Bacher, Optimierung liberalisierter elektrischer Energiesysteme, S. 2.

208 Siehe beispielsweise EuGH, Rs. C-202/88, Slg. 1991, I-1223, Tz. 33ff.

209 Green, Competition Law Insight 2005, 8, 8.

210 Richtlinie 90/547/EWG des Rates vom 29. Oktober 1990 über den Transit von Elektrizitätslieferungen über große Netze Abl. EU 1990 L 313/30 vom 13.11.1990, geändert durch Entscheidung 94/559 EWG und RL 95/162 EWG, aufgehoben durch StromHVO a.F. 1228/2003/EG. Die Richtlinie beruht auf dem Kommissionsvorschlag vom 14.07.1989, KOM(89) 336 vom 29.09.1989, Anhang 3.

vor allem zu einer Weiterentwicklung des UCPTE–Verbundsystems führen.[211] Allerdings sollte die Richtlinie nach dem Willen des Rates keine neuen Rechte statuieren, sondern nur der Durchsetzung der bereits durch den EWGV begründeten Transitrechte dienen. Zwar wurde erstmals grenzüberschreitender Elektrizitätstransit legaldefiniert[212] und damit Grenzkuppelstellen zumindest indirekt im Sekundärrecht erwähnt. Nach Art. 3 Abs. 1 Transitrichtlinie sollten Verträge über den Elektrizitätstransit zwischen den großen Netzen jedoch weiterhin mit den in den Mitgliedstaaten verantwortlichen Gesellschaften[213] ausgehandelt werden. Die eigentliche Transitregelung wurde demnach durch einen privatrechtlichen Vertrag geschlossen.[214] Allerdings mussten die Kriterien zur Kapazitätenvergabe, die von den Übertragungsnetzbetreibern an die nationalen Regulierungsbehörden zu übersenden waren, von diesen vorab genehmigt werden. Außerdem mussten nach Art. 14 negativ beschiedene Kapazitätsanfragen von den Übertragungsnetzbetreibern mit einer Begründung versehen werden.[215] Damit legte Art. 3 Abs. 2 bereits grundsätzlich das Erfordernis der Nicht-Diskriminierung im Rahmen von grenzüberschreitenden Stromflüssen fest. Zudem mussten Transitverträge, die eine Mindestdauer von mehr als einem Jahr hatten, ex post nach Art. 3 Abs. 3 der Kommission und den zuständigen Behörden vorgelegt werden. Diese Vorlagepflicht hatte jedoch reinen Informationscharakter. Vetorechte der Kommission oder der zuständigen Regulierungsbehörde bestanden nicht. Es stellte sich bald heraus, dass die Transitrichtlinie zu kurz und einfach gefasst war, um die Vielzahl der möglichen Konstellationen grenzüberschreitenden Stromhandels zu umfassen.[216]

Mit dem Vertrag von Maastricht[217] wurden im Jahr 1992 die Vorschriften über transeuropäische Netze (Art. 129b-129d EG-Vertrag) eingeführt.[218] Ziel war es,

211 Kaiser, Verordnete Regulierung, S. 41.

212 Art. 2 Abs. 1 Transitrichtlinie definierte Elektrizitätstransit als jede Beförderung von Elektrizität durch das Hochspannungsnetz eines mitgliedstaatlichen Verbundunternehmens zugunsten zweier anderer Verbundnetzbetreiber, wobei zumindest eine innergemeinschaftliche Grenze überschritten wird.

213 Diese wurden im Anhang der Transitrichtlinie aufgeführt.

214 Zinow, Rechtsprobleme der grenzüberschreitenden Durchleitung von Strom in einem EG-Binnenmarkt für Energie, S. 84.

215 Siehe auch Hancher, EC Electricity Law, S. 137ff.

216 Zinow, Rechtsprobleme der grenzüberschreitenden Durchleitung von Strom in einem EG-Binnenmarkt für Energie, S. 86.

217 Abl. EG Nr. C 191 vom 29.07.1992.

218 Später Art. 154–156 EG-Vertrag, inzwischen Art. 170–172 AEUV.

zum Auf- und Ausbau unter anderem auch der Energieinfrastruktur beizutragen.[219] Langfristig sollte der Verbund und die Interoperabilität der Höchstspannungsnetze sowie der Zugang zu ihnen, vor allem durch technische Harmonisierung, gefördert werden.[220] Die Prioritätensetzung auf den Ausbau der transeuropäischen Infrastruktur zeigt, dass dem europäischen Gesetzgeber das Fehlen ausreichender grenzüberschreitende Kapazitäten durchaus bewusst war.

Zudem leitete die Kommission gegen die Mitgliedstaaten[221], die weiterhin Ein- und Ausfuhrrechte im Strombereich monopolisierten, Vertragsverletzungsverfahren im Sinne von Art. 226 EG-Vertrag[222] ein mit dem Argument des Verstoßes gegen Art. 30[223], 34[224] und 37[225] EG-Vertrag. Die Mehrzahl der Mitgliedstaaten, gegen die Vertragsverletzungsverfahren eingeleitet worden waren, versuchten daraufhin ihre nationalen Regelungen im Sinne des EG-Vertrages anzupassen, überschritten dabei jedoch zumeist die vorgegebenen Fristen.[226] Daraufhin klagte die Kommission im Jahr 1994 gegen Frankreich, Italien, die Niederlande und Spanien vor dem EuGH.[227] Konkret rügte die Kommission, dass ein System errichtet worden sei, innerhalb dessen nur der Staat über die ihm jeweils gehörenden

---

219 Siehe hierzu Brand/Witthohn, ET 2002, 253, 254.

220 Hobe, EuR 2009, Beiheft 1, 219, 221.

221 Dänemark, Frankreich, Griechenland, Irland, Italien, Niederlande, Spanien, Portugal, Großbritannien.

222 Nunmehr Art. 258 AEUV.

223 Nunmehr Art. 36 AEUV.

224 Nunmehr Art. 40 AEUV.

225 Nach Art. 37 EG-Vertrag (nunmehr Art. 43 AEUV) waren die Mitgliedstaaten dazu verpflichtet, ihre staatlichen Handelsmonopole schrittweise derart umzuformen, dass am Ende jede Diskriminierung in den Versorgungs- und Absatzbedingungen ausgeschlossen sein sollte. Dies galt für alle Einrichtungen, durch die ein Mitgliedstaat unmittelbar oder mittelbar die Einfuhr der die Ausfuhr zwischen den Mitgliedstaaten rechtlich oder tatsächlich kontrollieren, lenken oder merklich beeinflussen konnte und auch für die von einem Staat auf andere Rechtsträger übertragene Monopole. Bezogen auf die Grenzkuppelstellen bedeutete eine Anwendung des Art. 37 EG-Vertrag, dass hinsichtlich der Kapazitätenvergabe nicht nur ausschließliche Ein- und Ausfuhrrechte verboten waren, sondern generell keine Diskriminierung mehr vorgenommen werden dürfte.

226 Kaiser, Verordnete Regulierung, S. 31.

227 EuGH, Rs. C-159/94, Slg. 1997, I-5815 – Kommission/Frankreich; EuGH, Rs. C-158/94, Slg. 1997, I-5789, – Kommission/Italien; EuGH, Rs. C-157/94, Slg. 1997, I-5699 – Kommission/Niederlande; EuGH, Rs. C-160/94, Slg. 1997, I-5851 – Kommission/Spanien; zur Rechtsprechung des EuGH zu Ein- und Ausfuhrmonopolen, vgl. oben, S. 54.

Elektrizitätsunternehmen Elektrizität ein- und ausführen könne. Dieses Verhalten verstoße gegen Art. 30, 34 und 37 EG-Vertrag und sei weder nach Art. 46 noch nach Art. 90 Abs. 2 EG-Vertrag gerechtfertigt. Insbesondere könne die Versorgungssicherheit die ausschließlichen Einfuhrrechte nicht rechtfertigen. Abgesehen davon, gebe es mildere Mittel, die den Handel weniger beschränkten.[228] Diese Verfahren blieben jedoch folgenlos. Im Verfahren gegen Spanien konnte die Kommission nicht einmal das Bestehen eines Monopols nachweisen[229], in den anderen drei Verfahren entschied der EuGH, dass er nicht über genügend Informationen verfügte, um eine Vertragsverletzung im Sinne von Art. 226 EG-Vertrag bejahen zu können.

Mitte der 1990er Jahre befasste sich der europäischen Gesetzgeber erstmals konkret mit Grenzkuppelstellen. Um dem Kapazitätenmangel an europäischen Grenzkuppelstellen langfristig entgegenzutreten, stellte die Kommission zur Behebung der physikalischen Engpässe im Jahr 1996 Leitlinien zu den transeuropäischen Netzwerken auf.[230] Im Vordergrund des im Jahre 1995 begonnenen TEN-E Programms[231] stand der Ausbau der europäischen Energienetze für Elektrizität und Erdgas. Ursprünglich wurden die Energienetze in den Mitgliedstaaten nach nationalen Maßstäben gebaut. Diese sollten im Rahmen der europäischen Integration nun miteinander verbunden werden.[232] Allerdings erwies sich das TEN-E Programm schon nach kurzer Zeit als ineffektiv. Insbesondere die verschiedenen einzelstaatlichen Interessen und die begrenzten finanziellen Mittel des Projekts erschwerten eine praktische Umsetzung.[233] Die Einführung des TEN-E Programms

228 EuGH, Rs. C-159/94, Slg. 1997, I-5819, Tz. 13 – Kommission/Frankreich.

229 Im Falle Spaniens folgte der EuGH der Argumentation der Kommission jedoch nicht, da diese nicht nachweisen habe können, dass es in Spanien Rechtsvorschriften gebe, die der Redesa als staatlichem Energieunternehmen solche ausschließlichen Rechte gewährten. Allein aus der Tatsache, dass Redesa den Betrieb aller Grenzkuppelstellen sicherzustellen habe, ergebe sich noch nicht, dass andere Unternehmen keinen Zutritt zu diesen hätten. Abgesehen davon sei der Kommission schon nicht der Nachweis gelungen, dass überhaupt ein anderes Unternehmen Interesse an grenzüberschreitenden Kapazitäten gezeigt habe, EuGH, Rs. C-160/94, Slg. 1997, I-5857, Tz. 17ff. – Kommission/Spanien.

230 Kommission, Entscheidung Nr. 1254/96/EG vom 5. Juni 1996 über eine Reihe von Leitlinien betreffend die transeuropäischen Netze im Energiebereich, Abl. EU, 161, S. 147–153.

231 Programm zur Förderung transeuropäischer Netze im Energiebereich.

232 Callies/Ruffert/Callies, EUV/EGV Kommentar, 2007, Art. 154, Rn. 16.

233 Kommission, Mid-Term Evaluation of the TEN-E Program 2000–2006, Executive Summary.

belegt jedoch, dass der Kommission zu diesem Zeitpunkt bereits das Fehlen ausreichender Kapazitäten[234] bewusst war.

In der Folge wurde am 14. November 1996 von der Kommission das Weißbuch „Eine Energiepolitik für Europa" erlassen. Die Integration der verschiedenen nationalen Energiemärkte stand dabei im Zentrum der Bemühungen. Die Kommission sah die Einführung eines Energiebinnenmarktes als Voraussetzung zur Erreichung der weiteren energiepolitischen Ziele an.[235] Auch die Bemühungen der EU, ein transeuropäisches Energienetz aufzubauen, würden ad absurdum geführt, wenn weiterhin nach nationalen Netzen unterteilt würde. Das Weißbuch führte aus, dass bereits im Jahr 1990 die skandinavischen Länder (Dänemark, Finnland, Norwegen und Schweden) begonnen hätten, ihre Elektrizitätsmärkte zu liberalisieren und zu integrieren. Dieser Liberalisierungsprozess habe zur Einführung von Wettbewerb in den Monopolgebieten und vor allem auch zur Kooperation zwischen den vier nationalen Übertragungsnetzbetreibern[236] geführt.

Ebenfalls im Jahr 1996 wurde die erste Elektrizitätsrichtlinie 96/92/EG[237] nach vier Jahren schwieriger Verhandlungen und einer großen Anzahl von Kompromissen[238] erlassen. Die Kommission hatte ursprünglich geplant, auf Grundlage des Art. 83 Abs. 3 EGV[239] in einer Richtlinie den Abbau der Ein- und Ausfuhrmonopole zu regeln. Allerdings bestand diesbezüglich kein Konsens zwischen den Mitgliedstaaten, den Vertretern der Industrie und den EU-Organen. Vor allem die Kompetenz der Kommission war umstritten. Außerdem sahen sowohl die Mitgliedstaaten als auch das Europäische Parlament ein Demokratiedefizit im Verfahren nach Art. 86 Abs. 3 EGV.[240] Offizielle Ziele der Richtlinie waren: Schaffung

---

234 Die Leitlinien zu den Transeuropäischen Netzwerken wurden deshalb bereits zweimal novelliert, siehe Entscheidung Nr. 1229/2003/EG, Abl. EU L 176, 11–28 sowie Entscheidung Nr. 1364/2006/EG, Abl. EU L 262, 1–23. Auf diese soll jedoch in diesem Rahmen nicht weiter eingegangen werden, da diese den Ausbau der Grenzkuppelstellen forcieren sollen. Mit der Kapazitätenvergabe und dem Engpassmanagement befassen sie sich nicht.

235 Kommission, KOM(95) 682 vom 13.12.1995, S. 1f.

236 Namentlich Energinet in Dänemark, Fingrid in Finnland, Stattnet in Norwegen und Svenska Kraftnät in Schweden.

237 Richtlinie 96/92/EG des Europäischen Parlaments und des Rates vom 19.12.1996 betreffend gemeinsame Vorschriften für den Elektrizitätsbinnenmarkt, Abl. EU Nr. L 027 vom 30.01.1997, S. 20ff.

238 Siehe eingehend hierzu Cross/Hancher/Slot, in: Roggenkamp (Hrsg.), Energy Law in Europe, S. 301ff. mwN.

239 Ex-Art. 90 Abs. 3 EGV.

240 Cameron, Competition in Energy Markets, Rn. 3.61ff.

eines Binnenmarktes für Elektrizität, Verringerung der Produktionskosten durch vermehrten Wettbewerb, Stärkung der Wettbewerbsfähigkeit des Standortes Europa, Steigerung der Effizienz im Energiesektor, Abschaffung von Handelshemmnissen, Sicherstellung der Versorgungssicherheit sowie Umweltschutz.[241] Insbesondere war als eines ihrer Ziele die Interoperabilität der Netze vorgesehen.[242] Dies sollte allerdings nach wie vor hauptsächlich der Beseitigung technischer Probleme beim grenzüberschreitenden Handel dienen. Abgesehen davon statuierte die Richtlinie selbst, dass es sich um Maßnahmen handelte, die lediglich eine weitere Liberalisierungsstufe darstellten und dass auch nach ihrer Durchführung Hemmnisse für den Elektrizitätshandel zwischen den Mitgliedstaaten fortbestehen würden.[243] Die Kommission begründete dies mit der Logik des schrittweisen Herangehens an die Umsetzung des Elektrizitätsbinnenmarktes, bestimmte Probleme erst anzusprechen, nachdem die Mitgliedstaaten die grundsätzliche Weichenstellung vorgenommen hätten.[244]

Das intereuropäische Engpassmanagement wurde nach wie vor nicht näher geregelt. Vielmehr waren in der Regel zwei Übertragungsnetzbetreiber für eine Grenzkuppelstelle verantwortlich und mussten selbst ein System, das die Versorgungssicherheit gewährleistete, entwickeln. Dabei war der jeweilige Übertragungsnetzbetreiber auch dafür verantwortlich, dass das eigene System der Kapazitätenvergabe mit anderen kompatibel war. Hierbei blieb aber die endgültige Entscheidung über die Verwendung „seiner" Hälfte der Kapazität beim jeweiligen Übertragungsnetzbetreiber.[245] Allerdings mussten die europäischen Übertragungsnetzbetreiber zumindest bezüglich ihrer Unternehmensführung von den Interessen sowohl der Erzeuger, als auch denen des Handels und der Verteilung von Elektrizität getrennt werden.[246] Dadurch sollte erreicht werden, dass Dritt-Anbieter mit

241 Bardt, Regulierungen im Strommarkt, S. 34.

242 Siehe Erwägungsgrund Nr. 6.

243 Richtlinie 96/92/EG, Erwägungsgrund 39; vgl. hierzu auch: Maire, Le Revue du Droit de l'Union Européenne 2001, 451, 456f.

244 Kommission, Zweiter Bericht an den Rat und der Europäische Parlament über den Harmonisierungsbedarf vom 16.4.1999, (SEC 1999/470), S. 5.

245 Dies lag allerdings schon daran, dass die Form einer nicht unmittelbar geltenden Richtlinie gewählt wurde, die erst in nationales Recht umgesetzt werden musste. Die nationalen Umsetzungsgesetzte konnten jedoch qua Definition nicht die Übertragungsnetzbetreiber in anderen Mitgliedstaaten binden, vgl. hierzu außerdem Celli/ Riis-Madsen, I.E.L.T.R. 2002, 177, 178.

246 Art. 14 RL 96/92/EG.

den langfristigen Verträgen in Konkurrenz treten könnten.[247] Die RL 96/92/EG ermöglichte es den Verbrauchern, Strom auch von ausländischen Anbietern zu beziehen, was zu einem Anstieg der grenzüberschreitenden Stromflüsse führte, vor allem in Regionen, in denen Preisunterschiede bestanden.[248] In der Folge kam es in den späten 1990er Jahren und zu Beginn des neuen Jahrtausends zu Kapazitätsengpässen in den BeNeLux-Staaten, an der französisch – spanischen Grenze, den italienischen Festlandgrenzen und auf der Verbindung zwischen Großbritannien und Kontinentaleuropa.[249]

Aufgrund der mangelhaften Öffnung der Strommärkte gründete die Kommission im Jahre 1998 das sogenannte Florenz-Forum[250], um die Problembereiche anzugehen, die im Zusammenhang mit der Schaffung eines Elektrizitätsbinnenmarktes standen, jedoch nicht von der Elektrizitätsrichtlinie 96/92/EG abgedeckt wurden.[251] Insbesondere zu der Frage der Preisgestaltung im grenzüberschreitenden Stromhandel, zu dem Problem der Zuweisung und des Managements knapper Verbindungskapazität sowie zu der Frage nach dem Ausbau vorhandener Verbindungskapazitäten[252] war unter den Mitgliedstaaten kein Einvernehmen möglich. Daher entschied sich die Kommission, zunächst eine informelle, in regelmäßigen Abständen stattfindende Gesprächsrunde zu organisieren, an der alle beteiligen Parteien teilnehmen sollten. Das ausgewiesene Ziel war es,

247 Kommission, Zweiter Bericht an den Rat und das Europäische Parlament über den Harmonisierungsbedarf Richtlinie 96/92/EC betreffend gemeinsame Vorschriften über den Elektrizitätsbinnenmarkt vom 16.04.1999, (SEC) 1999/470, S. 7.

248 Knops/de Vries/Haakvort, JoNI 2001, 311, 313.

249 Celli/Riss-Madsen, I.E.L.T.R. 2002, 177.

250 Dieses Europäische Forum für Elektrizitätsregulierung („Florenz Forum“) fand zum ersten Mal am 05. und 06.02.1998 im Europäischen Universitätsinstitut in Fiesole bei Florenz statt. Das Forum hat die Aufgabe, relevante Informationen und Daten zu sammeln, zu bewerten sowie die unterschiedlichen Parteien im Energiebereich dazu zu bewegen in den jeweiligen Bereichen gemeinsame Organe zu bilden, um den Dialog zwischen den Akteuren zu ermöglichen. Ferner hat das Forum den Auftrag, Lösungsvorschläge zu erarbeiten, Konsens zwischen den Parteien zu bilden und letztlich ihnen zu helfen, zu Vereinbarungen zu gelangen. Durch die Heterogenität der Mitglieder wird jedoch auf der anderen Seite die Konsensbildung erschwert, vgl. hierzu ausführlich Lavrijssen/de Visser, in: Roggenkamp/Hammer (Hrsg.), The European Energy Regulators Group, 99, 104; Eberlein, JoNI 2003, 137, 144ff; Presser, Grenzüberschreitender Stromhandel, S. 168f.

251 Kommission, KOM (2001) 125 vom 28.08.2001, S. 72.

252 Kommission, KOM (2001) 125 vom 28.08.2001, S. 12; siehe auch Boucher/Smeers, JoNI 2002, 375, 375ff.

auf EU- Ebene einen neutralen und informellen Rahmen für die Diskussion und den Erfahrungsaustausch hinsichtlich der Umsetzung der Elektrizitätsrichtlinie zu schaffen.[253]

Schon relativ bald nach Initialisierung des Florenz-Forums zeigte sich, dass dieses immer dann ein wichtiges und effizientes Instrument sein konnte, wenn es um den informellen und neutralen Erfahrungsaustausch und um Konsensbildung in komplizierten und sich schnell weiter entwickelnden Bereichen ging. Jedoch lagen gerade in den Vorteilen dieser Methode auch seine Nachteile. Zum einen war der informelle Charakter ein Hemmnis für konkrete Entscheidungen,[254] da der uneingeschränkte Konsens aller Beteiligten erforderlich ist, was sich angesichts der heterogenen Interessen äußerst schwierig gestaltete. Zweitens konnten die Beschlüsse wegen ihrer unverbindlichen Natur nur auf freiwilliger Basis umgesetzt werden und es gab keine Mechanismen zur Sicherstellung ihrer Umsetzung. So einigte man sich z.B. auf dem fünften Florenz-Forum im März 2000 zwar grundsätzlich darauf ein Preisbildungssystem für die Übertragung grenzüberschreitender Stromflüsse einzuführen.[255] Ein Einvernehmen über die Details eines solchen Systems wurde jedoch nicht erzielt. Nicht alle Mitgliedstaaten konnten von ihrem Vorhaben abgebracht werden, eine Exportgebühr einzuführen, und die Frage nach den genauen Methoden für die Berechnung der Kosten für die Durchleitung von Transitflüssen konnte ebenfalls nicht beantwortet werden.[256] Drittens war das Florenz-Forum für konkrete Entscheidungen zu Detailfragen, die der eingehenden Erörterung bedürfen, nicht geeignet, da es nur zweimal im Jahr für eineinhalb Tage zusammentritt.[257] Viertens konnte ein informeller, auf Zusammenarbeit beruhender Ansatz angesichts der Wichtigkeit der zu regelnden Fragen nicht den notwendigen verfahrensrechtlichen und demokratischen Anforderungen (Beteiligung des Rates und des Parlaments) genügen.[258]

Viele der im Rahmen des Florenz-Forums gefundenen Kompromisse gerade hinsichtlich des Engpassmanagements sind jedoch später in die StromHVO

253 Siehe Florenz Forum, Schlussfolgerungen der 1. Tagung vom 05. bis 06.02.1998, S. 1; Es hat jedoch nach wie vor keine rechtliche Befugnis, bindende Entscheidungen zu treffen oder seine Entscheidungen umzusetzen. Das Konzept des Forums besteht darin, auf die freiwillige Zusammenarbeit der betroffenen Parteien zu setzen.

254 Maire, Revues du Droit de l'Union européenne 2002, 451, 469.

255 Florenz Forum, Schlussfolgerungen der 5. Tagung des Florenz-Forums, 30./31.03.2000, S. 1ff.

256 Kommission, KOM(2001) 125 vom 28.08.2001, S. 14.

257 Hamdorf, IR Energie, Verkehr, Abfall, Wasser, 2004, 245, 245.

258 Maire, Revue du Droit de l'Union Européenne 2001, 451, 469.

eingeflossen. Dem Florenz-Forum kommt neben der StromHVO, welche die in Florenz beschlossenen Grundsätze und Leitlinien übernommen und präzisiert und sie in ein durchsetzbares und den verfahrensrechtlichen und demokratischen Anforderungen genügendes Rechtsinstrument integriert hat, eine nicht unerhebliche Bedeutung zu. Auch nach Inkrafttreten der ersten StromHVO[259] im Jahr 2003 verlor das Florenz-Forum seinen Einfluss auf die Weiterentwicklung des Engpassmanagements nicht, wie sich auf der elften Tagung am 16. und 17. September 2004 gezeigt hat. Dort wurde ein von der Kommission im März 2004 vorgelegter erster Entwurf dreier Leitlinien zum Engpassmanagement, zur Harmonisierung der Netzzugangsentgelte und zum Ausgleichsmechanismus zwischen Übertragungsnetzbetreibern diskutiert.[260] Das Florenz-Forum wird weiterhin eine wichtige Rolle bei der Vorbereitung und Weiterentwicklung der Leitlinien zum Engpassmanagement im Sinne des Art. 18 StromHVO spielen und es ist nicht wahrscheinlich, dass die Kommission dem Ausschuss formelle Leitlinienentwürfe vorlegt, bevor sie im Rahmen des Florenz-Forums diskutiert worden sind.[261] Dies zeigten auch die sieben zwischen Dezember 2004 und Februar 2005 abgehaltenen „Mini-Foren" zum Engpassmanagement, deren Durchführung die Kommission auf der elften Tagung des Florenz-Forums zwecks Erarbeitung von Leitlinien angeregt hatte.[262]

Ebenfalls Ende der 1990er Jahre gab die Kommission eine Studie zu grenzüberschreitenden Stromübertragungstarifen in Auftrag, die sich mit den Problembereichen der Tarife für grenzüberschreitenden Stromhandel und des Engpassmanagements auseinandersetzen sollte. Der endgültige Bericht vom April 1999[263] machte bereits konkrete Vorschläge, wie durch die Elektrizitätsrichtlinie noch nicht behandelte Fragen beantwortet werden könnten. Noch bevor alle Mitgliedstaaten die Richtlinie umgesetzt hatten, befasste sich die Kommission in ihrem Zweiten Bericht über den Harmonisierungsbedarf[264] mit Fragen zur Verfügbarkeit von Übertragungskapazitäten und zur grenzüberschreitenden Netzzugangs- und Durchleitungstarifierung. Im Hinblick auf

259 Verordnung (EG) Nr. 1228/2003/EG des Europäischen Parlaments und des Rates vom 26. Juni 2003 über die Netzzugangsbedingungen für den grenzüberschreitenden Stromhandel, Abl. EU L 176/1, im Folgenden: StromHVO a.F.

260 Schlussfolgerungen der 11. Tagung des Florenz-Forums vom 16. und 17. September 2004, S. 3–6:

261 So auch Jones, The Internal Energy Market, Rn. 13.14.

262 Schlussfolgerungen der 11. Tagung des Florenz-Forums vom 16./17.09.2004, S. 4f.

263 Haubrich/Fritz/Vennegeerts, Study on Cross-Border Electricity Transmission Tariffs.

264 Kommission, Zweiter Bericht an den Rat und das Europäische Parlament über den Harmonisierungsbedarf. SEC 1999/470 vom 16.04.1999.

die Tarifierung warf sie die Frage auf, wie auf EU-Ebene die Verfahren zur Festsetzung grenzüberschreitender Tarife ausgestaltet werden könnten. Zu diesem Zeitpunkt hatte jeder Mitgliedstaat eine andere Methode der Entgeltbildung für den grenzüberschreitenden Stromhandel. Die Folge waren stark voneinander abweichende Tarifstrukturen in der Gemeinschaft.[265] So brachte jede grenzüberschreitende Transaktion die Zahlung einer Reihe von Tarifen mit sich, die von der Anzahl der betroffenen Staaten abhing. Bei Übertragungen über die Gebiete mehrerer Übertragungsnetzbetreiber kumulierten sich die nationalen Übertragungsgebühren (sogenanntes „pancaking“).[266] Im Ergebnis war es für die Kunden häufig billiger beim örtlichen Versorgungsunternehmen zu bleiben. Auch beim Engpassmanagement existierten verschiedene Zuweisungssysteme. Die Kommission kam im Rahmen der Studie zu dem Ergebnis, dass die Wirkungen der Richtlinie 96/92/EG im Hinblick auf die Marktöffnung zwar positiv waren, dass jedoch weitere Maßnahmen vonnöten waren, um den Energiebinnenmarkt tatsächlich zu verwirklichen. Der grenzüberschreitende Stromhandel betrug lediglich 8 % der gesamten Stromerzeugung in der Gemeinschaft, ein Anteil, der viel geringer war, als in anderen Branchen.[267]

Obwohl also im Rahmen des ersten Binnenmarktpakets die Kommission erheblich darauf drängte, den Wettbewerb auf dem Erzeugungsmarkt durch grenzüberschreitende Stromlieferungen zu forcieren, fand grenzüberschreitender Handel weiterhin nur sehr eingeschränkt statt. Dem Gesetzgeber wurde aber immerhin bewusst, dass die Grenzkuppelstellen nicht weiterhin ignoriert werden sollten. Er hatte erkannt, dass die vorhandenen Kapazitäten nicht ausreichend waren. In erster Linie konzentrierte er sich jedoch auf Regelungen, die den Ausbau der grenzüberschreitenden Kapazitäten forcieren sollten. Die Kapazitätenvergabe selbst wurde noch nicht näher geregelt. Da der grenzüberschreitende Handel nach wie vor sehr gering war, erübrigten sich detaillierte Regelungen. Zumindest wurden im Rahmen der Transitrichtlinie hinsichtlich der Kriterien der Kapazitätenvergabe erste Überwachungs- und Genehmigungsrechte zugunsten der Kommission eingeführt. Außerdem wurde durch die Gründung des Florenz-Forums ein wichtiger Schritt getan, um die nationalen Bedürfnisse der Mitgliedstaaten in Bezug auf den grenzüberschreitenden Handel in einen europäischen Kompromiss einfließen zu lassen.

---

265 Kommission, KOM(2001) 125.vom 28.08.2001, S. 12.

266 Hierzu siehe auch Hancher, JoNI 2002, 365, 367; Celli/Riis-Madsen, I.E.L.T.R. 2002, 177, 180.

267 Kommission, KOM (2001) 125 vom 28.08.2001, S. 10ff.

2.4.4 Die 2000er Jahre: Kommission erkennt die Problematik der Kapazitätenvergabe und des Engpassmanagements

Zu Beginn des neuen Jahrtausends erkannte die Kommission, dass die Herangehensweise an das Ziel des Energiebinnenmarkes im Rahmen des Florenz-Prozesses an seine Grenzen gestoßen war. Der grenzüberschreitende Stromhandel betrug nach wie vor nur 8 % der gesamten Stromproduktion in der Gemeinschaft. Die Kommission hatte erkannt, dass ein effizientes System für das Engpassmanagement notwendig wurde, „um der Entwicklung eines europäischen Energiemarktes entscheidende Impulse zu geben". Ziel sei es, „rasch ein einfaches, objektives, transparentes, diskriminierungsfreies und kostenorientiertes Handelssystem aufzubauen, um anstelle der fünfzehn liberalisierten aber noch zersplitterten Märkte einen echten Energiebinnenmarkt zu schaffen".[268]

Zudem wurde sie vom Europäischen Rat auf seiner Tagung am 23. und 24. März 2000 in Lissabon aufgefordert ein Gesetzgebungsverfahren auf den Weg zu bringen, worin dieser vom Europäischen Parlament unterstützt wurde.[269] Daraufhin entschied sich die Kommission im März 2001 einen Verordnungsentwurf über die Netzzugangsbedingungen für den grenzüberschreitenden Stromhandel vorzulegen. Die europäischen Übertragungsnetzbetreiber hatten sich bereits 1951 innerhalb der UCTE (damals noch UCPTE)[270] gegenseitig zur Zusammenarbeit verpflichtet; an einer Erhöhung des grenzüberschreitenden Handels waren sie hingegen nicht interessiert, um den Wettbewerb nicht selbst zu erhöhen.[271] In ihrem Verordnungsvorschlag gab die Kommission bereits Leitlinien und bevorzugte Methoden für das Engpassmanagement sowie für explizite Auktionen vor. Darin wurde die Wichtigkeit von Transparenz, Diskriminierungsfreiheit und Marktorientierung betont.[272]

Ursprünglich plante die Kommission während der Verhandlungen zur RL 2003/54/EG[273] den nationalen Regulierungsbehörden Kompetenzen dergestalt

268 Kommission, KOM(2000) 297 vom 16.05.2000, S. 3ff.

269 Entschließung des Europäischen Parlaments zum Zweiten Bericht der Kommission an den Rat und das Europäische Parlament über den Stand der Liberalisierung der Energiemärkte vom 06.07.2000, A5-0180/2000, PE 286.082.

270 Union for the Coordination of Transmission of Electricity.

271 Germer/Loibl/Mengers, Energierecht, Kapitel 1, Rn. 26.

272 Kommission, KOM (2001) 125 vom 28.08.2001, Anhang.

273 Richtlinie 2003/54/EG des Europäischen Parlaments und des Rates vom 26. Juni 2003 über gemeinsame Vorschriften für den Elektrizitätsbinnenmarkt und zur Aufhebung

zuzuweisen, dass sie für die Festlegung von Regelungen für das Management und die Zuweisung von Kapazitäten sowie die Festlegung oder Genehmigung etwaiger Engpassmanagement-Methoden bzw. der Genehmigung etwaiger Mechanismen zur Behebung der Engpässe zuständig sein sollten. Das Engpassmanagement sollte im Vorhinein verbindlich geregelt werden.[274] Allerdings waren diese Vorgaben den meisten Mitgliedstaaten zu weitgehend. Es war bereits absehbar, dass sich eine einheitliche nationale Umsetzung schwierig gestalten würde. Deshalb entschied sich die Kommission, die Problematik der Kapazitätenvergabe und des Engpassmanagements im Rahmen einer Verordnung zu lösen.

Der Rat legte am 03. Februar 2002 seinen gemeinsamen Standpunkt zur Strom-HVO a.F. fest.[275] Darin bestand er insbesondere auf einer Befreiung für neue Verbindungsleitungen von den strengen Vorschriften für die Verwendung von Einnahmen aus dem Engpassmanagement sowie von den Vorschriften für den unbeschränkten Netzzugang Dritter. Das Europäische Parlament stimmte den Kommissionsvorschlägen am 13. März 2002 zwar weitestgehend bereits in der ersten Lesung[276] zu, schlug aber in Bezug auf gewerblich betriebene Grenzkuppelstellen (sog. „Merchant Interconnectors") [277] vor, diese von den strengen Vorschriften hinsichtlich der Verwendung der Einnahmen aus dem Engpassmanagement zu befreien. Außerdem sei eine transparente Nutzung der Grenzkuppelstellen Voraussetzung für einen funktionierenden Wettbewerb.[278] Zudem sollte in Art. 2 Abs. 2

der Richtlinie 96/92/EG – Erklärungen zu Stilllegungen und Abfallbewirtschaftungsmaßnahmen, ABl. L 176 vom 15.7.2003, S. 37–56.

274 Neveling/Theobald, EuZW 2002, 106, 108.

275 Gemeinsamer Standpunkt (EG) Nr. 4/2003 vom Rat festgelegt am 03.02.2003 im Hinblick auf den Erlass der Verordnung (EG) Nr. .../2003 des Europäischen Parlaments und des Rates vom ... über die Netzzugangsbedingungen für den grenzüberschreitenden Stromhandel, Abl. EU 2003, C 50 E, 1.

276 Legislative Entschließung des Europäischen Parlaments zu dem Vorschlag für eine Verordnung des Europäischen Parlaments und des Rates über die Netzzugangsbedingungen für den grenzüberschreitenden Stromhandel (KOM(2001) 1125 – C5-0185/2001 – 2001/0078 (COD)), P5_TA(2002)0107, Abl. EU vom 27.02.2003, C 47 E, 379; Standpunkt des Europäischen Parlaments festgelegt in Erster Lesung am 13. März 2002 im Hinblick auf den Erlass der Verordnung (EG) Nr. .../2002 des Europäischen Parlaments und des Rates über die Netzzugangsbedingungen für den grenzüberschreitenden Stromhandel, P5_TC1-COD(2001)0078, Abl. EU vom 27.02.2002, C 47E, 380.

277 Zu Merchant Interconnectors siehe ausführlich Knops/de Jong, JoNI 6/2005, 261ff.

278 12. Erwägungsgrund des Standpunktes des Europäischen Parlaments festgelegt in Erster Lesung am 13. März 2002 im Hinblick auf den Erlass der Verordnung (EG)

eine Legaldefinition von Exporten und Importen eingeführt werden: Exporte seien Einspeisungen auf dem Gebiet eines Mitgliedstaates, die für die gleichzeitige Entnahme („Importe“) auf dem Gebiet eines anderen Mitgliedstaates bestimmt seien. Außerdem sah das Parlament die Notwendigkeit einer Kostenpflicht im Rahmen des Engpassmanagements. Im Rahmen von Art. 4 (Netznutzungsentgelte), der nach den Vorgaben der Kommission vorsah, dass Importeure und Exporteure für den Zugang zu den nationalen Netzen über die allgemeinen Entgelte hinaus keine besonderen Zahlungen leisten sollten, wollte das Parlament eine Ausnahme für Zahlungen, die in nachvollziehbarem Zusammenhang mit dem Engpassmanagement stehen und mehr als geringfügig seien, einführen.

In der Folge wurden am 16. März 2002 anlässlich des Europäischen Rates von Barcelona spezifische Ziele bezüglich der Steigerung des Umfangs des grenzüberschreitenden Stromhandels festgelegt.[279] So wurde erstmals explizit gefordert „ein Tariffestsetzungssystem für den grenzüberschreitenden Stromhandel einschließlich des Engpassmanagements zu erzielen, das auf den Grundsätzen der Nichtdiskriminierung, der Transparenz und der Einfachheit beruht“. Zudem wurde der Zielwert für grenzüberschreitenden Stromhandel auf 10 % der installierten Produktionskapazität bis 2005 festgelegt.[280] Am 7. Juni 2002 legte die Kommission einen veränderten Vorschlag zur StromHVO a.F. vor, der zumindest einige Änderungswünsche des Parlaments berücksichtigte. So stimmte die Kommission dem Parlament im Grundsatz zu, dass sog. gewerbliche Verbindungsleitungen von den strengen Voraussetzungen der StromHVO ausgenommen werden sollten. Eine solche Ausnahme müsse zeitlich begrenzt sein mit der Möglichkeit einer Verlängerung bei Zustimmung der nationalen Behörden und der Kommission. Allerdings lehnte die Kommission das Anliegen des Parlaments ab, Einnahmen aus dem Engpassmanagement auch für Entschädigungszahlungen für Kapazitätskürzungen zu verwenden. Denn es bestünde nach Ansicht der Kommission eine rechtliche Verpflichtung zur Leistung derartiger Ausgleichszahlungen. Sie seien Teil der Betriebskosten der Verbindungsleitungen und würden bereits bei der Festlegung der verfügbaren Einnahmen berücksichtigt.[281]

Nr. .../2002 des Europäischen Parlaments und des Rates über die Netzzugangsbedingungen für den grenzüberschreitenden Stromhandel, P5_TC1-COD(2001)0078, Abl. EU vom 27.02.2002, C 47E, 380.

279 Hakvoort/de Jong, European Review of Energy Markets, Volume 2, Issue 1, September 2007, 109, 111.

280 Europäischer Rat, Schlussfolgerungen des Vorsitzes, Europäischer Rat (Barcelona), 15. und 16. März 2002, Nr. 37.

281 Kommission, Geänderter Vorschlag KOM(2002) 304 vom 07.06.2002, S. 60ff.

Diesen Vorschlägen stimmte das europäische Parlament in seiner zweiten Lesung am 04. Juni 2003 jedoch nur zum Teil zu und schlug weitere Änderungen vor.[282] Insbesondere seien diskriminierungsfreie und transparente Entgelte für die Nutzung der Verbindungsleitungen im Übertragungsnetz Voraussetzung für einen funktionierenden Wettbewerb.[283] Daraufhin veränderte die Kommission ihren Vorschlag erneut. Ausnahmen nach Art. 7 StromHVO a.F. über die Verwendung von Einnahmen sollten nunmehr für alle „neuen" Verbindungsleitungen greifen, die zum Zeitpunkt des Inkrafttretens der Verordnung nicht fertig gestellt worden seien. Außerdem kam die Kommission dem Parlament insoweit entgegen, als die zeitliche Befristung der Ausnahmegenehmigungen wieder gestrichen wurde. Zudem wurden die Bedingungen, unter denen eine Ausnahme gewährt werden konnte, ausgedehnt und gestärkt. So hatte das Parlament darauf bestanden, dass die Ausnahmegenehmigung auch für eine erhebliche Steigerung der Kapazität einer vorhandenen Verbindungsleitung sowie für einen Teil der Gesamtkapazität gewährt werden sollte. Die Argumentation des Parlaments, dass dies notwendig sei, um Investitionen in hochriskante Projekte zu sichern, war von der Kommission aufgegriffen worden. Allerdings unterstrich die Kommission ausdrücklich ihre Absicht, dass derartige Ausnahmen auf das erforderliche Minimum beschränkt werden müssten, insbesondere hinsichtlich der Dauer der Ausnahme als auch hinsichtlich der relevanten Kapazität des Vorhabens. Zudem wurden die Voraussetzungen, unter denen eine Anwendung auf Wechselstromverbindungen zulässig sein sollte, klarifiziert.[284] Darüber hinaus wurden im Rahmen des Gesetzgebungsprozesses zur StromHVO a.F. auch Leitlinien nach dem Komitologieverfahren entwickelt.

---

282 Legislative Entschließung zum Gemeinsamen Standpunkt des Rates im Hinblick auf den Erlass der Verordnung (EG) Nr. .../2003 des Europäischen Parlaments und des Rates vom ... über die Netzzugangsbedingungen für den grenzüberschreitenden Stromhandel, (15527/2/2002 C5-0036/2003 – 2001/0078(COD)), Abl. EU 2004, C 68 E, 262; Standpunkt des Europäischen Parlaments festgelegt in zweiter Lesung am 04. Juni 2004 im Hinblick auf den Erlass der Verordnung (EG) Nr. .../2003 des Europäischen Parlaments und des Rates vom ... über die Netzzugangsbedingungen für den grenzüberschreitenden Stromhandel Abl. Eu 2004, C 68 E, 262.

283 Standpunkt des Europäischen Parlaments festgelegt in zweiter Lesung am 04. Juni 2004 im Hinblick auf den Erlass der Verordnung (EG) Nr. .../2003 des Europäischen Parlaments und des Rates vom ... über die Netzzugangsbedingungen für den grenzüberschreitenden Stromhandel Abl. Eu 2004, C 68 E, 262, Erwägungsgrund Nr. 14.

284 Kommission, Mitteilung an das Europäische Parlament gemäß Artikel 251 Abs. 2 UA 2 EGV betreffend den vom Rat angenommenen gemeinsamen Standpunkt im Hinblick auf den Erlass einer Verordnung des Europäischen Parlaments und des Rates

Am 23. Juni 2003 wurde die StromHVO a.F.[285] zusammen mit ihren Leitlinien erlassen. Sie kodifizierte erstmals explizite Regelungen zum Engpassmanagement (Art. 6 StromHVO a.F.). Die Leitlinien enthielten viele der Kompromisse, die im Rahmen des Florenz-Forums seit 1998 gefunden worden waren sowie explizite Regelungen für die Verwaltung und Zuweisung verfügbarer Übertragungskapazität von Verbindungsleitungen zwischen nationalen Netzen.[286] Relativ schnell stellte sich jedoch heraus, dass die im Jahr 2003 zur StromHVO a.F. erlassenen Leitlinien nicht ausreichend waren, um Missbräuche im Rahmen der Kapazitätenvergabe bzw. des Engpassmanagements zu verhindern. Deshalb wurden im Jahr 2006 im Wege des Komitologieverfahrens neue Leitlinien erlassen, die die ursprünglichen Leitlinien konkretisierten und erweiterten. Bereits im selben Jahr beauftragte die Kommission ERGEG, die Einhaltung der StromHVO und der neuen Leitlinien zu überprüfen. In dem im Jahr 2007 veröffentlichten Abschlussbericht kritisierte ERGEG vor allem die mangelnde Transparenz sowie die mangelhafte Harmonisierung der Kapazitätenberechnung und –vergabe an Grenzkuppelstellen.[287]

Im Jahr 2007 wurden die Grenzkuppelstellen erstmals auch im Primärrecht kodifiziert. Im Vertrag von Lissabon[288] wurde in Art. 176a Abs. 1 lit. d) die Förderung der Interkonnektion der Energienetze in das europäische Primärrecht aufgenommen und damit als Ziel der europäischen Energiepolitik festgeschrieben.[289] Hierin ist „a maiore ad minus“ auch die diskriminierungsfreie und transparente Kapazitätenvergabe an den Grenzkuppelstellen enthalten. Denn unter „Förderung der Interkonnektion der Energienetze“ ist nicht nur der Ausbau der Grenzkuppelstellen zu verstehen. Vielmehr wird vom Wortlaut auch umfasst, dass die nationalen Netze mittels der bereits vorhandenen Infrastruktur besser verbunden werden sollen.

Die Grenzkuppelstellen blieben auch weiterhin im Fokus der Kommission und der europäischen Verbände. Im Jahr 2007 forderte die Kommission ERGEG auf, die Einhaltung der StromHVO a.F. in den einzelnen Mitgliedstaaten zu überprüfen.

über die Netzzugangsbedingungen für den grenzüberschreitenden Stromhandel, SEK (2003) 160 vom 07.02.2003, Art. 7, 5. Spiegelstrich.

285 Verordnung (EG) Nr. 1228/2003 des europäischen Parlaments und des Rates vom 26. Juni 2003 über die Netzzugangsbedingungen für den grenzüberschreitenden Stromhandel, Abl. EU L 176/1 vom 15.07.2003.

286 Zu den Inhalten der StromHVO a.F. und der dazugehörigen Leitlinien siehe unten ausführlich Kapitel 3, Diese wurden weitestgehend in die StromHVO übernommen.

287 ERGEG, Compliance with Electricity Regulation 1228/2003 vom 18.07.2007, S. 13ff.

288 Vertrag von Lissabon zur Änderung des Vertrags über die Europäische Union des Vertrags zur Gründung der Europäischen Gemeinschaft, Abl. EU C 306 vom 7.12.2007.

289 Lieb/Maurer (Hrsg.), Der Vertrag von Lissabon, S. 89.

ERGEG veröffentlichte daraufhin im Dezember 2007 einen Fragenkatalog.[290] Am 18. September 2008 startete ERGEG auf Basis dieses Fragenkatalogs eine öffentliche Befragung aller europäischen Übertragungsnetzbetreiber, in der es unter anderem um den tatsächlichen Stand des Engpassmanagements an Grenzkuppelstellen in den durch die Leitlinien 2006 eingeführten Regionen ging. In dem anschließend erstellten Abschlussbericht stellte ERGEG unter anderem fest, dass die Koordinierung zwischen den Übertragungsnetzbetreibern bei weitem noch nicht ausreichend sei, was eine maximale Ausnutzung der vorhandenen grenzüberschreitenden Kapazitäten verhindere.[291]

2.4.5 Zusammenfassung historische Entwicklung

Zu Zeiten des Monopolsystems hatten die Marktteilnehmer noch keinerlei Ambitionen, Elektrizität grenzüberschreitend zu handeln. Grenzüberschreitende Lieferungen sollten allenfalls der Versorgungssicherheit dienen, um beispielsweise grenznahe Kraftwerksausfälle aufzufangen. Die vorhandenen Kapazitäten waren mehr als ausreichend, um das geringe Aufkommen zu bewältigen, so dass noch kein Bedarf für eine Koordinierung, oder gar für eine Kodifizierung der Vergabemethoden bestand. In den 1980er Jahren versuchte zwar der europäische Gesetzgeber zunehmend, den grenzüberschreitenden Stromhandel zu forcieren, um die nationalen Märkte dem Wettbewerb zu öffnen. Jedoch war die Kapazitätenvergabe an den Grenzkuppelstellen von den vom Gesetzgeber angestellten Überlegungen zu diesem Zeitpunkt noch nicht erfasst. Die Grenzkuppelstellen wurden erst in den 1990er Jahren erstmalig im Rahmen der Transitrichtlinie gesetzlich tangiert. Auch die Kommission begann in dieser Zeit, den Grenzkuppelstellen mehr Beachtung zu schenken und führte mehrere Vertragsverletzungsverfahren durch. Außerdem wurde Ende der 1990er Jahre der informelle Florenz-Prozess ins Leben gerufen, der die Handelshemmnisse im Rahmen des grenzüberschreitenden Stromhandels beseitigen und sich intensiv mit der Kapazitätenvergabe an den Grenzkuppelstellen beschäftigten sollte.

Aus diesen Verhandlungen entstand zu Beginn der 2000er Jahre die StromHVO a.F. Das Jahr 2003 stellte hinsichtlich der Kapazitätenvergabe an den Grenzkuppelstellen einen herausragenden Meilenstein dar. Indem diese ausdrücklich in der StromHVO a.F. und ihren Leitlinien kodifiziert wurde, wurden

290 ERGEG, Compliance with Regulation 1228/2003 vom 10.12.2007.
291 ERGEG, Second ERI Coherence and Convergence Report vom 11.03.2009, S. 3.

den Grenzkuppelstellenbetreibern erstmals Vorgaben gemacht, wie die Kapazitäten zu vergeben seien. Auch wenn sich diese Vorgaben nicht als ausreichend herausstellten[292], so waren sie ein notwendiger Zwischenschritt. Die Öffnung der Märkte hatte zwar zunächst zu einer Intensivierung des Wettbewerbs geführt. In der Folge sanken zunächst die Preise, insbesondere für Industriekunden. Doch die Marktbereinigung führte auf der anderen Seite auch zu einer verstärkten Oligopolbildung. Die Übertragungsnetze und damit auch die Grenzkuppelstellen wurden vermehrt zur Quersubventionierung des Vertriebs genutzt, wodurch Wettbewerb ausgeschaltet wurde. Überzogene Durchleitungspreise für die Netze und die Grenzkuppelstellen waren wesentliche Hindernisse auf dem Weg zur angestrebten Liberalisierung[293], die auch durch Neufassung der Leitlinien im Jahr 2006 nicht vollständig erreicht wurde. In der Folge wurde im Rahmen des dritten Binnenmarktpakets auch die StromHVO novelliert und vor allem im Hinblick auf den grenzüberschreitenden Stromhandel umfassend erweitert. Im Hinblick auf die Kapazitätenberechnung und –vergabe blieb die StromHVO jedoch weitestgehend unverändert. Die StromHVO n.F. trat am 3. März 2011 in Kraft.

292 Siehe Conclusions XIV. European Electricity Regulatory Forum Florence, 24.-25. September 2007, S. 2, online abrufbar unter http://ec.europa.eu/energy/gas_electricity/electricity/forum_electricity_florence_en.htm, zuletzt abgerufen am 16.10.2013.

293 Vgl. Antrag der FDP Fraktion an den deutschen Bundestag: „Für mehr Wettbewerb und Transparenz in der Energiewirtschaft durch klare ordnungspolitische Vorgaben" vom 27.10.2004, BTDrs. 15/4037, S. 2, online abrufbar unter http://dipbt.bundestag.de/dip21/btd/15/040/1504037.pdf, zuletzt abgerufen am 16.10.2013.

3 Regulatorische Rahmenbedingungen der Kapazitätenvergabe an Grenzkuppelstellen

Der regulatorische Rahmen der Kapazitätenvergabe an Grenzkuppelstellen ist vor allem anhand der Stromhandelsverordnung und ihrer Leitlinien zu beurteilen. Die StromHVO a.F., trat am 1. Juli 2004 in Kraft als Teil des zweiten Beschleunigungspakets[294]. Zusammen mit den gleichzeitig erlassenen Leitlinien[295] wurden damit erstmals verbindliche Regelungen zur Kapazitätenvergabe und zum Engpassmanagement an den Grenzkuppelstellen getroffen. Im Jahr 2006 wurden die Leitlinien bereits novelliert.[296] Die neuen Regelungen sind, vor allem im Hinblick auf das Engpassmanagement, wesentlich detaillierter und umfangreicher als die ursprünglich gemeinsam mit der StromHVO im Jahr 2003 erlassenen Leitlinien. Im Rahmen des Dritten Binnenmarktpakets wurde im Jahr 2009 auch die StromHVO umfangreich erweitert. Die Regelungen zur Kapazitätenvergabe und zum Engpassmanagement blieben jedoch weitgehend unverändert, so dass im Rahmen dieser Arbeit allein auf die StromHVO aus dem Jahr 2009 eingegangen werden wird.[297] Die Leitlinien aus dem Jahr 2006 wurden in die neue StromHVO übernommen.[298]

Die im Anhang der StromHVO aufgeführten Leitlinien sind ebenso wie die Verordnung selbst in allen Mitgliedstaaten verbindlich[299] und unmittelbar

---

294 Das sogenannte zweite Beschleunigungspaket bestand aus StromHVO a.F., Ferngaszugangsverordnung (1775/2005/EG), Elektrizitätsrichtlinie (RL 2003/54/EG) und Gasrichtlinie (RL 2003/55/EG).

295 Leitlinien für die Verwaltung und Zuweisung verfügbarer Übertragungskapazität von Verbindungsleitungen zwischen nationalen Netzen, im Folgenden: Leitlinien 2003.

296 Beschluss der Kommission vom 9. November 2006 zur Änderung des Anhangs zur Verordnung (EG) Nr. 1228/2003 über die Netzzugangsbedingungen für den grenzüberschreitenden Stromhandel, im Folgenden: Leitlinien.

297 Auf die wenigen Abweichungen wird an geeigneter Stelle eingegangen werden.

298 Allerdings erfolgten offensichtlich kleine Änderungen, ohne dass die Leitlinien durch erneuten Beschluss erlassen wurden. Diese Änderungen waren leider nicht stringent. So verweisen die Leitlinien in weiten Teilen weiterhin auf die StromHVO a.F., während beispielsweise in Punkt 6.4 bereits auf Art. 16 Abs. 6 und damit auf die neue StromHVO Bezug genommen wird.

299 Die Tatsache ihrer leichteren Änderbarkeit nimmt ihnen als solche nichts von ihrer Verbindlichkeit. Die Leitlinien lassen sich zwar nicht unter die verbindlichen

anwendbar.[300] Jede von den Leitlinien abweichende nationale Regelung wäre mithin rechtswidrig und müsste von jedem innerstaatlichen Gericht für unanwendbar erklärt werden.[301] Zwar können sich Vollzugsspielräume für die Mitgliedstaaten bei allgemeiner formulierten Leitlinien eher offenen Charakters ergeben. Etwaige Vollzugsspielräume sind aber nicht zwingende Voraussetzung von Leitlinien. Vielmehr können Leitlinien auch detaillierte Bestimmungen enthalten.

Im Jahr 2011 hat die Agency for the Cooperation of Energy Regulators (ACER)[302] zudem Rahmenrichtlinien[303] erlassen, die die StromHVO und ihre Leitlinien ergänzen und mittelbar sogar anpassen sollen. Denn gemäß Art. 6 Abs. 3 lit. b) VO 713/2009/EG ist ACER dafür zuständig, Stellungnahmen bezüglich der von ENTSO-E vorzulegenden Netzkodizes hinsichtlich der Regeln für Kapazitätsvergabe und Engpassmanagement (Art. 8 Abs. 1 i.V.m. Abs. 6 lit. g) StromHVO) abzugeben. Die von ENTSO-E vorzulegenden Netzkodizes haben den CACM-Rahmenrichtlinien zu entsprechen.[304] ACER kann dementsprechend die Netzkodizes zu einem erheblichen Maße beeinflussen.

Die Kapazitätenvergabe bzw. das Engpassmanagement an Grenzkuppelstellen ist einer der zentralen Regulierungsschwerpunkte der StromHVO. Sie soll

---

Rechtsakte des Art. 288 Abs. 1–3 AEUV fassen. Jedoch sind sie, obwohl sie nach dem Auffangtatbestand des Art. 288 Abs. 4 AEUV als Empfehlung zu klassifizieren sind, dennoch als verbindliche Rechtsakte anzusehen, da sie bestimmte Auslegungsinhalte verbindlich festlegen sollen. Zudem spricht bereits die Formulierung des Art. 19 für die rechtliche Bindungswirkung der Leitlinien, da die Regulierungsbehörden für die Einhaltung „dieser Verordnung und der gem. Art. 18 festgelegten Leitlinien" zu sorgen haben. Dafür spricht des Weiteren der Umstand, dass die Leitlinien nach Art. 18, anders als beispielsweise die Leitlinien aufgrund der Rahmenrichtlinie für elektronische Kommunikationsnetze und –dienste (Art. 15 Abs. 3 der RL 2002/21/EG, Abl. EG L 108; vgl. hierzu auch Schneider, ZWeR 2003, 381, 407) in einem formalen Komitologieverfahren unter Beteiligung der Mitgliedstaaten erlassen werden. Zur Rechtsnatur der Leitlinien siehe ausführlich Thomas, EuR 3/2009, 423, 424ff; Schneider, ZWeR 2003, 381, 407.

300 Lecheler/Gundel, EuZW 2003, 621, 627.

301 Jones, The Internal Energy Market, Vol. 1, 2. Aufl. 2006, Rn. 7.8.

302 Verordnung (EG) Nr. 713/2009 des Europäischen Parlaments und des Rates vom 13. Juli 2009 zur Gründung einer Agentur für die Zusammenarbeit der Energieregulierungsbehörden, Abl. EU Nr. L 211 vom 14.08.2009, S. 1ff.

303 Framework Guidelines on Capacity Allocation and Congestion Management, im Folgenden: CACM-Rahmenrichtlinien, siehe ACER, Framework Guidelines on Capacity Allocation and Congestion Management for Electricity vom 29.7.2011, S. 4.

304 vgl. neunter Erwägungsgrund VO 713/2009/EG.

die Grundsätze der Kapazitätenvergabe festlegen und in ihren Leitlinien diese Grundsätze und Methoden näher ausführen, um den Übertragungsnetzbetreibern im Rahmen der Kapazitätenvergabe die Möglichkeit zu geben, eine Anpassung an veränderte Gegebenheiten vorzunehmen.[305] Die Kapazitätenvergabe wurde vom Verordnungsgeber auch ausdrücklich in die Definition des Gegenstands und Anwendungsbereich der StromHVO einbezogen, was ihre hohe Priorität beweist. So bestimmt Art. 1 lit. a) StromHVO, dass das Ziel der Verordnung „die Festlegung harmonisierter Grundsätze [...] für die Vergabe der auf den Verbindungsleitungen zwischen nationalen Übertragungsnetzen verfügbaren Kapazitäten" umfasst.

3.1 Anwendbarkeit auf Kapazitätenvergabemethoden vor Vorliegen eines Engpasses

Von zentraler Bedeutung für den regulatorischen Rahmen der Kapazitätenvergabe an Grenzkuppelstellen ist Art. 16 StromHVO, der die allgemeinen Grundsätze für das Engpassmanagement regelt. Nach seinem Wortlaut findet Art. 16 StromHVO eigentlich nur Anwendung auf die Kapazitätenvergabe bei Auflösung eines bereits manifestierten Engpasses. Eine solche enge Wortlautauslegung würde jedoch bedeuten, dass in den Fällen, in denen noch kein Engpass vorliegt und insoweit keine Situation vorliegt in der „eine Verbindung zwischen nationalen Übertragungsnetzen wegen unzureichender Kapazität der Verbindungsleitungen[306] und/oder der betreffenden nationalen Übertragungsnetze nicht alle Stromflüsse im Rahmen des von den Marktteilnehmern gewünschten internationalen Handels bewältigen kann"[307], die Grundsätze des Art. 16 StromHVO keine Anwendung finden würden. Allerdings zeigt die systematische

305 Siehe zehnter Erwägungsgrund StromHVO.

306 Laut StromHVO bezeichnet „Verbindungsleitung" eine Übertragungsleitung, die eine Grenze zwischen Mitgliedstaaten überquert oder überspannt und die nationalen Übertragungsnetze der Mitgliedstaaten verbindet, siehe Legaldefinition in Art. 2 Abs. 1 UA 2 StromHVO. In der englischen Fassung ist die Rede von „Interconnector", was in der Literatur aufgrund der Gefahr der Verwechslung mit herkömmlichen Verbindungsleitungen mit „Grenzkuppelstelle" übersetzt wird. Die in der StromHVO genannten „Verbindungsleitungen" bezeichnen alle Grenzkuppelstellen und keine Verbindungen zwischen nationalen Netzen.

307 Siehe Legaldefinition „Engpass" in Art. 2 lit. c) StromHVO.

Auslegung, dass dies vom Verordnungsgeber so nicht beabsichtigt war. Laut Art. 15 StromHVO sind die bereitzustellenden Informationen[308] nicht nur im Falle eines Engpasses zu veröffentlichen. Außerdem gelten die Leitlinien, die zur Auslegung des Art. 16 StromHVO heranzuziehen sind, explizit für das Management und die Vergabe verfügbarer Übertragungskapazitäten auf Verbindungsleitungen zwischen nationalen Netzen.[309] Punkt 5.3 der Leitlinien schreibt ebenfalls explizit vor, dass die angewandten Engpassmanagement- und Kapazitätenvergabeverfahren von den Übertragungsnetzbetreibern ausführlich dargelegt werden müssen.

Für die generelle Anwendung des Art. 16 StromHVO auf die Kapazitätenvergabe sprechen zudem Art. 18 Abs. 4 und 5 StromHVO. Absatz 4 bestätigt, dass in den Leitlinien Vorgaben für „die Verwaltung und Vergabe der verfügbaren Übertragungskapazität von Verbindungsleitungen zwischen nationalen Netzen" gemacht werden. In Absatz 5 wird ausdrücklich sowohl auf „alle in der Praxis angewandten Kapazitätsvergabemethoden" Bezug genommen als auch von der „Weiterentwicklung der Engpassmanagement-Mechanismen" gesprochen. Diese Differenzierung zeigt, dass dem Gesetzgeber die Relevanz der Kapazitätenvergabe vor Beginn eines Engpasses bewusst war. Schließlich spricht auch Sinn und Zweck des Art. 16 StromHVO für eine weite Auslegung: Art. 16 StromHVO soll dazu dienen, einen möglichst effektiven Umgang mit den Kapazitäten an den Grenzkuppelstellen zu gewährleisten, der zu einer möglichst geringen Einschränkung der grenzüberschreitenden Handelsströme führt. Hauptziel des Engpassmanagements ist es, eine Entlastung der überlasteten Netzteile und Betriebsmittel herbeizuführen, um den Engpass aufzulösen oder zumindest weitestgehend zu reduzieren.[310] Dies beinhaltet nicht nur das Verhalten der Grenzkuppelstellenbetreiber während sondern auch schon vor Entstehung eines Engpasses. Im Idealfall soll die Kapazitätenvergabe bereits der Entstehung eines Engpasses vorbeugen. Die Regelungen zum Engpassmanagement, insbesondere Art. 16 StromHVO und die Leitlinien, finden damit auch generell Anwendung auf die Kapazitätenvergabe an Grenzkuppelstellen, unabhängig vom Vorliegen eines Engpasses.

---

308 Siehe hierzu ausführlich unten, S. 73ff.

309 Siehe Wortlaut Überschrift Leitlinien.

310 Dummer/Popelka, e&i 2004, 420, 421.

3.2 Regulatorische Anforderungen an Berechnung und Vergabe der Kapazitäten an Grenzkuppelstellen

Im Folgenden sollen nun zunächst die Anforderungen aus regulatorischer Sicht an die Kapazitätenvergabe an Grenzkuppelstellen dargestellt werden bevor in einem zweiten Schritt die oben[311] beschriebenen Kapazitätenvergabeverfahren anhand dieser Kriterien bewertet werden.[312]

3.2.1 Anforderungen an die Berechnung

Die Berechnung der Kapazitäten wird im Gegensatz zur Vergabe nicht in der StromHVO geregelt jedoch lassen sich mittelbar einzuhaltende Anforderungen an die Berechnung herleiten. Wie bereits im zweiten Kapitel[313] dargestellt wurde stellt die Kapazitätenberechnung denklogisch den ersten Schritt der Kapazitätenvergabe an Grenzkuppelstellen dar. Grenzüberschreitender Stromhandel setzt aufgrund der ohnehin knappen Kapazitäten eine optimale Ausnutzung der vorhandenen Übertragungskapazitäten voraus.[314] Die Wahl der Berechnungsmethode hat bereits unmittelbaren Einfluss auf die letztendlich zu vergebende Menge an Kapazitäten.[315] Verantwortlich für die Berechnung der Kapazitäten sind die Übertragungsnetzbetreiber. Dies folgt schon aus der Tatsache, dass diese für die Sicherheit der Netze zu sorgen haben, denn die hinreichend genaue Berechnung der Kapazitäten ist Voraussetzung für die Systemstabilität.[316]

Art. 16 Abs. 3 StromHVO sieht vor, dass Grenzkuppelstellenbetreiber allen Marktteilnehmern unter Beachtung der Sicherheitsstandards die maximale Kapazität zur Verfügung stellen müssen. Um dies zu erreichen, haben Übertragungsnetzbetreiber alle Ihnen verfügbaren Mittel einzusetzen.[317] Eines dieser Mittel ist die möglichst transparente und hinreichend genaue Berechnung der

311 Siehe hierzu oben, S. 25ff.
312 Siehe hierzu unten, S. 94ff.
313 Siehe hierzu oben, S. 18ff.
314 ERGEG, Firmness of nominated transmission capacity vom 15.07.2008, S. 8.
315 Everis/Mercados, From Regional Markets to a Single European Market, S. 29.
316 ETSO, Procedures for Cross-Border Transmission Capacity Assessments, S. 3.
317 Punkt 1.1 der Leitlinien.

grenzüberschreitenden Kapazitäten. Grenzkuppelstellenbetreiber sind verpflichtet, die vorhandenen Kapazitäten zur Vermeidung von Systeminstabilitäten möglichst genau zu ermitteln.[318]

Die StromHVO macht zur Berechnung selbst keine detaillierten Vorgaben. Insoweit wird den Marktteilnehmern freie Hand gelassen. Jedoch sind die Übertragungsnetzbetreiber aufgrund der StromHVO verpflichtet, ein allgemeines Modell für die Berechnung der Kapazitäten an Grenzkuppelstellen zu entwickeln. Dieses ist von der zuständigen Regulierungsbehörde zu genehmigen und anschließend zu veröffentlichen (Art. 15 Abs. 2 Satz 2 StromHVO sowie Punkt 5.2 der Leitlinien).[319] Die Entwicklung selbst ist zwar durch die StromHVO so nicht vorgeschrieben. Da jedoch ein Modell zur Genehmigung vorgelegt und anschließend veröffentlicht werden muss, können sich Übertragungsnetzbetreiber nicht gegenüber den Marktteilnehmern darauf berufen, kein allgemeingültiges Modell zur Kapazitätenberechnung zu verwenden. Zudem sieht Punkt 3.5 der Leitlinien vor, dass die Koordinierung der Übertragungsnetzbetreiber[320] alle Stufen ab der Kapazitätenberechnung umfasst. Dies bedeutet im Umkehrschluss, dass die Übertragungsnetzbetreiber bereits bei der Entwicklung dieser Modelle zur Kapazitätenberechnung bis hin zur Veröffentlichung der Ergebnisse verpflichtend zusammenarbeiten sollen.

Wie im 2. Kapitel bereits dargestellt kann die Berechnung der Kapazitäten auf unterschiedliche Art und Weise erfolgen.[321] Die Berechnung der Kapazitäten mittels der NTC-Werte wurde lange Zeit als befriedigende Lösung angesehen. Allerdings bringt sie einige Nachteile mit sich:

- Einspeiseort und Einspeiseleistung sind unverbindlich;
- in der Regel wird ein pauschaler, zu groß bemessener Zeitraum von einem Halbjahr angesetzt;
- die tatsächlichen Netzflüsse weichen von den Referenzlastflüssen ab, wodurch Drittländer in Mitleidenschaft gezogen werden;
- Überlastungen sind möglich;

---

318 Hamdorf, IR 2004, 245, 246.

319 Die Veröffentlichung ist zudem in Punkt 2.1.2 der CACM-Rahmenrichtlinien vorgesehen. Dort wird die Veröffentlichungspflicht dahingehend konkretisiert, dass die Übertragungsnetzbetreiber zudem sicherstellen sollen, dass auch die eingehaltenen Sicherheitsmargen erklärt und veröffentlicht werden.

320 Vgl. zu den Koordinierungspflichten ausführlich unten, S. 85f.

321 Siehe hierzu oben, S. 18ff.

- die Verursacher bleiben unklar[322] und
- die Berechnung der Kapazitäten erfolgt in der Regel auf bilateraler Basis zwischen den beteiligten Grenzkuppelstellenbetreibern.

Bereits im Jahr 2007 forderte deshalb ERGEG bei der Kapazitätenvergabe das im Gegensatz zum bilateralen NTC-Verfahren regional ausgerichtete PTDF-Verfahren zu verwenden.[323] Diese Forderung wurde von einigen Grenzkuppelstellenbetreibern unterstützt, von andern wiederum als impraktikabel verworfen, denn das PTDF-Verfahren sei technisch schwer zu implementieren, was in der Folge sogar zu reduzierten Kapazitäten an Grenzkuppelstellen führen könnte.[324] Sollten Grenzkuppelstellenbetreiber die Kapazitäten deshalb mittels der ATC-Methode berechnen, so fordert ERGEG, dass diese zumindest alle Informationen veröffentlichten, die notwendig seien, um möglichst akkurate Voraussagen zu treffen.[325]

Auch die von ACER im Jahr 2011 erarbeiteten CACM-Rahmenrichtlinien gehen auf die Berechnung der Kapazitäten an Grenzkuppelstellen ein. Sie fordern die Einhaltung von bestimmten Transparenzstandards (Punkt 2.1.2). Zudem sollen in den ENTSO-E Netzkodizes sogenannte Gebotszonen[326] definiert werden, die beispielsweise den Regelzonen entsprechen könnten.[327] Außerdem sollen die Übertragungsnetzbetreiber bei der Entwicklung des Berechnungsmodells sicherstellen, dass im Rahmen der Berechnung nicht zwischen inner-zonalen und zonenüberschreitenden Transfers unterschieden wird. In den CACM-Rahmenrichtlinien hat

322 Bacher, Marktkompatibles Engpassmanagement bei elektrischen Netzen, Präsentation anlässlich des Kolloquiums „Aktuelle Probleme der Energietechnik“ vom 25.01.2005 an der ETH Zürich.

323 ERGEG, Electricity Regional Initiative vom 24./25.09.2007, S. 13.

324 ERGEG, Second ERI Coherence and Convergence Report vom 11.03.2009, S. 17.

325 Diese Vorgaben sollen nach Vorstellung der ERGEG als Leitlinien zur StromHVO im Rahmen des Komitologieverfahrens erlassen werden, siehe hierzu ausführlich ERGEG, Comitology Guidelines on Fundamental Electricity Data Transparency vom 07.12.2010, S. 10ff.

326 Bei der Festlegung dieser Gebotszonen sollen sich die Übertragungsnetzbetreiber vor allem am Gebot der Markteffizienz orientieren und alle ökonomischen, technischen und rechtlichen Aspekte berücksichtigen wie beispielsweise das sozioökonomische Allgemeinwohl, Liquidität der Märkte, Wettbewerb, die jeweilige Netzstruktur und –topologie, Netzausbaupläne und Kosten für Redispatching. Zudem soll die Definition einer Zone möglichst effektive Preissignale hervorrufen und einen effizienten Umgang mit nationalen Engpässen ermöglichen.

327 ACER, Framework Guidelines on Capacity Allocation and Congestion Management for Electricity vom 29.07.2011, S. 7.

ACER des Weiteren vorgeschlagen, dass die Übertragungsnetzbetreiber entweder eine lastflussbasierte Berechnungsmethode oder aber die sog. Available Transfer Capacity (ATC) Methode[328] verwenden sollen, wobei dem lastflussbasierten Modell der Vorzug zu geben sein soll. Die Berechnung nach der ATC-Methode soll vor allem bei kurzfristigen Vergabeprozessen zwischen nicht so eng vermaschten Netzen, wie beispielsweise dem Nordpool-Verbund, angewandt werden. In Fällen, in denen an Grenzkuppelstellen ein und derselben Region unterschiedliche Berechnungsmethoden zum Einsatz kommen, sollen die Netzkodizes eine vermittelnde Lösung vorschreiben, insbesondere hinsichtlich der Vereinbarkeit von lastflussbasierten Methoden und der ATC-Methode, und eine ex-ante-Genehmigung der zuständigen nationalen Regulierungsbehörden vorsehen.[329]

Grundsätzlich verstoßen keine der derzeit in der Praxis verwendeten Berechnungsmethoden gegen die StromHVO. Dies gilt sowohl für die statischen Berechnungsmethoden als auch für die lastflussbasierte PTDF-Methode. Allerdings stimmt die PTDF-Methode, als Ergänzung der impliziten Auktionen, am Besten mit den Zielen der StromHVO überein. Zusammenfassend lässt sich festhalten, dass die wenigen Anforderungen, die zumeist auch nur mittelbar an die Kapazitätenberechnung gestellt werden, den Übertragungsnetzbetreibern viel Spielraum bei der Berechnung belassen. Zudem sind die Transparenzanforderungen unzureichend. Damit besteht naturgemäß ein hohes Manipulationspotential.

3.2.2 Anforderungen an die Vergabe

Im Gegensatz zur Kapazitätenberechnung werden hinsichtlich der Kapazitätenvergabe an Grenzkuppelstellen in der StromHVO und in den Leitlinien detaillierte Vorgaben gemacht. Insbesondere Art. 16 StromHVO, der durch die Leitlinien ergänzt wird, findet Anwendung.

Als erste Prämisse dürfen nach dem Wortlaut des Art. 16 Abs. 2 StromHVO Transaktionen nur in Notfällen eingeschränkt werden. Punkt 1.2 der Leitlinien führt dies weiter aus und bestimmt, dass nur bei Vorliegen eines Engpasses eingeschränkt werden darf. Es wird festgelegt, dass abgesehen von Fällen höherer Gewalt eine Entschädigungszahlung zu erfolgen hat (Art. 16 Abs. 2 UA 2 StromHVO). Im Umkehrschluss bedeutet dies, dass Übertragungsnetzbetreiber

328 Siehe hierzu oben, S. 22.

329 ACER, Framework Guidelines on Capacity Allocation and Congestion Management for Electricity vom 29.07.2011, S. 6.

Kapazitätsanfragen ohne Vorliegen eines Engpasses nicht ablehnen dürfen. Nach Art. 16 Abs. 5 StromHVO müssen Übertragungsnetzbetreiber im Falle von Engpässen gegenläufige gebuchte Kapazitäten miteinander saldieren, um die in Frage stehende Grenzkuppelstelle bis zu ihrer maximalen Kapazität zu nutzen. Transaktionen, die eine Entlastung bringen, dürfen unter keinen Umständen abgelehnt werden.

Zudem schreibt die StromHVO in Art. 16 Abs. 1 vor, dass Netzengpässen mit nichtdiskriminierenden marktorientierten Maßnahmen zu begegnen ist, von denen wirtschaftliche Signale an die Marktteilnehmer und beteiligten Übertragungsnetzbetreiber ausgehen sollen. Diese Vorgaben sind, wie oben dargestellt, schon vor einem manifesten Engpass bei der Kapazitätenvergabe zu beachten. Außerdem sollen die verwendeten Vergabemethoden nichttransaktionsbezogen sein; das heißt, sie sollen nicht zwischen den Verträgen einzelner Marktteilnehmer unterscheiden.[330] Zudem sind das Gebot der Transparenz[331], der Versorgungssicherheit[332] sowie das ungeschriebene Gebot der Verhältnismäßigkeit[333] zu beachten.

Diese Vorgaben lassen einen breiten Interpretationsspielraum zu. Auf der einen Seite soll die StromHVO zwar zu einer Harmonisierung des grenzüberschreitenden Stromhandels führen, auf der anderen Seite wollte der Gesetzgeber den

330 Diese allgemeinen Grundsätze waren durch die Kommission bereits in der ersten Beschleunigungsrichtlinie für Strom (RL 96/92/EG vom 19.12.1996, Abl. EU L 27 vom 20.01.1997, S. 20) festgelegt worden. Besonders der Grundsatz der Nichtdiskriminierung war dabei nach Ansicht der Kommission von ausschlaggebender Bedeutung, Siehe hierzu schon Kommission, Die Rolle der Verbindungsleitungen im Strommarkt aus wettbewerbspolitischer Sicht vom 12.03.2001, MEMO/01/76, S. 2.

331 Denn nur wenn alle potentiellen Marktteilnehmer Zugriff auf alle entscheidungserheblichen Informationen haben ist eine diskriminierungsfreie und marktorientierte Kapazitätenvergabe möglich. Innerhalb der Leitlinien wurde den Transparenzvorgaben ein eigenes Kapitel gewidmet.

332 Zwar soll durch Art. 16 StromHVO sichergestellt werden, dass die Kapazitätenvergabe möglichst den Wettbewerb stärkt, jedoch steht dies immer unter der übergeordneten Prämisse, dass die Versorgungssicherheit gewahrt bleibt. Diese stellt die ultimative Schranke aller Regulierungsbemühungen dar. In diesem Sinne statuiert Art. 16 Abs. 3 StromHVO explizit, dass die Kapazitätenvergabe immer unter der Prämisse des sicheren Netzbetriebs steht.

333 Durch Art. 16 StromHVO werden sowohl die Grenzkuppelstellenbetreiber als auch die Stromhändler grundsätzlich in ihrer Freiheit, Strom grenzüberschreitend zu handeln, zumindest potentiell eingeschränkt; Eine solche Einschränkung ist jedoch nur möglich, wenn sie verhältnismäßig ist.

Übertragungsnetzbetreibern eben gerade nicht explizit vorschreiben, welche Kapazitätenvergabemethoden verwendet werden sollen. Dieses Vorgehen bietet Grenzkuppelstellenbetreibern wiederum ein gewisses Marktmanipulationspotential, da sie gegebenenfalls durch die Wahl einer bestimmten Methode die Auslastung an ihren Grenzkuppelstellen beeinflussen können.

Im Folgenden werden die Kriterien, die die StromHVO an die Kapazitätenvergabe stellt, im Einzelnen dargestellt.

3.2.2.1 Versorgungssicherheit

Obwohl Versorgungssicherheit nicht in Art. 16 StromHVO erwähnt wird, so ist diese dennoch das prioritär einzuhaltende Kriterium. Zum einen ist die Versorgungssicherheit eines der Hauptziele der europäischen Energiepolitik.[334] Zum anderen folgt dies daraus, dass nach Art. 16 Abs. 2 StromHVO Kapazitäten nur in Notfällen eingeschränkt werden dürfen, in denen der Netzbetreiber schnell handeln muss und ein Redispatching oder Countertrading nicht möglich ist. In der Folge bedeutet dies, dass die Kapazitäten an denjenigen Marktteilnehmer vergeben werden sollten, der die Kapazitäten auch am effizientesten nutzt. Erste Priorität des Gesetzgebers war es, sicherzustellen, dass den Marktteilnehmern alle vorhandenen Kapazitäten zwingend zur Verfügung gestellt werden. Dies dient in erster Linie der Versorgungssicherheit. Außerdem ergibt sich dies zumindest indirekt aus Art. 16 Abs. 3 StromHVO, der vorgibt, dass den Marktteilnehmern unter Beachtung der Sicherheitsstandards für den sicheren Netzbetrieb die maximale Kapazität der Grenzkuppelstelle zur Verfügung gestellt wird. Die Beachtung der Sicherheitsstandards soll eine zuverlässige Versorgung gewährleisten.

Das Prinzip der „Versorgungssicherheit" ist im Hinblick auf die Kapazitätenvergabe an Grenzkuppelstellen unter zwei Aspekten zu betrachten: zum Einen dürfen Beschränkungen nur vorgenommen werden, wenn die Versorgungssicherheit gefährdet ist. Auf der anderen Seite kann gerade die Wahl einer bestimmten Kapazitätenvergabemethode selbst auch (mittelbar) zu Versorgungsunsicherheit führen, da nicht jede Vergabemethode die Kapazitäten notwendigerweise demjenigen zuteilt, der sie auch am effizientesten nutzt.

Zunächst kann unterschieden werden, zwischen (1) kurzfristiger Sicherheit, also der Vermeidung von Unterbrechungen, die durch außerordentliche Umstände entstehen können und (2) langfristiger Sicherheit als die Fähigkeit

334 Presser, Grenzüberschreitender Stromhandel, S. 210.

der Elektrizitätsversorgungsbranche, eine aus wirtschaftlicher Sicht sichere, verlässliche und ausreichende Versorgung garantieren zu können.[335]

Der Inhalt des Konzepts der Versorgungssicherheit wird innerhalb der EU unterschiedlich definiert. So wird innerhalb des Grünbuchs „Hin zu einer europäischen Strategie für Energieversorgungssicherheit“ die Versorgungssicherheit so verstanden, dass vor allem zum Schutz des Wohls der Bürger und der Wirtschaft sichergestellt werden soll, „dass Energieträger fortlaufend und zu für alle Verbraucher (Privathaushalte und Industrie) verkraftbaren Preisen auf dem Markt zur Verfügung stehen, wobei Umwelterwägungen und das Ziel einer nachhaltigen Entwicklung, das im Vertrag über die europäische Union festgeschrieben ist (Art. 2 und 6), zu berücksichtigen sind“.[336] Im zweiten Benchmarkingbericht der Kommission über die Vollendung des Elektrizitäts- und Erdgasbinnenmarktes wird Versorgungssicherheit definiert als eine nahezu kontinuierliche und zuverlässige Versorgung zu Gunsten der Endkunden.[337]

Eurelectric[338] versteht unter Versorgungssicherheit die technisch sichere und langfristig ausreichende Versorgung mit Elektrizität sowohl bezüglich Menge, Qualität als auch zeitlicher Verfügbarkeit, basierend auf der ausreichenden Verfügbarkeit der notwendigen Rohstoffe und einem angemessenen einkalkulierten Risiko hinsichtlich der Infrastruktur. Die Qualität der Versorgung sei vor allem durch kontinuierliche Versorgung und Einhaltung der notwendigen physikalischen Spannungen sicherzustellen. Zu berücksichtigen seien nach Ansicht Eurelectrics neben den Bedingungen des internationalen Wettbewerbs außerdem auch die jeweilige Umweltverträglichkeit.[339]

Die UCTE[340] versteht unter Versorgungssicherheit vor allem Zuverlässigkeit („Reliability“): ein Elektrizitätsversorgungssystem sei dann zuverlässig, wenn an allen Nutzungspunkten unter akzeptablen Bedingungen und in der gewünschten Menge Elektrizität bezogen werden kann. Dabei sei zu unterschieden zwischen (1) Angemessenheit bzw. Adäquanz und (2) Sicherheit. Ein Elektrizitätsversorgungssystem sei dann adäquat, wenn es unter Berücksichtigung der Leistung der

---

335 Bundesamt für Energie, Versorgungssicherheit im Bereich der Elektrizität, Vorstudie vom 10. Juni 2003, S. 32; diese vom Schweizer Bundesamt für Energie entwickelte Unterscheidung ist auf die übrigen europäischen Grenzkuppelstellen übertragbar.

336 Kommission, KOM (2000) 0769 vom 29.11.2000, S. 2 der Zusammenfassung.

337 Kommission, SEK(2003) 448 vom 7.4.2003, S. 30.

338 The Union of the Electricity Industry.

339 Eurelectric, Power Quality in European Electricity Supply Networks – 1st Edition, Februar 2002, Ref: 2002–27.

340 Union for the Co-operation of Transmission of Energy.

Systemkomponenten und der Spannungsrestriktionen in jedem Moment, d.h. auch bei einem geplanten oder ungeplanten Ausfall von Systemkomponenten, die nachgefragte Last bereitstellen kann. Sicher sei es dann, wenn es bei unvorhergesehenen Störungen nicht zusammenbricht. Sicherheit bedeute dabei auch Systemintegrität, also die Fähigkeit, bei Störungen zusammenhängende Operationen weiterführen zu können.[341] Der CEER[342] definiert Versorgungssicherheit als die Möglichkeit der Kunden, zur gewünschten Zeit den Zugang zu Elektrizität mit messbarer Qualität sowie zu erschwinglichen Marktpreisen zu haben.[343]

Zusammenfassend gilt, dass alle Definitionen zur Versorgungssicherheit die kontinuierliche und zuverlässige Versorgung verlangen, wobei jedoch nicht einheitlich definiert wird, wann diese vorliegt. Eine kontinuierliche und zuverlässige Versorgung wird jedenfalls dadurch sichergestellt, dass alle vorhandenen Kapazitäten an diejenigen Marktteilnehmer vergeben werden, die sie auch am effizientesten nutzen. Als zweitrangige Kriterien werden verkraftbare Preise, Umwelterwägungen und Qualitätsanforderungen genannt. Im Rahmen der Kapazitätenvergabe an Grenzkuppelstellen spielen Umwelterwägungen bislang noch keine Rolle. Um diese in die Kapazitätenvergabe einfließen zu lassen müssten entsprechende Regelungen in die StromHVO aufgenommen werden. Beispielsweise könnte eine prioritäre Vergabe in Bezug auf Strom aus erneuerbaren Energien oder auch eine nachrangige Vergabe in Bezug auf Strom aus Kernkraft vorgesehen werden.[344]

Argumente wie verbraucherfreundliche Preise oder Marktorientierung treten hinter der Versorgungssicherheit zurück. Aufgrund des Stellenwertes des Gutes Strom muss die kontinuierliche und zuverlässige Versorgung an erster Stelle stehen. Die einzelnen Vergabemethoden müssen sich jedenfalls am Kriterium der kontinuierlichen und zuverlässigen Versorgung sowohl im Hinblick auf kurzfristige Notfälle als auch auf langfristige Auswirkungen messen lassen.[345] In diesem Sinne schreiben die Leitlinien in Punkt 1.4 Satz 2 auch vor, dass die Engpassmanagementmethoden gewährleisten müssen, dass die mit der zugewiesenen Übertragungskapazität verbundenen physikalischen Stromflüsse mit den Netzsicherheitsstandards übereinstimmen.

---

341 UCTE, Half-Year Report 2002, S. 20.

342 Council of European Energy Regulators, der inzwischen im EER (European Energy Regulators) aufgegangen ist.

343 CEER, Position Paper: The Role of Regulation in Security of Supply and the CEER Approach vom 14.10.2002.

344 Siehe hierzu ausführlicher unten, S. 180f.

345 Zur Prüfung der einzelnen Vergabemethoden anhand dieser Kriterien siehe ausführlich unten, S. 94ff.

3.2.2.2 Transparenz der Kapazitätenvergabe

Das Gebot der Transparenz erscheint zwar nachrangig gegenüber den Kriterien der Diskriminierungsfreiheit oder der Marktorientierung. Sie wird in Art. 16 Abs. 1 StromHVO nicht ausdrücklich erwähnt sondern nur nachrangig in den Leitlinien. Das Gebot der Transparenz ist dennoch uneingeschränkt zu beachten, denn sie bildet die Grundlage für die in Art. 16 Abs. 1 StromHVO aufgezählten Kriterien, die an die Kapazitätenvergabe zu stellen sind: Kapazitätenvergabeverfahren können nur dann funktionieren, wenn alle Marktteilnehmer Zugang zu allen für die Transaktion notwendigen Informationen haben. Nur dann können sie eine fundierte Entscheidung darüber treffen, ob sie die Transaktion auch durchführen wollen. Zudem hat der europäische Gesetzgeber der Signifikanz des Transparenzgebots durchaus Rechnung getragen, indem die Leitlinien ein ganzes Kapitel zu Transparenzanforderungen enthalten.[346] Ein weiteres Indiz für die Bedeutung der Transparenz ist, dass im Oktober 2011 die europäische Verordnung über Integrität und Transparenz des Energiemarkts (REMIT-Verordnung) erlassen wurde.[347] In deren achten Erwägungsgrund heißt es, dass die StromHVO die Notwendigkeit eines gleichen Zugangs zu Informationen über den physischen Zustand und die Effizienz der Netze (und damit auch der Grenzkuppelstellen) anerkennt, damit alle Marktteilnehmer die gesamte Angebots- und Nachfragesituation bewerten können.

Genaue Informationen sind nicht nur für die Marktgegenseite (Nachfrager), sondern auch für die Marktnebenseite (Konkurrenten) von Belang.[348] Aufgrund der physikalischen Besonderheiten von Strom sind die Abläufe an einzelnen Grenzkuppelstellen für alle europäischenGrenzkuppelstellen relevant.[349] Eine wichtige Rolle spielt das Maß an Transparenz auch für Investitionsentscheidungen potentieller Investoren in Erzeugungskapazitäten, was wiederum Auswirkungen auf potentielle Engpässe hat.[350] Hinzu kommt, dass das Kriterium der Transparenz auch deshalb eine übergeordnete Funktion erfüllt, da seine Voraussetzungen unabhängig

---

346 Siehe Punkt 5.1 – 510 der Leitlinien. Dort werden detaillierte Vorgaben gemacht, welche Informationen von den Grenzkuppelstellenbetreibern zu veröffentlichen sind.

347 Verordnung (EU) Nr. 1227/2011 des Europäischen Parlaments und des Rates vom 25. Oktober 2011 über die Integrität und Transparenz des Energiegroßhandelsmarkts, Abl. EU Nr. L 326 vom 8.12.2011, S. 1ff.

348 Pieckenbrock, in: Gabler Verlag (Hrsg.), Gabler Wirtschaftslexikon, Stichwort: Markttransparenz.

349 So hat die Situation aller Grenzkuppelstellen einer Region Auswirkungen auf die Berechnung der Kapazitäten.

350 Ritzau/de Wyl/Hartmann, ET 6/2007, 84, 85.

von der tatsächlichen Wahl der Kapazitätenvergabemethode immer vom Grenzkuppelstellenbetreiber eingehalten werden können und auch einzuhalten sind.[351] Dies bedeutet im Umkehrschluss, dass in gewissen Situationen ein Verstoß gegen Art. 16 Abs. 1 StromHVO zwar gerechtfertigt sein kann, dies jedoch nie für einen Verstoß gegen das Transparenzgebot gelten kann. Die Transparenzvorschriften sind zwingend unabhängig von der Wahl der Kapazitätenvergabemethode einzuhalten.

Im Rahmen der Kapazitätenvergabe an Grenzkuppelstellen ist es unabdingbar, dass den an Kapazitäten interessierten Marktteilnehmern die netzrelevanten Daten „gleichzeitig und in der gleichen Detailtiefe“[352] zur Verfügung gestellt werden[353]. Diese müssen Informationen insbesondere über die Netzverfügbarkeit[354], den Netzzugang sowie detaillierte Angaben über etwaige Engpässe und die vom Grenzkuppelstellenbetreiber verwendeten Vergabemethoden (Punkt 5 der Leitlinien) enthalten.

Zusätzlich zu den netzrelevanten Daten müssen bei Engpässen außerdem die verfügbare Gesamtkapazität, die Übertragungsrichtung (um Countertrading zu ermöglichen) und die prognostizierte Dauer etwaiger Engpässe unverzüglich frei zugänglich gemacht werden (Punkt 2, 3 und 5 der Leitlinien). Bei Auftreten struktureller Engpässe sind die Übertragungsnetzbetreiber dazu verpflichtet, unverzüglich geeignete, im Voraus festgelegte und vereinbarte Regeln und Vereinbarungen für das Engpassmanagement anzuwenden.[355] Diese Vorabveröffentlichungspflicht erhöht erheblich das Transparenzniveau, da alle Marktteilnehmer vorab zumindest die Rahmenbedingungen einsehen können bzw. an deren Aushandeln sogar beteiligt werden. Zudem werden diese vorab festzulegenden Engpassmanagementmethoden in regelmäßigen Abständen von den nationalen Regulierungsbehörden bewertet.[356]

351 Andere Kriterien dagegen können bei der Wahl bestimmter Vergabemethoden nicht eingehalten werden: So verstößt das First-Come-First-Served Verfahren gegen das Prinzip der Marktorientierung.

352 Presser, Grenzüberschreitender Stromhandel, S. 171.

353 ERGEG, Guidelines on Congestion Management vom 18.07.2005, S. 4.

354 vgl. Art. 15 Abs. 2 StromHVO, der vorschreibt, dass Übertragungsnetzbetreiber die Sicherheits-, Betriebs- und Planungsstandards inkl. eines allgemeinen (genehmigten) Modells für de Berechnung der Gesamtkapazität und der Sicherheitsmarge, das auf den elektrischen und physikalischen Netzmerkmalen beruht, öffentlich bekannt zu geben haben. Vorgaben, wie die Veröffentlichung zu erfolgen hat, trifft die StromHVO allerdings nicht. Diese trifft die Bundesnetzagentur im Rahmen der Genehmigung des Modells, vgl. Bundesnetzagentur, Leitfaden für die Internet-Veröffentlichungspflichten der Stromnetzbetreiber vom 23.06.2008, Punkt 45.

355 Punkt 1.4 der Leitlinien.

356 Im Rahmen einer solchen Bewertung nimmt die jeweils zuständige nationale Regulierungsbehörde (in Deutschland ist dies aufgrund § 56 EnWG die Bundesnetzagentur)

Die Bundesnetzagentur fordert in ihrem Leitfaden zu Veröffentlichungspflichten der Stromnetzbetreiber sogar, dass Übertragungsnetzbetreiber auch die Gründe dafür, die zur Auswahl einer Engpassmanagementmethode geführt haben, veröffentlichen müssen. Sie stützt diese Forderung auf Punkt 5.1 der Leitlinien.[357] In Punkt 5.1 der Leitlinien findet sich eine solche Veröffentlichungspflicht indes nicht. Diese Daten müssen den Marktteilnehmern vom Übertragungsnetzbetreiber rechtzeitig, gleichzeitig und in gleichem Umfang sowie in leicht zugänglicher Form und unentgeltlich zur Verfügung stehen (Punkt 5.6 und 5.9 der Leitlinien). Adressaten der zu veröffentlichenden Informationen sind Erzeuger und Händler sowie die nationalen Regulierungs- und Kartellbehörden.[358] Trotz der Entflechtung haben die Übertragungsnetzbetreiber ein faktisches Informationsmonopol auf für den grenzüberschreitenden Stromhandel essentielle Daten.

Die CACM-Rahmenrichtlinien, die im Juli 2011 von ACER entwickelt wurden, gehen sogar noch weiter. Sie fordern, dass Übertragungsnetzbetreiber im Falle eines Verstoßes gegen die StromHVO aus Gründen der Versorgungssicherheit, diese Maßnahmen transparent am Markt zu veröffentlichen und an die zuständigen Regulierungsbehörden weiterzuleiten haben. Zudem sollen die Übertragungsnetzbetreiber in zweistündigen Intervallen die bevorstehenden Einschränkungen an Grenzkuppelstellen sowie die daraufhin zu erwartenden Kosten für Countertrading und Redispatching sowohl an die jeweiligen nationalen Regulierungsbehörden als auch an ACER übermitteln. Diese Übermittlungspflicht soll die nationalen Regulierungsbehörden in Zusammenarbeit mit ACER in die Lage versetzen, strukturelle Engpässe zu erkennen und abhelfende Maßnahmen vorzuschlagen.[359]

---

einschlägige Studien zur Hilfe und führt eine Konsultation aller Marktteilnehmer durch (siehe Punkt 1.10 der Leitlinien). Allerdings legen die Leitlinien keinerlei Folgen fest, falls die Bundesnetzagentur in ihrer Bewertung zu einem negativen Ergebnis kommen sollte. Dementsprechend scheint es, als solle der Bewertungsvorbehalt der nationalen Regulierungsbehörden vor allem dem Zweck dienen, die Übertragungsnetzbetreiber zur Weitergabe aller relevanten Informationen zu verpflichten, um so das Transparenzniveau zu erhöhen.

357 Bundesnetzagentur, Leitfaden für die Internet-Veröffentlichungspflichten der Stromnetzbetreiber vom 23.06.2008, Punkt 46.

358 ERGEG, Guidelines of Good Practice on Information Management and Transparency in Electricity Markets, 02. August 2006, Ref: E05-EMK-06-10, S. 9.

359 ACER, Framework Guidelines on Capacity Allocation and Congestion Management for Electricity vom 29.07.2011, S. 8.

Bereits im August 2006 wurde von der ERGEG[360] ein Transparenzkonzept entwickelt, das die seiner Ansicht nach notwendigen Mindestanforderungen an die von den Übertragungsnetzbetreibern einzuhaltenden Informationspflichten darstellte.[361] Zwar sind diese Leitlinien unverbindlich, geben jedoch Hinweise darauf, welche Daten veröffentlicht werden sollten, um einen reibungslosen Ablauf bei der Kapazitätenvergabe zu ermöglichen. Essentiell sind dabei an den Grenzkuppelstellen vor allem Daten über die Kapazitätenvergabe und das Engpassmanagement, also möglichst detaillierte Vorhersagen zur vorhandenen Kapazität, zu den bereits gebuchten Kapazitäten, zur derzeitigen Auslastung der Grenzkuppelstellen und zu den Einnahmen aus dem Engpassmanagement.[362] Umfasst davon sind außerdem Informationen, wie die Ausfälle und geplanten Revisionen der Kraftwerke der Schwesterkonzerne sowie der meisten fremden Kraftwerke, die aktuelle Netzlast und langfristige Nachfrageentwicklung sowie aktuelle Angaben über den Stromaustausch zwischen einzelnen Ländern und Netzgebieten.[363] Bereits im Jahr 2007 veröffentliche ERGEG zudem einen ausführlichen „Report on Transparency“[364], indem detaillierte Vorschläge gemacht wurden, zu welchem Zeitpunkt welche Informationen von Grenzkuppelstellenbetreibern zu veröffentlichen seien. Nach Ansicht ERGEGs sei es nicht nur notwendig, Informationen hinsichtlich der voraussichtlichen Kapazitäten zu veröffentlichen, sondern es seien auch detaillierte Informationen über alle Vorhaben, die mittelbar Auswirkungen auf Grenzkuppelstellen haben könnten, zu veröffentlichen, wie beispielsweise ein geplanter Ausbau der nationalen Übertragungsnetze.[365] Im Rahmen ihrer Überlegungen berücksichtigte ERGEG dabei auch, dass zu vermeiden sei, die Marktteilnehmer mit Informationen zu überlasten.[366] Insbesondere Daten der industriellen Großverbraucher seien zurückhaltend zu veröffentlichen; eine Veröffentlichung dieser Daten sei jedoch ohnehin nicht notwendig, da die die Transparenz notwendig machende Marktmacht ohnehin auf Seite der Versorger zu finden sei.[367]

360 European Regulators Group of Gas and Electricity.

361 ERGEG, Guidelines of Good Practice on Information Management and Transparency in Electricity Markets vom 02.08.2006, Ref: E05-EMK-06-10, S. 13ff.

362 ERGEG, Guidelines of Good Practice on Information Management and Transparency in Electricity Markets vom 02.08.2006, Ref: E05-EMK-06-10, S. 9.

363 Zenke/Ellwanger, Handel mit Energiederivaten, Rn. 59.

364 ERGEG, Report on Transparency vom 13.09.2007.

365 ERGEG, Report on Transparency vom 13.09.2007, S. 30ff.

366 Ein „information overflow“ sei zu vermeiden, ERGEG, Report on Transparency vom 13.09.2007, S. 37.

367 ERGEG, Second ERI Coherence and Convergence Report vom 11.03.2009, S. 22.

Auch nach Erlass des dritten Binnenmarktpakets zeichnen sich die Elektrizitätsmärkte jedoch durch mangelhafte Transparenz aus.[368] Nach wie vor sind die beteiligten Marktteilnehmer eher zurückhaltend darin, Informationen zu veröffentlichen.[369] In der praktischen Anwendung der StromHVO hat sich gezeigt, dass die vorhandenen Transparenzvorschriften zu allgemein und unkonkret gehalten sind. Deshalb hat ERGEG im Jahr 2010 gefordert, dass die Kommission die in den Leitlinien festgelegten Transparenzvorschriften weiterzuentwickeln habe.[370] Es fehlen klare Vorgaben, welche Informationen welchen Marktteilnehmern öffentlich zugänglich gemacht werden müssen. Auch gibt es keine Vorgaben, welche Informationen nicht oder zumindest weitestgehend anonymisiert veröffentlicht werden sollten. Zudem sollten die Transparenzvorschriften weitergehend harmonisiert werden.[371] Sowohl die zu sparsame als auch die zu weitreichende Veröffentlichung bietet Missbrauchspotential. Zudem erfolgt die Veröffentlichung oftmals ausschließlich in der Landessprache. Erschwerend kommt hinzu, dass selbst diese unzureichenden Transparenzvorgaben nicht an allen Grenzkuppelstellen eingehalten werden.[372] Nach Ansicht des Europäischen Parlaments sind die bisher erreichten Entwicklungen im Rahmen der grenzüberschreitenden Kapazitätsvergabe zwar „ermutigend“, das geringe Transparenzniveau der für die Auktionen benötigten Berechnung der Nettokapazität und der Ermittlung der zur Verfügung stehenden Übertragungskapazität seien jedoch ein Wettbewerbshemmnis. Mittelfristig sollten deshalb ausführlichere Leitlinien hinsichtlich der Transparenz im Rahmen der StromHVO eingeführt werden, denn ein hohes und harmonisiertes Transparenzniveau würde wirksamen Wettbewerb und den Einstieg neuer Marktteilnehmer fördern.[373] Die Kommission sieht die Lösung der vielen Informationslücken in einer besseren Zusammenarbeit der Regulierungsbehörden untereinander, einer

---

368 Neben der Kommission kritisieren auch die Marktteilnehmer selbst das mangelhafte Transparenzlevel, siehe hierzu ERGEG, Second ERI Coherence and Convergence Report vom 11.03.2009, S. 12f.

369 Kommission, Prospects for the internal gas and electricity markets vom 10.01.2007, SEC(2006) 1709, S. 29.

370 ERGEG, Electricity Regulation (EC) 1228/2003 Compliance Monitoring, 3rd Report vom 7.12.2010, S. 10.

371 Deutscher Bundestag, Tätigkeitsbericht 2005 bis 2007 der Bundesnetzagentur, BT-Drs. 16/9000 vom 25.04.2008, S. 34.

372 ERGEG, Electricity Regulation (EC) 1228/2003 Compliance Monitoring, 3rd Report vom 7.12.2010, S. 9.

373 Europäisches Parlament, Aussichten für den Erdgas- und Elektrizitätsbinnenmarkt, 10.07.2007, A6-0249/2007, Punkt 42ff.

Einführung eines europäischen Regulators oder eines paneuropäisches Höchstspannungsnetzes.[374] ERGEG fordert eine verstärkte Zusammenarbeit der Grenzkuppelstellenbetreiber, um das Transparenzlevel zu erhöhen.[375]

Seine Schranken findet das Transparenzgebot in den geltenden Kartellrechtsbestimmungen sowie den regulatorischen Vorgaben. Nach Art. 30 RL 2009/72/EG haben Grenzkuppelstellenbetreiber die Vertraulichkeit wirtschaftlich sensibler Informationen zu wahren. Zudem dürfen sie bei der Veröffentlichung von Daten ihrer Handelspartner nicht gegen geltendes Kartellrecht verstoßen, indem sie beispielsweise Daten veröffentlichen, die im Rahmen von Art. 101, 102 AEUV verbotene Vereinbarungen oder Verhaltensweisen erst ermöglichen. Dementsprechend sollte im Rahmen der Veröffentlichung auf eine möglichst weitreichende Anonymisierung geachtet werden. Beispielsweise ist es für die Einhaltung des Transparenzgebotes ausreichend, dass der Grad der Buchung prozentual für die jeweils betroffene Grenzkuppelstelle veröffentlicht wird. Eine Spezifizierung dahingehend, welcher Marktteilnehmer wann wie viele Kapazitäten gebucht hat, ist für andere Marktteilnehmer nicht notwendig. Diese Daten sind allenfalls für die Regulierungs- oder Kartellbehörden vorzuhalten.

3.2.2.3 Diskriminierungsfreiheit / Nichttransaktionsgebundenheit der Kapazitätenvergabe

Eines der wichtigsten Kriterien ist die Diskriminierungsfreiheit der Kapazitätenvergabe. Nach wie vor gibt es auch beim grenzüberschreitenden Stromhandel noch immer Diskriminierungen und Benachteiligungen.[376] Gemäß Art. 16 Abs. 1 StromHVO hat die Kapazitätenvergabe an den Grenzkuppelstellen diskriminierungsfrei abzulaufen.[377]

Nach dem im Energiebereich allgemein gültigen Diskriminierungsverbot dürfen vergleichbare Sachverhalte grundsätzlich nicht unterschiedlich behandelt werden, es sei denn, dass eine derartige Differenzierung objektiv gerechtfertigt

---

374 Kommission, DG Competition Report on Energy Sector Inquiry, 10.01.2007, SEC(2006) 1724, Rn. 716.

375 ERGEG, Compliance with Electricity Regulation 1228/2003 vom 18.07.2007, S. 4.

376 Siehe dritten Erwägungsgrund StromHVO, der diese Diskriminierungen und Benachteiligungen generell im europäischen Elektrizitätsmarkt, insbesondere beim Netzzugang betont.

377 Daneben findet das kartellrechtliche Diskriminierungsverbot Anwendung, das den Marktteilnehmern einen Anspruch auf Gleichbehandlung gibt, vgl. hierzu ausführlich unten, Kapitel 4.

ist.[378] Ihren Ursprung findet die Diskriminierungsfreiheit in der „Essential Facilities Doctrine".[379] Ein Verfahren zur Kapazitätenvergabe ist nur dann diskriminierungsfrei, wenn jeder Marktteilnehmer die gleiche Möglichkeit zur Buchung und Nutzung von grenzüberschreitenden Kapazitäten hat, also kein Marktteilnehmer benachteiligt oder bevorzugt wird,[380] unabhängig davon, ob es sich um große oder kleine Kunden, um lang- oder kurzfristige Transaktionen handelt.[381] Bevorzugungen sind nur in Ausnahmefällen zulässig, wenn dafür ein sachlich gerechtfertigter Grund besteht. Dies bedeutet, dass alle potentiellen Marktteilnehmer uneingeschränkt Zugang zum Vergabeverfahren erhalten müssen (vgl. auch Punkt 2.10 der Leitlinien). Punkt 2.7 der Leitlinien konkretisiert das Nichtdiskriminierungsgebot dahingehend, dass keine Unterscheidung gemacht werden darf zwischen bilateralen Vertragspartnern und Marktteilnehmern, die Kapazitäten über die Börse erwerben möchten.

Das Nichtdiskriminierungsgebot gilt jedoch nicht uneingeschränkt: Zwar dürfen die Übertragungsnetzbetreiber nicht zwischen den einzelnen Marktteilnehmern unterscheiden; den zuständigen Regulierungs- und/oder Wettbewerbsbehörden ist es aber gestattet, gegebenenfalls allgemeine oder für ein einzelnes Unternehmen geltende Beschränkungen aufgrund von Marktmacht zu verhängen (Punkt 2.10 Leitlinien). Allerdings treffen die Leitlinien keine Aussage darüber, wie diese Beschränkungen aussehen könnten bzw. unter welchen Voraussetzungen eine solche Entscheidung getroffen werden könnte. Bislang wurde von dieser Einschränkungsmöglichkeit noch kein Gebrauch gemacht.

Eine Konkretisierung erfährt das Diskriminierungsverbot durch Art. 16 Abs. 1 StromHVO in Form des Erfordernisses der Nichttransaktionsbezogenheit[382].

---

378 Siehe speziell für den Energiesektor: EuGH C-17/03, Slg. 2005, S. I-4983 – VEMV.

379 Kessel/Meeus/Schwedler, EWS 5/2011, 175, 177, siehe zur Essential Facilities Doctrine ausführlich unten, S. 147.

380 Zenke/Schäfer, Energiehandel in Europa, § 23 Rn. 11; Dietz, Explizite Kapazitätsauktionen unter Einfluss steigender Windeinspeisung, S. 29.

381 Kaiser, Verordnete Regulierung, S. 70.

382 Ursprünglich enthielt der Entwurf der StromHVO a.F. das Kriterium der Nichttransaktionsbezogenheit der Kapazitätenvergabe nicht; Es wurde erst auf Vorschlag des Parlamentes in der zweiten Lesung aufgenommen. Ziel war es, Kohärenz mit den ursprünglichen Leitlinien aus dem Jahr 2003 herbeizuführen, da diese die Nichttransaktionsbezogenheit schon enthielten, siehe hierzu Europäisches Parlament, Empfehlung des Ausschusses für Industrie, Außenhandel, Forschung und Energie für die zweite Lesung betreffend den Gemeinsamen Standpunkt des Rates im Hinblick auf den Erlass der Verordnung (EG) Nr. …./2003 des Europäischen Parlaments und des Rates vom … über die Netzzugangsbedingungen für den grenzüberschreitenden

Im Gegensatz zu den übrigen Voraussetzungen gibt die StromHVO in diesem Fall zumindest Anhaltspunkte, wie diese Vorgabe auszulegen ist. Nach Art. 16 Abs. 1 letzter Halbsatz sind Vergabemethoden dann nichttransaktionsbezogen, wenn sie keinen Unterschied zwischen den Verträgen einzelner Marktteilnehmer machen. Die Diskriminierungsfreiheit gewährleistet in einem ersten Schritt allen Marktteilnehmer den grundsätzlichen Zugang zur Kapazitätenbuchung. Durch die Nichttransaktionsgebundenheit soll in einem zweiten Schritt sichergestellt werden, dass bei notwendigen Einschränkungen an Grenzkuppelstellen nicht zwischen den bereits abgeschlossenen einzelnen Verträgen unterschieden wird. Damit soll erreicht werden, dass nicht beispielsweise langfristige Verträge nur nachrangig eingeschränkt werden.[383] Punkt 1.6 der Leitlinien geht sogar noch weiter. Dort wird vorgeschrieben, dass nicht nur zwischen den Verträgen nicht unterschieden werden darf, sondern dass bereits keine Differenzierungen aufgrund unterschiedlicher Transaktionen innerhalb eines Vertrages gemacht werden dürfen.

3.2.2.4 Marktorientierung unter Aussendung wirksamer wirtschaftlicher Signale

Das vierte Kriterium, das laut Art. 16 Abs. 1 StromHVO im Rahmen der Kapazitätenvergabe zu beachten ist, ist die Marktorientierung. Obwohl der europäische Elektrizitätsmarkt ein regulierter Markt ist, sollen sich die Marktteilnehmer bei Ihren Handlungen immer auch am Marktgeschehen orientieren. Der Begriff „marktorientiert“ wird jedoch weder in der StromHVO noch im europäischen Primärrecht definiert.[384] Allein Punkt 2.1 der Leitlinien trifft eine klarstellende Aussage hinsichtlich seiner Interpretation. So soll sichergestellt werden, dass grenzüberschreitender Handel auch effizient erfolgt. In den Leitlinien geht der Gesetzgeber sogar soweit, dass er ebenfalls in Punkt 2.1 feststellt, die Kapazitätenvergabe zum

---

Stromhandel (15527/2/2002 – C5-0036/2003 – 2001/0078 (COD)), A-0134/2003 vom 25.04.2003, S. 7.

383 Allerdings fordern Grenzkuppelstellenbetreiber noch immer die Zulässigkeit langfristiger Kapazitätenvergabeverträge, vgl. ERGEG, Second ERI Coherence and Convergence Report vom 11.03.2009, S. 18.

384 In der Literatur findet sich häufig auch der Begriff „marktbasiert“. Beide Begriffe werden synonym verwendet und sind vollkommen begriffsgleich. Die unterschiedlichen Begriffe sind aufgrund der unterschiedlichen Übersetzungen des englischen Begriffs „market-based“ entstanden. In der englischen Sprachfassung der StromHVO ist von „market-based solutions“ die Rede, was mit „marktorientierte Lösungen“ ins Deutsche übersetzt wurde.

Zwecke der Marktorientierung allein durch explizite (Kapazitäts-) Auktionen oder durch implizite (Kapazitäts- und Energie-) Auktionen erfolgen soll. Allerdings zeigt die Tatsache, dass absichtlich darauf verzichtet wurde, diese Vorgabe in Art. 16 StromHVO zu übernehmen, dass auch Ausnahmen zu dieser Regelung zulässig sein sollen.[385]

Grundsätzlich ist „Markt“ der ökonomische Ort des Tausches, wo es durch Zusammentreffen von Angebot und Nachfrage zu einer Preisbildung kommt.[386] Marktorientiert sind Vergabemethoden demnach dann, wenn sie auf diesem Mechanismus von Angebot und Nachfrage aufbauen.[387] Danach können nur solche Vergabeverfahren als marktorientiert gelten, die sich nach Angebot und Nachfrage richten und sich auf den Wettbewerb der einzelnen Marktteilnehmer um ein knappes Gut beziehen.[388] Zwingende Voraussetzung muss also immer die flexible Optimierung der Kapazitätenvergabe durch Angebot und Nachfrage sein. Die Nachfrager der Kapazitäten sollen im Fall von Engpässen miteinander konkurrieren.[389]

Dieser Grundgedanke wird in Punkt 1.6 lit. b) der Leitlinien der StromHVO näher konkretisiert. Dort wird festgelegt, dass beim Einsatz von marktorientierten Verfahren im Rahmen der StromHVO der „monetäre Wert eines Antrags auf Netzzugangs“ entscheidend sein soll. Nach Punkt 2.7 Satz 2 muss dass höchste Gebot bei Auktionen zwingend den Zuschlag erhalten. Abweichungen hiervon sind nicht zulässig. Dies bedeutet, dass den jeweiligen Transaktionen an Grenzkuppelstellen immer ein Wert zugewiesen werden muss. Die angewandten Engpassmanagementmaßnahmen müssen sich dann nicht nur in ihrer Reihenfolge sondern auch in der Art der Maßnahme am Wert der Transaktion orientieren. Die Anforderungen an die Kapazitätenvergabe gehen damit grundsätzlich über die reine Orientierung an Angebot und Nachfrage hinaus.

---

385 Schließlich muss bei der Wahl einer Kapazitätenvergabemethode auch das Prinzip der Verhältnismäßigkeit beachtet werden, vgl. hierzu ausführlich unten, S. 83f.

386 Pieckenbrock, in: Gabler Verlag (Hrsg.), Gabler Wirtschaftslexikon, Stichwort: Markttransparenz.

387 Der Deutsche Begriff „marktorientiert“ lässt zwar vermuten, dass eine Orientierung an Angebot und Nachfrage ausreichend sein könnte, dagegen spricht jedoch die englische Fassung (market-based) sowie die französische Fassung (basées sur le marché) des Art. 16 StromHVO.

388 Vgl Knops/de Vries/Hakfoort, JoNI 2001, 311, 314; Frontier Economics/Consentec, Analysis of Cross-Border Congestion Management Methods for the EU Internal Electricity Market, 2004, S. 12; Kühling, RdE 2006, 173, 177.

389 Kaiser, Verordnete Regulierung, S. 76.

Soll die gewählte Kapazitätenvergabemethode marktorientiert sein, so muss sie folgende Voraussetzungen erfüllen:[390]

- dem Engpass muss ein monetärer Wert zugeordnet werden, d.h. nicht der Grenzkuppelstellenbetreiber sollte über den Zuschlag entscheiden, sondern Angebot und Nachfrage sollten ausschlaggebend sein;
- eine Bepreisung sollte nur in Richtung der Engpassregion mit der Preisdifferenz der betroffenen Region erfolgen, für Übertragungen in die Niedrigpreisregion sollte dagegen kein Preis existieren;
- die maximale Übertragungskapazität sollte zur Verfügung gestellt werden;
- sowohl die Berechnung als auch die Vergabe der Kapazitäten sollten transparent sein.

Konkretisiert wird das Erfordernis der Marktorientiertheit durch die Vorgabe, dass durch die Vergabe außerdem wirksame wirtschaftliche Signale ausgesendet werden sollen (Art. 16 Abs. 1 StromHVO). Die Aussendung wirksamer wirtschaftlicher Signale stellt die logische Konsequenz der Anwendung marktorientierter Verfahren dar, sozusagen ihren zweiten Schritt. Sobald sich die Vergabe an Angebot und Nachfrage orientiert, wie es durch die Marktorientierung gefordert wird, sendet sie automatisch wirksame wirtschaftliche Signale an den Markt.

Auch diese Vorgabe wird in der StromHVO nicht näher definiert und bedarf der Interpretation. Punkt 1.5 der Leitlinien bestimmt, dass die effizienten ökonomischen Signale sowohl an die Marktteilnehmer als auch an die übrigen Übertragungsnetzbetreiber auszusenden sind. Nach der ETSO[391] ist dies dann der Fall, wenn durch Stromerzeuger, -händler und Übertragungsnetzbetreiber Marktanreize dergestalt gesetzt werden, dass eine optimale Nutzung des Gesamtsystems herbeigeführt wird.[392] Das Kriterium der Aussendung wirksamer wirtschaftlicher Signale steht in engem Zusammenhang damit, dass die Methoden marktorientiert zu sein haben. Nur Engpassmanagementmethoden, die sowohl Angebot als auch Nachfrage einbeziehen, können überhaupt Marktanreize setzen.[393]

Bei der Beeinflussung des Marktes durch wirtschaftliche Signale besteht aber auf der anderen Seite auch immer die Gefahr, dass der Markt negativ beeinflusst

390 Siehe hierzu ausführlich Dieckmann, Engpassmanagement im Europäischen Strommarkt, S. 62f.

391 European Transmission System Operators.

392 Vgl. ETSO, Evaluation of congestion management methods for cross-border transmission, November 1999, S. 4.

393 Kaiser, Verordnete Regulierung, S. 77.

wird. So könnten beispielsweise bei expliziten Auktionen marktbeherrschende Unternehmen Vergabekapazitäten aufkaufen, um den Zugang zum eigenen Markt zu erschweren. Problematisch ist in diesem Zusammenhang der Zeitpunkt, ab dem von Bevorratung gesprochen werden kann. In den ursprünglichen Leitlinien 2003 zum Engpassmanagement war noch vorgesehen, dass die zuständigen Regulierungsbehörden bei Konzipierung von Auktionsverfahren Obergrenzen für die Kapazitätsmengen, die ein einzelner Marktteilnehmer bei einer Auktion erwerben, besitzen oder verwenden kann, ernsthaft in Erwägung ziehen sollten. Dieses Vorgehen sollte verhindern, dass Probleme im Zusammenhang mit einer etwaigen marktbeherrschenden Stellung eines Marktteilnehmers verschärft werden oder auch nur entstehen.[394] In die neuen Leitlinien aus dem Dezember 2006 wurde dieser Vorschlag jedoch nicht übernommen. Dies zeigt einmal mehr, dass der europäische Gesetzgeber die Kapazitätenvergabe möglichst dem Markt selbst überlassen wollte.

3.2.2.5 Verhältnismäßigkeitsgrundsatz

Die Kapazitätenvergabe an Grenzkuppelstellen muss sich immer auch am Verhältnismäßigkeitsgrundsatz messen lassen, ohne dass dieser in Art. 16 StromHVO ausdrücklich erwähnt wird. Grenzkuppelstellenbetreiber nehmen de facto hoheitliche Tätigkeiten wahr, wie sie die Versorgung mit Elektrizität typischerweise darstellt.[395] Nach dem allgemeinen Verhältnismäßigkeitsgrundsatz ist derjenige, der zur Erfüllung einer öffentlichen Aufgabe in Rechte Dritter[396] eingreifen darf, im Gegenzug dazu verpflichtet, diese Rechte nur insoweit zu beeinträchtigen wie es für die Erreichung des öffentlichen Zwecks unbedingt erforderlich und angemessen ist. Dies wurde auch vom EuGH 1989 in der Rechtsache Schräder / Hauptzollamt Gronau[397] als allgemeiner Grundsatz des Gemeinschaftsrechts bestätigt. Damit gilt das Prinzip der Verhältnismäßigkeit auch für privatwirtschaftlich organisierte Grenzkuppelstellenbetreiber.

---

394 Siehe hierzu Leitlinien zur StromHVO a.F. zu den expliziten Auktionen, Nr. 7.

395 vgl. hierzu ausführlich unten, S. 121ff.

396 Insbesondere wird in Rechte der Netznutzer eingegriffen. Zum Teil liegen auch (mittelbare) Eingriffe in Rechte der Kraftwerksbetreiber vor, vgl. in Bezug auf Engpassmanagement im nationalen Netz Pritzsche/Stephan/Pooschke, RdE 2/2007, 36, 38.

397 EuGH, Rs. 265/87, Slg. 1989, 2237, 2269 – Schräder/Hauptzollamt Gronau; siehe allgemein zum Verhältnismäßigkeitsgrundsatz im Europarecht beispielhaft EuGH Slg. 1996, I-5755, Rn. 57 – Vereinigtes Königreich/Rat.

Kommen verschiedene Vergabe- oder Engpassmanagementmethoden in Betracht, so hat der Übertragungsnetzbetreiber grundsätzlich diejenige auszuwählen, die am wenigsten in Rechte Dritter eingreift, insbesondere in Bezug auf die von Engpässen betroffenen Netznutzer. Die angewendeten Engpassmanagementverfahren müssen deshalb geeignet, erforderlich und angemessen sein, um den verfolgten Zweck der Engpassauflösung zu erreichen.

Maßnahmen zur Engpassauflösung müssen damit grundsätzlich für den Zweck des Engpassmanagements geeignet sein. Geeignet kann eine Engpassmanagementmethode nur dann sein, wenn sie auch praktisch umsetzbar ist, da sonst das Ziel, Engpässe zu vermeiden oder wirkungsvoll zu bewirtschaften, nicht erreicht werden kann. Unter den geeigneten Maßnahmen hat der Übertragungsnetzbetreiber dann diejenige Maßnahme auszuwählen, die die geringste Beeinträchtigung in Rechte Dritter bedeutet, und insoweit erforderlich ist. Stehen die praktisch umsetzbaren Maßnahmen in einem Stufenverhältnis zueinander, darf der Übertragungsnetzbetreiber immer nur so weit in die Rechte der Marktteilnehmer eingreifen, wie dies zur Auflösung des Engpasses unbedingt erforderlich ist.

Schließlich darf das zur Erreichung des Ziels gewählte Mittel auch nicht unangemessen sein (sog. Verhältnismäßigkeit im engeren Sinne). Der Grenzkuppelstellenbetreiber darf also keine Engpassmanagementmethode wählen, die unangemessen im Verhältnis zum auszulösenden Engpass stehen würde. Er muss vielmehr abwägen, ob weitreichende strukturelle Maßnahmen in den Markt durch das Ziel der Bewirtschaftung eines kurzfristigen Engpasses gerechtfertigt sind, auch in dem Fall, dass der Engpass nur dadurch beseitigt werden könnte und ein milderes Mittel nicht ersichtlich ist.

Der Grundsatz der Verhältnismäßigkeit wirkt damit als Korrektiv zur Anpassung an die tatsächlichen Gegebenheiten. Er ist das Kriterium, das die Auswahl der Vergabemethode an die vorliegenden Tatsachen anpasst. Alle anderen Kriterien sind unabhängig vom Vorliegen eines Engpasses und vor allem auch unabhängig davon, um welche Art von Engpass, ob physikalisch oder vertraglich, ob kurz- oder langfristig, es sich handelt. Das Verhältnismäßigkeitsprinzip zwingt zu einer Einbeziehung der tatsächlichen Umstände. Tritt beispielsweise sehr kurzfristig ein physikalischer Engpass auf, so kann der Übertragungsnetzbetreiber unter Umständen nicht nur dazu berechtigt, sondern sogar dazu verpflichtet sein, quantitative Vergabemethoden anzuwenden, obwohl diese grundsätzlich weniger marktorientiert sind.[398]

---

398 Siehe hierzu ausführlich unten, S. 96f.

3.2.2.6 Koordination der Kapazitätenvergabe der Grenzkuppelstellenbetreiber

Im Vergleich zu den bislang aufgeführten Kriterien ist das der Koordination der Grenzkuppelstellenbetreiber bei der Wahl der Kapazitätenvergabemethode eher nachrangig. In Art. 12 Abs. 2 StromHVO werden die Übertragungsnetzbetreiber zur regionalen Zusammenarbeit im Rahmen der Kapazitätenvergabe verpflichtet.[399] In den Leitlinien wurde den Anforderungen der Koordination der Übertragungsnetzbetreiber untereinander ein ganzes Kapitel gewidmet. Hieraus lässt sich nicht nur die Erforderlichkeit einer Koordinierung erkennen, sondern auch ihre prioritäre Bedeutung. Diese Koordinierungsvorgaben sind erst in einem zweiten Schritt relevant und stehen hinter dem Erfordernis der Versorgungssicherheit zurück. Zudem stehen sie in einem Spannungsverhältnis zum Kartellrecht. Aus kartellrechtlicher Sicht sind derartige Koordinierungen grundsätzlich unerwünscht. Jedoch ist hier eine gewisse Koordination aufgrund der physikalischen Gegebenheiten unabdingbar.

Kernpunkt der Leitlinien ist, dass die Übertragungsnetzbetreiber bei der Kapazitätenvergabe das europäische Netz als ein Netz und nicht als einen „Flickenteppich" vieler nationaler Netze betrachten sollen. Da diese umfassende Harmonisierung nicht in einem Schritt erfolgen kann, ist zunächst eine Unterteilung Europas in sieben Regionen vorgesehen (Punkt 3.2 der Leitlinien)[400]:

- Nordeuropa (Dänemark, Schweden, Finnland, Deutschland und Polen),
- Nordwesteuropa (Benelux-Staaten, Deutschland und Frankreich),
- Nordgrenzen Italiens (Italien, Frankreich, Deutschland, Österreich, Slowenien und Griechenland),
- Mittelosteuropa (Deutschland, Polen, Tschechische Republik, Ungarn, Österreich und Slowenien),
- Südwesteuropa (Spanien, Portugal und Frankreich),
- Vereinigtes Königreich, Irland und Frankreich,
- Baltische Staaten (Estland, Lettland und Litauen).[401]

399 Nach dem Wortlaut sind von dieser Vorgabe die Übertragungsnetzbetreiber angesprochen. Nach Sinn und Zweck der Vorschrift sind jedoch die Grenzkuppelstellenbetreiber gemeint: Aufgrund der Möglichkeit, die Grenzkuppelstellen losgelöst vom Übertragungsnetz zu bauen und zu betreiben fallen die beiden Rollen nicht notwendigerweise zusammen.

400 Dies stellt eine kartellrechtlich unzulässige Marktaufteilung dar. Diese ist jedoch in diesem Fall aufgrund der tatsächlichen physikalischen Gegebenheiten gerechtfertigt.

401 Zur Entstehung dieser Aufteilung siehe ausführlich Everis/Mercados, From Regional Markets to a Single European Market, S. 26ff.

Diese Unterteilungen beruhen auf den physikalischen Gegebenheiten der Netze. Es ist vorgesehen, dass Süd-Ost-Europa als achte Region integriert werden soll. In diesem Rahmen sollen die Regeln des Vertrags zur Gründung der Europäischen Energiegemeinschaft[402] Anwendung finden. Erreicht werden soll dieses Ziel zunächst durch die Einrichtung regionaler Märkte, die dann langfristig zu einem europäischen Elektrizitätsbinnenmarkt miteinander verschmelzen sollen.[403] Auch nach Ansicht der Kommission ist die Schaffung eines Elektrizitätsbinnenmarktes nur über den Zwischenschritt der Bildung regionaler Märkte möglich.[404] Jedoch betont sie auch, dass die Bildung regionaler Märkte auch nur ein Zwischenschritt sein soll.[405] ETSO geht sogar so weit, dass die Bildung regionaler Märkte ein Market Coupling eher behindere als fördere.[406]

Innerhalb dieser Regionen sollen die jeweiligen Übertragungsnetzbetreiber alle Stufen der Kapazitätenvergabe, begonnen bei der Berechnung bis zur endgültigen Vergabe[407], miteinander[408] und im Verhältnis zu den anderen Marktteilnehmern koordinieren[409]. Zu einer solchen Koordinierung gehören insbesondere (Punkt 3.5 der Leitlinien):

- die Verwendung eines gemeinsamen Übertragungsnetzmodells (unter Berücksichtigung etwaiger physikalischer Ringflüsse[410]),
- die Vergabe und Nominierung der Kapazitäten (unter Berücksichtigung etwaiger physikalischer Ringflüsse),

402 Beschluss des Rates vom 29. Mai 2006 über den Abschluss des Vertrags zur Gründung der Energiegemeinschaft durch die Europäische Gemeinschaft (2006/500/EG), Abl. EU L 198/15.

403 Dziadywicz, Journal of Energy & Natural Resources Law, Vol. 25, 2/2007, 114, 115.

404 Kommission, Pressemitteilung vom 9. November 2006, IP/06/1539; Die Bundesnetzagentur begrüßte bereits die Einführung der regionalen Initiativen durch ERGEG und sah diese als notwendigen Zwischenschritt an, siehe BNetzA, Report on the use of the French-German interconnection in 2006, S. 19.

405 Kommission, KOM(2009) 115 vom 11.03.2009, S. 5.

406 ETSO, Development and Implementation of a Coordinated Model for Regional and Inter-Regional Congestion Management, S. 4.

407 Siehe hierzu ERGEG, Second ERI Coherence and Convergence Report vom 11.03.2009, S. 3, 7f.

408 Siehe Punkt 3.6 der Leitlinien: „Die Koordination umfasst auch den Informationsaustausch zwischen Übertragungsnetzbetreibern".

409 Den Übertragungsnetzbetreibern steht es frei, einen beteiligten Übertragungsnetzbetreiber zu bestimmen, der die vorgeschriebenen Informationen zentral sammelt, um nur die Ergebnisse der Datenerhebung an alle beteiligten Übertragungsnetzbetreiber zurückzumelden (Punkt 3.6 Satz 4 der Leitlinien).

410 Vgl. oben, S. 23.

- identische Vorgaben an die Kapazitäteninhaber, welche Informationen diese über ihre beabsichtigte Kapazitätsnutzung bereitzustellen haben[411],
- einheitliche Zeitraster und Termine für die letzte Mitteilung von Fahrplänen,
- eine hinsichtlich der Zeitraster[412] und der verkauften Kapazitätsblöcke[413] Vereinheitlichung der Kapazitätenvergabe,
- einheitliche Rahmenverträge[414] für alle Marktteilnehmer,
- gemeinsame Überprüfung der tatsächlichen Stromflüsse zur Sicherstellung der Netzsicherheit sowie
- die Vereinheitlichung der Rechnungslegung und Kaufabwicklung.

Der Gesetzgeber hat insofern eine Einschränkung vorgenommen, als er berücksichtigt hat, dass einige Länder mehreren Regionen[415] angehören. In diesen Fällen soll es zulässig sein, dass die verwendeten Kapazitätenvergabemethoden an einer einzelnen Grenzkuppelstelle unterschiedlich sind, um die Vereinbarkeit mit allen Regionen, denen das betreffende Land angehört, zu gewährleisten (Punkt 3.2 der Leitlinien). Dabei sind in allen sieben Regionen miteinander kompatible Verfahren festzulegen, um mittelfristig die Bildung eines wirklich integrierten Elektrizitätsbinnenmarktes zu ermöglichen. Die Leitlinien schreiben vor, dass die angewandten Methoden sowohl für eine regionale als auch für eine gemeinschaftsweise Anwendung geeignet sind.[416] Es soll verhindert werden, dass Marktteilnehmer mit regionalen Netzen konfrontiert werden, die miteinander nicht kompatibel sind.[417]

Diese Vorgaben gelten jedoch ohnehin nur für diejenigen Grenzkuppelstellen, an denen üblicherweise Engpässe auftreten. An denjenigen Grenzkuppelstellen, an denen im Normalfall keine Engpässe auftreten ist die Anwendung eines ständigen, allgemeinen Kapazitätenvergabeverfahrens nicht vorgeschrieben.[418]

---

411 Dies ist besonders bei der Anwendung von expliziten Auktionen relevant, da dort die Kapazitäten getrennt vom Handelsgeschäft ersteigert werden.

412 Beispielsweise: wochenweise, tageweise, stundenweise.

413 Festlegung, ob die Einteilung beispielsweise nach Leistung in MW oder Energie in MWh erfolgt.

414 Die explizite Bezugnahme auf Rahmenverträge zeigt, dass im Umkehrschluss abweichende Einzelverträge zulässig sein sollen.

415 So gehört die Bundesrepublik Deutschland beispielsweise vier verschiedenen Regionen an, namentlich den Regionen Nordeuropa, Nordwesteuropa, Nordgrenzen Italiens und Mittelosteuropa.

416 Punkt 1.5 der Leitlinien.

417 Punkt 3.4 der Leitlinien.

418 Punkt 1.2 der Leitlinien.

Die tatsächliche Umsetzung der Koordinierungsvorgaben lässt jedoch noch auf sich warten: So stellte ERGEG in ihrem dritten Bericht über die Umsetzung der StromHVO fest, dass die Einhaltung der Koordinierungsvorgaben durch Grenzkuppelstellenbetreiber bei nur 16 % liegt.[419]

3.2.3 Zwischenergebnis

Aus regulatorischer Sicht ist Kapazitätenberechnung und -vergabe vor allem unter Berücksichtigung von Art. 16 StromHVO und ihrer Leitlinien zu beurteilen. Zur Konkretisierung sind die CACM-Rahmenrichtlinien heranzuziehen sowie die von ENTSO-E noch zu erstellenden Netzkodizes gemäß Art. 8 Abs. 1 i.V.m. Abs. 6 lit. g) StromHVO. Diese Regelungen finden nicht nur Anwendung bei manifesten Engpässen, sondern auch zur Prävention bei noch ausreichenden Kapazitäten.

Obwohl die Berechnung der Kapazitäten in der StromHVO geregelt ist, wird sie dennoch von dieser mittelbar erfasst. Die Übertragungsnetzbetreiber sind dazu verpflichtet, alle ihnen verfügbaren Mittel einzusetzen, um eine optimale und maximale Nutzung der Kapazitäten zu gewährleisten. Zu diesem Zweck haben sie ein allgemeines Modell für die Berechnung der Kapazitäten an Grenzkuppelstellen zu entwickeln. Es ist davon auszugehen, dass die von ENTSO-E im Rahmen von Art. 8 StromHVO vorzulegenden Netzkodizes detaillierte Angaben zu den Berechnungsmethoden enthalten werden. Die im Juli 2011 von ACER erlassenen CACM-Richtlinien sehen Regelungen zur Berechnung der Kapazitäten vor. Sie fordern die Anwendung lastflussbasierter Methoden sowie der ATC-Methode, wobei lastflussbasierte Methoden bevorzugt werden sollen. Eine europaweite Verwendung der lastflussbasierten PTDF-Methode würde, da diese das Gegenstück zu impliziten Auktionen darstellt, die Ziele der StromHVO am Besten umsetzen.

Hinsichtlich der Kapazitätenvergabe werden in der StromHVO und ihren Leitlinien detaillierte Vorgaben gemacht. In jedem Falle sind die Kapazitäten transparent und unter Berücksichtigung der Versorgungssicherheit zu vergeben. Diese Vorgaben gelten immer und sind nicht abdingbar. Daneben sollen die Kapazitäten gemäß Art. 16 Abs. 1 StromHVO mittels nichtdiskriminierenden, marktorientierten und nichttransaktionsgebundenen Methoden vergeben werden. Nachrangig zu diesen Vorgaben fordert die StromHVO in ihren Leitlinien außerdem ein hohes Maß der Koordination der Grenzkuppelstellenbetreiber untereinander. Diese

---

419 ERGEG, Electricity Regulation (EC) 1228/2003 Compliance Monitoring, 3rd Report vom 7.12.2010, S. 31.

Koordinationsvorgaben widersprechen zwar grundsätzlich kartellrechtlichen Grundsätzen, sind jedoch aufgrund der physikalischen Besonderheiten gerechtfertigt.

Die geltenden Vorgaben in Art. 16 StromHVO und den Leitlinien lassen Grenzkuppelstellenbetreibern einen großen Spielraum bei der Berechnung und der Vergabe der Kapazitäten. Die Verwendung konkreter Methoden wird nicht vorgeschrieben. Die unterschiedlichen Methoden führen jedoch zu einer unterschiedlichen Auslastung der Grenzkuppelstellen und bergen damit auch das Risiko einer missbräuchlichen Nutzung. Deshalb wird bereits seit dem Jahr 2008 eine Konkretisierung der Leitlinien gefordert.[420] Diese ist jedoch bislang nicht erfolgt.

3.3 Ablehnungsgründe der Übertragungsnetzbetreiber

Die feste Buchbarkeit von Kapazitäten ist eine Grundvoraussetzung für einen Elektrizitätsbinnenmarkt.[421] Ablehnungsgründe der Übertragungsnetzbetreiber bestehen nur sehr eingeschränkt. Art. 16 Abs. 2 StromHVO bestimmt, dass eine Einschränkung von Transaktionen an den Grenzkuppelstellen nur im Notfall zulässig ist und auch nur soweit der Engpass nicht durch Redispatching oder Countertrading aufgelöst werden kann. Es besteht damit grundsätzlich ein Kontrahierungszwang seitens der Grenzkuppelstellenbetreiber. Einschränkungen sind nur möglich zur Gewährleistung der Versorgungssicherheit beim Vorliegen manifester Engpässe. Eine Einschränkung aus monetären Gründen ist unzulässig. Gemäß Punkt 2.5 der Leitlinien müssen die mit lang- und mittelfristigen Vergaben verbundenen Kapazitätenrechte verbindliche Übertragungskapazitätenrechte sein.

Abgesehen von Fällen höherer Gewalt (force majeure), sind Marktteilnehmer, denen Kapazitäten zugewiesen wurden, für jede Einschränkung zu entschädigen (Art. 16 Abs. 2 Satz 2 StromHVO).[422] Der Begriff der höheren Gewalt wird in Art.

420 Wobei die genaue Ausgestaltung noch unklar ist, Siehe beispielsweise ERGEG, Strategic Guidelines and Codes vom 10.04.2008.

421 ERGEG, Firmness of nominated transmission capacity vom 15.07.2008, S. 3.

422 Siehe hierzu ausführlich Göbel/Urbanke, e/m/w 2006, Heft 6; 34, 37; Die Ausnahme für Fälle von höherer Gewalt war im Verordnungs-Entwurf (Kommission, Vorschlag für eine Verordnung des Europäischen Parlaments und des Rates über die Netzzugangsbedingungen für den grenzüberschreitenden Stromhandel vom 13.3.2001, KOM(2001) 125) noch nicht vorgesehen.

16 Abs. 2 UA 2 StromHVO nicht näher definiert. Der EuGH beschränkt höhere Gewalt auf „außerhalb der Sphäre [des Verantwortlichen] liegende Umstände, die ungewöhnlich und unvorhersehbar sind und deren Folgen trotz aller von ihm aufgewandten Sorgfalt nicht hätten vermieden werden können". Davon sollen auch solche Umstände umfasst sein, „die objektiv der Kontrolle des [Verantwortlichen] entzogen sind oder außerhalb seines Verantwortungsbereichs liegen".[423] Es entspricht den Grundsätzen der allgemeinen Billigkeit, die Grenzkuppelstellenbetreiber nicht für höhere Gewalt haften zu lassen. Die StromHVO gibt damit eindeutig vor, dass Kapazitäten nur subsidiär, falls Countertrading oder Redispatching nicht mehr möglich sind, ersatzlos gestrichen werden dürfen. Die Tatsache, dass force majeur im Verordnungs-Entwurf noch gar nicht erwähnt wurde spricht dafür, dass der Begriff im Rahmen der StromHVO sehr eng auszulegen ist.

Die Leitlinien konkretisieren den Zusammenhang von Einschränkungen aufgrund force majeure und Versorgungssicherheit. So bestimmt Punkt 1.6 lit. a) der Leitlinien, dass ein Antrag auf Netzzugang nur dann verweigert werden darf, wenn die zusätzlichen physikalischen Stromflüsse, die aus der Annahme dieses Antrags entstehen, eine Situation entstehen lassen, in welcher der sichere Betrieb des Stromversorgungsnetzes möglicherweise nicht mehr gewährleistet werden kann.

Im Jahr 2011 hat ACER in seinen CACM-Rahmenrichtlinien eine Definition vorgeschlagen.[424] Danach soll höhere Gewalt ein nicht vorhersehbares Ereignis sein, das

- außerhalb der Kontrolle der verantwortlichen Partei ist,
- nicht auf Verschulden zurückzuführen ist,
- nicht durch die Anwendung allgemeiner Sorgfalt hätte vorhergesehen werden können,
- nicht durch zumutbare technische, ökonomische oder finanzielle Mittel verhindert werden kann,
- es für die verantwortliche Partei unmöglich macht, ihre Pflichten zu erfüllen,
- bereits tatsächlich eingetreten ist und
- objektiv verifiziert werden kann.

Diese Definition wird zukünftig bei der Auslegung der höheren Gewalt heranzuziehen sein.

423 EuGH, Urteil vom 18.12.2007, C-314/06, Tenor – Société Pipeline Méditerranée et Rhône (SPMR) / Administration des douanes et droits indirects, Direction nationale du renseignement et des enquêtes douanieères (DNRED).

424 ACER, Framework Guidelines on Capacity Allocation and Congestion Management for Electricity vom 29.07.2011, S. 13.

Allerdings werden diese Vorgaben nicht an allen Grenzkuppelstellen eingehalten: Während an einigen Grenzkuppelstellen Kürzungen nur aufgrund von höherer Gewalt vorgenommen werden, werden an anderen mittel- und langfristig gebuchte Kapazitäten eingeschränkt, teilweise sogar ohne Zahlung einer Entschädigung.[425]

3.4 Exkurs: Erneute Vergabe ungenutzter Kapazitäten

Im Gegensatz zur Ferngaszugangsverordnung[426] enthält die StromHVO keine dezidierten Regelungen zum Sekundärmarkt für Kapazitäten an den Grenzkuppelstellen.[427] So verpflichtet Art. 22 FerngasZVO die Fernleitungsbetreiber dazu, alle erforderlichen Maßnahmen zu ergreifen, um das freie Handeln der Kapazitäten zu ermöglich. Diese Maßnahmen sind der Bundesnetzagentur zu melden.

Trotz fehlender paralleler Regelung sieht auch die StromHVO das Handeln von Kapazitäten auf dem Sekundärmarkt vor. Nach Art. 16 Abs. 4 StromHVO haben die Marktteilnehmer den Übertragungsnetzbetreibern rechtzeitig vor dem jeweiligen Betriebszeitraum mitzuteilen, ob sie die zugewiesenen Kapazitäten nutzen möchten. Zugewiesene Kapazitäten, die nicht in Anspruch genommen werden, sollen nach einem offenen, transparenten und nicht-diskriminierenden Verfahren an den Markt zurückgehen. Punkt 2.5 der Leitlinien konkretisiert diese Vorgabe insoweit, als für lang- und mittelfristige Vergaben zum Zeitpunkt ihrer Nominierung der „use-it-or-lose-it"- Grundsatz oder der „use-it-or-sell-it"- Grundsatz gilt. Die Marktteilnehmer sind dazu verpflichtet, ihre Kapazitätsnutzung bis zu einem für die einzelnen Zeitraster festgelegten Termin verbindlich bei den Übertragungsnetzbetreibern zu nominieren. Dieser Termin ist so festzusetzen, dass die

425 ERGEG, Firmness of nominated transmission capacity vom 15.07.2008, S. 3.

426 Verordnung (EG) Nr. 715/2009 des Europäischen Parlaments und des Rates vom 13. Juli 2009 über die Bedingungen für den Zugang zu den Erdgasfernleitungsnetzen und zur Aufhebung der Verordnung (EG) Nr. 1775/2005, Abl. EG L 211/36, im Folgenden: FerngasZVO.

427 Im Gegensatz zur StromHVO enthält die FerngasZVO bereits eine explizite Legaldefinition zu Primär- und Sekundärmarkt (Art. 2 Nr. 6 und 22): So wird Primärmarkt definiert als „Markt für die vom Fernleitungsnetzbetreiber direkt gehandelte Kapazität" und Sekundärmarkt als „Markt für die auf andere Weise als auf dem Primärmarkt gehandelte Kapazität".

Übertragungsnetzbetreiber noch in der Lage bleiben, ungenutzte Kapazitäten für eine erneute Vergabe im nächsten relevanten Zeitraster, einschließlich „intra day", neu zu vergeben.[428]

Das bedeutet, dass in dem Fall, in dem die Kapazitäteninhaber sicher wissen, dass sie die erworbenen Kapazitäten nicht nutzen werden, diese entweder an den jeweiligen Übertragungsnetzbetreiber zurückgeben müssen oder aber, sollte noch ausreichend Zeit vorhanden sein, die Kapazitäten selbst frei vermarkten dürfen. Gemäß Art. 16 Abs. 4 StromHVO gelten grundsätzlich auch bei erneuter Vergabe der Kapazitäten die Vorgaben der Transparenz und Nichtdiskriminierung. Der Gesetzgeber hat nach dem Wortlaut zu urteilen bewusst darauf verzichtet, die Kriterien der Marktorientierung, der Nichttransaktionsbezogenheit und der Aussendung wirksamer wirtschaftlicher Signale für den Sekundärmarkt vorzuschreiben. Auch sind die Übertragungsnetzbetreiber nicht dazu verpflichtet, sich im Rahmen des Sekundärmarkts auf die gleiche Art und Weise wie auf dem Primärmarkt zu koordinieren. Hintergrund hierfür dürfte sein, dass im Rahmen des Sekundärmarkts naturgemäß ein größerer Zeitdruck herrscht. Um gewährleisten zu können, dass die Kapazitäten auch kurzfristig noch an den Markt zurückgegeben werden können, müssen gegebenenfalls Abstriche hinsichtlich der Marktorientierung, der wirksamen wirtschaftlichen Signale und der Nichttransaktionsgebundenheit gemacht werden. Im Rahmen des Sekundärmarkts dürfen die Übertragungsnetzbetreiber im Umkehrschluss zwischen den Verträgen einzelner Marktteilnehmer unterscheiden. Daraus folgt, dass innerhalb des Sekundärmarkts quantitative Vergabeverfahren eingesetzt werden dürfen.

Dies gilt zunächst im Rahmen des „use-it-or-sell-it" – Verfahrens. Dort vergeben die Kapazitäteninhaber selbst die freiwerdenden Kapazitäten an andere Marktteilnehmer.[429] Die Kapazitäteninhaber haben jedoch weder die praktische Erfahrung noch die notwendige Logistik zur Durchführung marktbasierter Auktionen. Um eine Vergabe direkt durch die Marktteilnehmer zu ermöglichen, musste der Gesetzgeber auf diese Vorgaben für den Sekundärmarkt verzichten. Quantitative Verfahren sind folglich uneingeschränkt zulässig, solange sie nichtdiskriminierend und transparent angewandt werden.

428 Punkt 2.11 der Leitlinien.

429 Das „use-it-or-sell-it"-Verfahren wurde von Grenzkuppelstellenbetreibern positiv angenommen, siehe ERGEG, Second ERI Coherence and Convergence Report vom 11.03.2009, S. 19.

Auch die erneute Vergabe der Kapazitäten durch Grenzkuppelstellenbetreiber im Rahmen des „use-it-or-lose-it"-Verfahrens kann durch quantitative Verfahren erfolgen, da der Wortlaut des Art. 16 Abs. 4 StromHVO analog gilt. Dies ist insoweit sachgerecht, als Übertragungsnetzbetreiber zwar grundsätzlich über die Praxiserfahrung, das Know-How und auch die erforderliche Logistik verfügen, um marktbasierte Verfahren durchzuführen, jedoch steht auch hier der Zeitfaktor im Vordergrund. Marktbasierte Verfahren sind immer zeitintensiver als quantitative Verfahren. Sie sind dementsprechend für den Sekundärmarkt in der Regel weniger geeignet, da dort die Kapazitätenvergabe oftmals kurzfristig erfolgen muss.

Die ungeschriebenen Voraussetzungen, namentlich die unbedingte Einhaltung der Versorgungssicherheit und der Verhältnismäßigkeitsgrundsatz, sind sowohl von den Grenzkuppelstellenbetreibern als auch im Rahmen des „use-it-or-sell-it" von den vergebenden Marktteilnehmern einzuhalten. Allerdings sind im Hinblick auf die Versorgungssicherheit unterschiedliche Maßstäbe anzusetzen. Marktteilnehmer, die ungenutzte Kapazitäten direkt weiterverkaufen, verfügen trotz der Transparenzvorschriften nicht über die gleichen ausführlichen Informationen zum Zustand der Grenzkuppelstellen und der jeweils auf beiden Seiten liegenden nationalen Märkte. Von diesen kann deshalb auch nicht im gleichen Maße die Berücksichtigung der weiteren Marktgegebenheiten, wie beispielsweise die Auslastung der nationalen Übertragungsnetze, bei der Vergabe verlangt werden. Gleiches gilt auch für den Verhältnismäßigkeitsgrundsatz. Zwar sollten die Marktteilnehmer bei der direkten Weitergabe der Kapazitäten versuchen, die Kriterien der Geeignetheit, Erforderlichkeit und Angemessenheit einzuhalten. Im Unterschied zu den Übertragungsnetzbetreibern wird ihnen aber wegen fehlender Erfahrungen und Kenntnisse eine Beurteilung der optimalen Kapazitätennutzung nur bedingt möglich sein.

Das Versäumnis der Rückgabe ungenutzter Kapazitäten wird sanktioniert. Dies ergibt sich aus Art. 16 Abs. 2 UA 2 StromHVO, wonach Grenzkuppelstellenbetreiber, abgesehen von Fällen höherer Gewalt, für die Einschränkung von Kapazitäten Entschädigungszahlungen leisten müssen. Nach Punkt 2.13 der Leitlinien haben Marktteilnehmer, die ihre gebuchten Kapazitäten bewusst haben verfallen lassen, die finanziellen Folgen zu tragen und ein unter Kostengesichtspunkten gerechtfertigtes und angemessenes Entgelt zu bezahlen. Folgeverluste werden nicht berücksichtigt. Die Übertragungsnetzbetreiber müssen vorab die Methoden zur Ermittlung dieses kostenorientierten Entgelts festlegen und von der zuständigen nationalen Regulierungsbehörde überprüfen lassen. Eine Veröffentlichungspflicht besteht nicht.

3.5 Bewertung der in der Praxis verwendeten Kapazitätenvergabeverfahren anhand der entwickelten Kriterien

Im Folgenden werden die Vergabemethoden, die sich in der Vergangenheit an Grenzkuppelstellen herausgebildet haben, anhand der oben entwickelten Kriterien[430] bewertet. Wie bereits oben im zweiten Kapitel dargestellt wurde, können die Vergabemethoden unterteilt werden in (i) Verfahren, die präventiv vor Entstehung eines Engpasses eingesetzt werden, sobald es erste Anzeichen gibt, (ii) quantitative Verfahren und (iii) marktbasierte Verfahren. Die ersten beiden Fallgruppen zeichnen sich dadurch aus, dass sie unabhängig vom Marktgeschehen bestimmt werden.

3.5.1 Präventive Maßnahmen vor Entstehung eines Engpasses

Wie oben[431] dargestellt, sind Grenzkuppelstellenbetreiber bereits vor Entstehen eines Engpasses dazu verpflichtet, geeignete Maßnahmen zu ergreifen, um das Auftreten eines Engpasses vorab zu verhindern. Dazu zählen die Maximierung der Kapazitäten durch Überlagerung und Aufrechnung, das koordinierte Redispatching sowie das Countertrading. Auch in einer akut drohenden Engpasssituation müssen die Übertragungsnetzbetreiber sicherstellen, dass ihr Vorgehen den Kriterien und Vorgaben der StromHVO entspricht.

Die präventiven Maßnahmen müssen vorab immer der Versorgungssicherheit dienen. Zudem müssen Grenzkuppelstellenbetreiber transparent allen potentiellen Marktteilnehmern offen legen, unter welchen Umständen sie welche der drei Maßnahmen anwenden, damit diese darauf reagieren können. Die Maximierung der Kapazitäten durch Überlagerung und Aufrechnung muss rechnerisch nachvollziehbar anhand der genauen Datenlage veröffentlicht werden. Beim koordinierten Redispatching müssen ebenfalls alle relevanten Daten veröffentlicht werden, so dass die veränderten grenzüberschreitenden Stromflüsse von den betroffenen Marktteilnehmern nachvollzogen werden können. In besonderem Maße gelten diese Transparenz- und Veröffentlichungspflichten beim Countertrading.

430 Versorgungssicherheit, Transparenz, Diskriminierungsfreiheit, Nichttransaktionsbezogenheit, Marktorientierung, Verhältnismäßigkeit und Möglichkeit zur Koordination.

431 Siehe oben, S. 63ff.

Im Rahmen des Countertrading arrangieren die Übertragungsnetzbetreiber selbsttätig Stromflüsse. Aufgrund der weitreichenden Entflechtungsvorschriften dürfen Übertragungsnetzbetreiber jedoch nicht am Handel selbst teilnehmen. Nur zur Aufrechterhaltung des Netzbetriebs ist dies ausnahmsweise zulässig. Countertrading muss transparent erfolgen, damit das Verhalten der Übertragungsnetzbetreiber plausibel und nachvollziehbar ist.

Unproblematisch sind in diesem Zusammenhang die Kriterien der Diskriminierungsfreiheit und Nichttransaktionsgebundenheit. Bei der Maximierung der Kapazitäten durch Überlagerung und Aufrechnung nimmt der Grenzkuppelstellenbetreiber eine objektive Verrechnung aller gebuchten Kapazitäten in beide Richtungen vor. Es besteht gar kein Spielraum, die bereits gebuchten Kapazitäten unterschiedlich zu behandeln. Im Rahmen des koordinierten Redispatching ist bei der Beeinflussung des Kraftwerksparks ohnehin die „merit order" einzuhalten, das heißt die Auswahl erfolgt diskriminierungsfrei und nach objektiven Kriterien.[432] Bei Nutzung des Countertrading liegt die Diskriminierungsfreiheit schon in der Natur der Sache. Da die Übertragungsnetzbetreiber hier die Kosten für die gehandelte Energie selbst tragen, ist davon auszugehen, dass sie diese diskriminierungsfrei am Markt erwerben.

Das vierte zu beachtende Kriterium ist grundsätzlich die Marktorientierung. Die Kapazitäten sollen nach Angebot und Nachfrage vergeben werden. Durch ihre Vergabe sollen zudem wirksame wirtschaftliche Signale ausgesandt werden. Diese Vorgaben gelten bei akut bevorstehenden Engpässen jedoch nur eingeschränkt. Im Rahmen der Maximierung von Kapazitäten durch Saldierung erfolgt die Vergabe ohnehin ausschließlich auf der Basis von Angebot und Nachfrage. Denn nur wenn Marktteilnehmer ein Interesse an Kapazitäten in eine bestimmte Richtung haben, diese also nachfragen, besteht die Möglichkeit der Saldierung überhaupt. Im Fall des koordinierten Redispatching erfolgt eine Beeinflussung der Preise durch gezielten Einsatz des Kraftwerksparks. Dies erfolgt nicht anhand von Angebot und Nachfrage, sondern aufgrund der physikalischen Besonderheiten des Gutes Strom anhand objektiver Kriterien zur bestmöglichen Aufrechterhaltung der Netzsicherheit. Durch Redispatching fallen zudem zusätzliche Kosten an. Die Kosten für den zusätzlich erzeugten Strom könnten zwar theoretisch auf alle Marktteilnehmer zu gleichen Teilen umgelegt werden, was aber nicht zur Engpassprävention durch wirtschaftlichen Preissignale führen würde[433]. Stattdessen bietet sich an, einen pauschalierten

432 Denn die Auswahl erfolgt anhand der Grenzkosten, siehe hierzu oben, S. 27.

433 Ein Lösungsansatz könnte sein, die durch das interne Redispatching entstandenen Kosten von den für den Engpass verantwortlichen Marktteilnehmern, also den

Stundenpreis für den Redispatch-Einsatz zu berechnen, der beispielsweise auf den Börsenpreisen basieren könnte unter Kalkulation zusätzlicher Brennstoffkosten.

Dieses Vorgehen ist im Fall eines akut bevorstehenden Engpasses in der Regel verhältnismäßig, das heißt geeignet, erforderlich und auch angemessen. Zudem erfolgt koordiniertes Redispatching nur in sehr eingeschränktem Maße, da die nationalen Kraftwerksbetreiber nicht beliebig ihren Kraftwerkspark nach den Wünschen der jeweiligen Grenzkuppelstellenbetreiber steuern können oder wollen. Vielmehr können hierüber nur geringe Engpässe kurzfristig ausgeglichen werden. Dabei ist die Verletzung des Marktorientierungsgebots auch angemessen, da weitere Schäden durch Entstehung oder Verlängerung eines Engpasses vermieden werden. Beim Countertrading greift der jeweilige Netzbetreiber selbsttätig in den Stromhandel ein. Es ist jedoch davon auszugehen, dass er sich dabei am Marktgeschehen orientieren wird, da er die zugekauften Mengen selbst bezahlen muss. Eine Bevorzugung bestimmter Marktteilnehmer ist unwahrscheinlich. Zudem wird es sich im Rahmen des Countertrading nie um signifikante Mengen handeln, da hierfür die Anreize für Grenzkuppelstellenbetreiber nicht groß genug sind. Große monetäre Verluste werden Grenzkuppelstellenbetreiber, nur um einen Engpass durch Countertrading ausgleichen zu können, nicht auf sich nehmen.

Bei allen drei Verfahren ist das Erfordernis der Koordination der Grenzkuppelstellenbetreiber untereinander unproblematisch. Aufgrund ihrer leichten Implementierbarkeit stehen sie im Einklang mit der StromHVO, da sie entweder schon gar nicht dagegen verstoßen oder aber minimale Verstoße aufgrund des übergeordneten Ziels der Versorgungssicherheit nach dem Verhältnismäßigkeitsprinzip gerechtfertigt sind.

3.5.2 Quantitative Verfahren

Liegt ein Engpass bereits vor, können Grenzkuppelstellenbetreiber die Kapazitäten mittels quantitativer Verfahren vergeben. Allen quantitativen Verfahren[434] ist gemeinsam, dass sie losgelöst vom Marktgeschehen durchgeführt werden. Dies hat den Nachteil, dass sie den Wert, den die Marktteilnehmer der Übertragungskapazität beimessen, bei der Zuteilung nicht berücksichtigen.[435]

Übertragungsnetzbetreibern, tragen zu lassen. Siehe hierzu Kaiser, Verordnete Regulierung, S. 68.

434 Zu den einzelnen quantitativen Vergabeverfahren siehe ausführlich oben, S. 29ff.

435 Zimmer/Eckenroth/Feldmann/Jones/Elms/Riechmann/Schlecht/Cremer/Haubrich, ET 2004, 786, 787.

Die gängigsten quantitativen Vergabeverfahren sind Eigentümervorrang, Retention, Pro-Rata, Prioritätenlisten, Long-before-short, First-come-first-served, Served-today-served-tomorrow, Grandfathering und Lotterien. Im Folgenden sollen die einzelnen quantitativen Vergabemethoden anhand der im Rahmen der StromHVO gemachten Vorgaben überprüft werden:

- Beim Eigentümervorrang reserviert der Grenzkuppelstellenbetreiber die vorhandenen Kapazitäten zunächst für sich selbst und gibt sie erst dann extern weiter, wenn er sie selbst nicht mehr benötigt. Dieses Verfahren kann problemlos transparent ausgestaltet werden. Allerdings verläuft es nicht diskriminierungsfrei, ist nicht marktorientiert und gibt auch keine wirksamen wirtschaftlichen Signale an den Markt ab. Es verstößt zudem gegen das Diskriminierungsverbot und fördert auch nicht die Koordination zwischen den Übertragungsnetzbetreibern. Die Beurteilung des Eigentümervorrangs ist seit Inkrafttreten der Entflechtungsregelungen ohnehin theoretischer und rein akademischer Natur, da Grenzkuppelstellenbetreiber ohne eigene Erzeugungstätigkeit keinen Anreiz mehr haben, für sich selbst Kapazitäten zu reservieren. Auch auf dem Sekundärmarkt spielt der Eigentümervorrang praktisch keine Rolle, da Kapazitäteninhaber ohnehin unter Androhung von Sanktionen dazu verpflichtet sind, die Kapazitäten an den Markt zurückzugeben und damit diese auf dem Sekundärmarkt nicht für sich selbst reservieren können.
- Beim first-come-first-served-Verfahren werden die verfügbaren Kapazitäten nach der Reihenfolge der Anfragen vergeben. Dieses Verfahren verstößt nicht per se gegen die Versorgungssicherheit. Es birgt allerdings eine latente Gefahr für einen Verstoß, da nicht notwendigerweise diejenigen die Kapazitäten erhalten, die sie auch am effizientesten verwenden. Es besteht sogar eine gewisse Wahrscheinlichkeit, dass Marktteilnehmer zunächst einmal eher mehr Kapazitäten, als sie tatsächlich benötigen, reservieren, um sicherzustellen, dass sie ausreichende Kapazitäten erhalten. Verfallen anschließend Kapazitäten ungenutzt, kann dies in Grenzfällen tatsächlich zu Versorgungsengpässen und damit zu einer Gefährdung der Versorgungssicherheit führen. Das Erfordernis der Transparenz ist dagegen problemlos einhaltbar. Jedoch besteht auf jeden Fall ein Verstoß gegen das Prinzip der Marktorientierung, da, wie bereits dargestellt, keine ausreichende Orientierung an Angebot und Nachfrage stattfindet. Auf der anderen Seite ist das first-come-first-served Verfahren sehr leicht zu implementieren und ohne großen Vorlauf einsetzbar. Vieles spricht dafür, im Falle sehr kurzfristiger Engpässe das first-come-first-served-Verfahren trotz der oben genannten Verstöße zuzulassen. Es kann schnell, unkompliziert und transparent angewandt werden, wenn der Engpass zu umfassend ist, um durch

Countertrading aufgelöst zu werden, aber zu kurzfristig auftrat, beispielsweise aufgrund von unvorhergesehenen Ereignissen, um Auktionen durchzuführen. Allerdings sollte die Anwendung des first-come-first-served-Verfahrens auf diese Ausnahme beschränkt bleiben. In diesen Fällen bliebe auch der Verhältnismäßigkeitsgrundsatz gewahrt, da die Vergabe in diesen Fällen geeignet, erforderlich und angemessen wäre, um als kurzfristige ultima ratio Engpässe zu verhindern. Zudem wäre eine Koordination der Grenzkuppelstellenbetreiber aufgrund der einfachen Implementierbarkeit möglich. Unproblematisch anwendbar ist das first-come-first-served-Verfahren im Rahmen des Sekundärmarktes. Vor allem bei der direkten Weitergabe der Kapazitäten durch Kapazitäteninhaber bietet sich das first-come-first-served-Verfahren an. Es ist auch ohne Vorhandensein der Infrastruktur eines Übertragungsnetzbetreibers leicht zu implementieren und auch bei der Zweitvergabe durch Übertragungsnetzbetreiber im Rahmen des Sekundärmarktes als zulässige Methode einzustufen, da es die im Sekundärmarkt einzuhaltenden Kriterien der Transparenz, Nichtdiskriminierung, Versorgungssicherheit und Verhältnismäßigkeit erfüllt.

- Beim Grandfathering werden Altverträge prioritär behandelt. Es dient nicht unbedingt der Versorgungssicherheit, da wiederum nicht derjenige Marktteilnehmer die Kapazitäten erhält, der sie auch am effizientesten nutzt. Außerdem werden neue Marktteilnehmer diskriminiert, da denjenigen Marktteilnehmer, mit denen der Grenzkuppelstellenbetreiber bereits in der Vergangenheit kontrahiert hat, zuerst Prioritäten zugeteilt werden. Es kann zwar ausreichend transparent ausgestaltet werden, sendet aber keine wirksamen wirtschaftlichen Signale aus. Auch beim Grandfathering erfolgt eine Benachteiligung neuer Marktteilnehmer. Dementsprechend sah die Kommission bereits im Jahr 2006 darin eine Behinderung des Wettbewerbs und erwog Maßnahmen gegen die Verwendung der „Grandfathering"-Methode einzuleiten (entweder nach Wettbewerbsrecht oder aber nach der StromHVO a.F.).[436]
- Bei der Kapazitätenvergabe im Rahmen einer Lotterie werden die Kapazitäten an diejenigen Marktteilnehmer verlost, die sich zuvor zu dieser angemeldet haben. Dieses Verfahren ist zwar transparent und diskriminierungsfrei, da theoretisch jeder Marktteilnehmer daran teilnehmen kann, dient aber wiederum nicht der Versorgungssicherheit, da bei Lotterien in keiner Weise darauf geachtet wird, dass die Kapazitäten auch effizient genutzt werden. Zudem können die Kapazitäten nicht zeitlich versetzt, sondern nur gleichzeitig während der Durchführung der Lotterie vergeben werden. Außerdem sendet die Vergabe

436 Siehe u.a. Kommission, Pressemitteilung vom 16.02.2006, IP/06/174.

nach dem Lotterieprinzip keine wirksamen wirtschaftlichen Signale aus und erschwert zudem die Koordinierung der Übertragungsnetzbetreiber untereinander, da die Vergabe rein nach dem Zufallsprinzip erfolgt. Auch für den Sekundärmarkt ist die Vergabe durch Lotterien nicht geeignet, da Lotterien in den besonders schnelllebigen Sekundärmarkt einerseits nur schwer zu implementieren sind, andererseits für Marktteilnehmer, die ihre Kapazitäten im Rahmen des lose-it-or-sell-it Verfahrens abgeben nicht praktikabel sind. Die Wahrscheinlichkeit, dass Marktteilnehmer Lotterien anstelle des first-come-first-served-Verfahrens wählen könnten, um nichtgenutzte Kapazitäten an den Markt zurückzugeben, ist aber ohnehin eher gering einzuschätzen, da sich die Erlöse nicht an der Nachfrage orientieren.

- Im Rahmen der Retention werden zunächst Altverträge, die vor der Liberalisierung im Jahr 1996 geschlossen werden, prioritär bedient. Bereits im Jahr 2005 hat der EuGH entschieden, dass die bevorzugte Kapazitätenreservierung an Grenzkuppelstellen für die Erfüllung von vor der Liberalisierung geschlossen Lieferverträgen gegen das Diskriminierungsverbot der Elektrizitätsrichtlinie 96/92/EG verstößt (sog. VEMV-Urteil).[437] Das Diskriminierungsverbot im Rahmen der StromHVO ist eine Weiterentwicklung aus dem ersten Binnenmarktpaket, zu dem die Elektrizitätsrichtlinie 96/92/EG gehörte. Die im VEMV-Urteil getroffenen Entscheidungen sind auf die StromHVO zu übertragen, so dass die Anwendung der Retention folgerichtig auch gegen das Nichtdiskriminierungsgebot der StromHVO verstößt.[438] Zudem ist das Verfahren intransparent, da die gesamte historische Entwicklung des Handels an der betroffenen Grenzkuppelstelle keinesfalls ausreichend dargestellt werden kann ohne datenschutzrechtliche Belange der beteiligten Unternehmen zu verletzen. Die Vergabe orientiert sich nicht ausreichend am Prinzip von Angebot und Nachfrage und sendet in der Folge keine wirksamen wirtschaftlichen Signale aus. Auch im Rahmen des Sekundärmarkts ist die Retention nicht anwendbar wegen des dort ebenfalls geltenden Prinzips der Diskriminierungsfreiheit. Der Kreis der potentiellen Marktteilnehmer, die dann noch

---

437 EuGH C-17/03, Slg. 2005, S. I-4983 – VEMV; siehe zum Urteil auch: Jones, EU Energy Law, Volume 1, 2. Aufl., Rn. 3.34 sowie Talus, Journal of Energy & Resources Law 2006, 39, 39ff mwN.

438 Die Reichweite des VEMV-Urteils wurde zwar bislang noch nicht abschließend geklärt, es wird jedoch mehrheitlich davon ausgegangen, dass nach Erlass alle bestätigten Kapazitätsbuchungen hätten zurückgegeben und neu vergeben werden müssen, siehe hierzu ausführlich Kühling/Pisal, RdE 6/2010, 161, 168.

am Sekundärmarkt auftreten könnten, wäre stark eingeschränkt. Für neue Marktteilnehmer bestünde keine Teilnahmemöglichkeit. Zudem ist aus der Sicht derjenigen Marktteilnehmer, die nichtgenutzte Kapazitäten im Rahmen des „use-it-or-sell-it“ Verfahrens direkt weitervergeben, die Retention nicht implementierbar, da diese in der Regel überhaupt nicht über die notwendigen historischen Informationen verfügen.

- Bei der Kapazitätenvergabe unter Zuhilfenahme des Pro-Rata-Verfahrens geben alle interessierten Marktteilnehmer zunächst ein Gebot ab und werden anschließend prozentual mit Kapazitäten bedient. Dieses Verfahren ist zwar transparent, nichtdiskriminierend und auch nicht-transaktionsbezogen, da keine Unterschiede zwischen den einzelnen Verträgen gemacht werden. Seine Anwendung verleitet aber dazu, dass die Marktteilnehmer von vornehereín einen höheren Anteil buchen, als sie tatsächlich benötigen, um bei der Zuteilung prozentual den Anteil zu erhalten, den sie brauchen, um ihre Handelsgeschäfte tätigen zu können. In der Folge werden keine wirksamen wirtschaftlichen Signale ausgesandt und die Versorgungssicherheit wird auch nicht in gleicher Art und Weise gesichert, da eine erhöhte Gefahr für den Verfall von Kapazitäten besteht. Anders sieht es hinsichtlich des Sekundärmarktes aus: Ebenso wie das „first-come-first-served“-Verfahren ist das Pro-Rata-Verfahren leicht zu implementieren und stellt eine veritable Alternative zu diesem dar.
- Im Rahmen des „Long-before-short“-Verfahrens werden Kapazitätsanfragen je nach Vertragsdauer gestaffelt. Interessenten langfristiger Kapazitäten erhalten den Zuschlag vor den Nachfragern kurzfristiger Kapazitäten. Dieses Verfahren ist ebenso wie die Retention grundsätzlich unzulässig, da neue und kleine Marktteilnehmer, die eher kurzfristig handeln, diskriminiert werden. Transparenz ist nur eingeschränkt möglich, da hierfür die einzelnen Verträge offengelegt werden müssten. Zudem widerspricht es dem Grundgedanken der Liberalisierung des Elektrizitätsbinnenmarkts, wonach Langzeitverträge eben gerade nicht gefördert, sondern möglichst eingeschränkt werden sollen, um den freien Wettbewerb zu fördern. Es gibt zwar Überlegungen, langfristige Verträge vermehrt zuzulassen, um Investitionen an Grenzkuppelstellen zu fördern.[439] Jedoch werden solche Anreize erst nach einer Anpassung der StromHVO möglich sein. Derzeit verstoßen langfristige Verträge gegen regulatorische Vorgaben. Ausnahmen sind nicht vorgesehen.

439 So beispielsweise Glachant/Grant/Hafner/de Jong, Towards a Smart EU Energy Policy, S. 10.

3.5.3 Marktbasierte Verfahren

Im Gegensatz zu quantitativen Verfahren orientieren sich marktbasierte Verfahren am tatsächlichen Marktgeschehen. Unterschieden wird grundsätzlich zwischen expliziten und impliziten Auktionen, wobei implizite Auktionen weiterentwickelt werden können zu Market Coupling oder Market Splitting. Allen Verfahren ist gemein, dass die Kapazitäten via Auktionsverfahren vergeben werden.

Marktbasierte Verfahren sind grundsätzlich mit dem Prinzip der Versorgungssicherheit vereinbar. Zwar besteht bei expliziten Auktionen aufgrund der Trennung von Kapazitätsrechten und Handelsgeschäften eine gewisse Gefahr, dass Kapazitäten nicht genutzt werden, falls das notwendige Stromhandelsgeschäft doch nicht zustande kam.[440] Jedoch besteht dieses Risiko genauso bei allen quantitativen Verfahren. Allein implizite Auktionen beugen dem durch die Kopplung von Kapazitätsrechten mit den Stromhandelsgeschäften vor. Außerdem wird das Risiko durch die Vorgaben des „use-it-or-lose-it" und des „use-it-or-sell-it" ohnehin reduziert.

Eine Gefährdung der Versorgungssicherheit kann auch bei impliziten Auktionen nicht komplett ausgeschlossen werden. Ihre Implementierung ist wesentlich komplizierter, vor allem in der Ausprägung des Market Coupling oder des Market Splitting, als bei allen anderen Kapazitätenvergabeverfahren. Je komplizierter die Implementierung, desto größer ist auch die Fehlerwahrscheinlichkeit. Auf der anderen Seite fördert vor allem das Market Coupling die Versorgungssicherheit, da sich die Kapazitätenvergabe über mehrere nationale Märkte hinweg an Angebot und Nachfrage nicht nur der Kapazitäten, sondern auch der Stromhandelsgeschäfte orientiert. Zudem werden im Rahmen von impliziten Auktionen in der Regel alle ersteigerten Kapazitäten auch genutzt, jedenfalls solange eine Preisdifferenz zwischen den Mitgliedstaaten zu verzeichnen ist. Außerdem ist ein vollständiges Saldieren entgegenlaufender Stromflüsse möglich.[441]

Die Vorgaben zur Transparenz sind grundsätzlich bei allen Auktionsverfahren einhaltbar. Zudem erfolgt die Vergabe – solange die Auktionen für alle Marktteilnehmer offen sind – diskriminierungsfrei und nichttransaktionsgebunden. Eine Unterscheidung, losgelöst vom abgegebenen Angebot, findet bei Auktionen eben

---

440 Aufgrund der Tatsache, dass explizite Auktionen an der deutsch-niederländischen Grenze zeitlich vor dem Börsenclearing der beteiligten Strombörsen EEX und APX erfolgten, wurden beispielsweise im Jahr 2004 bei 40 % der beobachteten Stunden Kapazitäten für Transfers nach Deutschland reserviert, obwohl die Preise in Deutschland höher lagen, vgl. BTDrs 16/3346 vom 8.11.2006.

441 Wawer, ZfE 2/2009, 91, 95.

gerade nicht statt. Zudem sind sowohl implizite als auch explizite Auktionen Musterbeispiele für die Vergabe nach marktorientierten Gesichtspunkten[442], da die Vergabe bei Auktionen ausschließlich durch Angebot und Nachfrage determiniert wird, was in der Folge zum Aussenden wirksamer wirtschaftlicher Signale führt. Insoweit ist auch der Verhältnismäßigkeitsgrundsatz eingehalten. Sind die Auktionsverfahren ausreichend implementiert, ist davon auszugehen, dass nur derjenige auf Kapazitäten bietet, der sie auch tatsächlich zu nutzen gedenkt und derjenige den Zuschlag erhalten wird, diese Kapazitäten auch am effizientesten Nutzen wird. Schließlich hat er auch den höchsten Preis bezahlt. Die Koordinierung der Grenzkuppelstellenbetreiber kann im Rahmen der Kapazitätenvergabe durch Auktionen erfolgen und ist im Rahmen des Market Coupling sogar Systemvoraussetzung, da Grenzkuppelstellenbetreiber koordiniert zusammenarbeiten müssen.[443]

Durch die Trennung von Kapazitäts- und Energiemarkt sind explizite Auktionen leichter zu implementieren und erfordern einen geringeren Organisationsaufwand als implizite Auktionen und vor allem als das Market Coupling.[444] Positiv hervorzustellen ist bei expliziten Auktionen, dass sie keine hohen Anforderungen an die Harmonisierung der regionalen Energiemärkte stellen. Nachteilig ist auf der anderen Seite, dass sie dominanten Marktteilnehmern die Möglichkeit bieten, durch Ausnutzen ihrer Marktmacht Einfluss auf die Energiepreise zu nehmen, indem sie ihr Verhalten am Sportmarkt vom jeweiligen Auktionsergebnis im Markt für Übertragungsrechte abhängig machen.[445] Auf der anderen Seite gewähren explizite Auktionen nicht im gleichen Maße wie implizite Auktionen die bestmögliche Ausnutzung der Netze und sorgen auch nicht in gleicher Art und Weise für einen fairen Preis.[446]

Nachteilig an expliziten Auktionen ist zudem, dass in der Praxis die an den Grenzkuppelstellen erzielten Erlöse häufig von den tatsächlich vorliegenden Preisdifferenzen (die im Rahmen von impliziten Auktionen das Entgelt bestimmen) abweichen. Im Rahmen expliziter Auktionen erfolgt eine optimale Preisbildung nur zufällig.[447] Dies resultiert daraus, dass die Vergabe von Kapazitäten

442 Im Rahmen von Auktionen erfolgt die Vergabe „per definitionem" marktorientiert, Pritzsche/Stephan/Pooschke, RdE 2/2007, 36, 40.

443 Zur Funktionsweise des Market Coupling siehe ausführlich, S. 34ff.

444 Knops/de Vries/Hakfoort, JoNI 2001, 311, 331.

445 Zimmer/Eckenroth/Feldmann/Jones/Elms/Riechmann/Schlecht/Cremer/Haubrich, ET 2004, 786, 787.

446 Neus/Haubrich/Moser, ET 2004, 387, 388.

447 Zudem ist nach Abschluss expliziter Auktionen keine Saldierung mehr möglich. Werden bei Auktionen Kapazitäten in beide Richtungen einer Grenzkuppelstelle

unabhängig und regelmäßig mit teilweise erheblichem zeitlichem Vorlauf zu den Handelsgeschäften an den Spotmärkten der Strombörsen erfolgt. Das zeitliche Auseinanderfallen kann zu einer ineffizienten Nutzung der vorhandenen Kapazitäten führen, da erst das Ergebnis des Stromhandels die Grundlage der tatsächlichen Nutzung der Transportrechte bildet. Dadurch kommt es nicht selten zu suboptimalen volkswirtschaftlichen Ergebnissen.[448]

Dennoch halten sowohl die expliziten als auch die impliziten Auktionen und damit auch das Market Coupling sowie das Market Splitting alle im Rahmen der StromHVO implizit und explizit statuierten Vorgaben ein. Die Leitlinien gehen in Punkt 2.1 sogar so weit, dass die Kapazitätenvergabe ausschließlich durch Auktionen erfolgen soll. Dass diese bereits 2006 in den Leitlinien statuierte Vorgabe nicht in die novellierte StromHVO selbst eingeflossen ist zeigt jedoch, dass dies nicht ganz so ausschließlich gesehen werden sollte. Der Gesetzgeber sieht grundsätzlich implizite Auktionen als mittelfristig beste Methode an. Langfristig soll das Prinzip des Market Coupling implementiert werden. Art. 12 Abs. 2 StromHVO verpflichtet die Übertragungsnetzbetreiber, die koordinierte Vergabe grenzüberschreitender Kapazitäten durch nichtdiskriminierende marktorientierte Lösungen zu fördern. Dabei sollen die spezifischen Vorteile impliziter Auktionen für die kurzfristige Vergabe gebührend berücksichtigt werden. Dies zeigt, dass der Gesetzgeber grundsätzlich die Kopplung mehrerer nationaler Märkte wünscht und vor allem kurzfristige Vergabeverfahren durch implizite Auktionen durchgeführt sehen möchte. Der Gesetzgeber hat erkannt, dass die Umsetzung von impliziten Auktionen, vor allem des Market Coupling, noch nicht weit genug fortgeschritten ist und die Implementierung noch dauern wird. Bislang sind die tatsächlichen Gegebenheiten noch nicht so weit, dass Market Coupling und implizite Auktionen flächendeckend implementiert werden können. Erst bei Vorliegen der Systemvoraussetzungen wird es möglich sein, auch kurzfristig implizite Auktionen durchzuführen.

Dies hat sich beispielsweise bei Implementierung impliziter Auktionen am Kontek-Kabel gezeigt: selbst nach dreimaliger Anpassung weist das dort verwendete Verfahren noch immer Defizite auf.[449] Dementsprechend gab es bereits

---

versteigert, können diese nachträglich nicht mehr gegeneinander aufgerechnet werden, siehe Wawer, ZfE 2/2009, 91, 94.

448 Bundeskartellamt, Sektorenuntersuchung Stromerzeugung Stromgroßhandel vom 13.1.2011, S. 241.

449 Siehe hierzu ausführlich Meeus, Implicit Auctioning on the Kontek Cable, Robert Schuhmann Centre for Advanced Studies, 2010.

im Vorfeld zum Erlass der StromHVO a.F. Vorschläge die Auktionen zwar als gewünschte Vergabeform gesetzlich vorzusehen, jedoch Ausnahmen von diesem Prinzip zuzulassen, solange und soweit Grenzkuppelstellenbetreiber die Notwendigkeit der Ausnahme schriftlich begründeten.[450] Punkt 2.8 der Leitlinien schreibt deshalb vor, dass nur in Regionen, in denen Terminstrommärkte gut entwickelt sind und sich als effizient erwiesen haben, die gesamte Verbindungskapazität via impliziter Auktionen vergeben werden darf. Da durch eine verfrühte Einführung von europaweiten impliziten Auktionen insbesondere die Versorgungssicherheit gefährdet werden könnte ist dies sachgerecht. Eine fehlerhafte Kapazitätenvergabe gerade im Rahmen des Market Coupling hätte weitgehende Folgen. Dementsprechend erlaubt Punkt 2.1 Satz 3 der Leitlinien, dass an ein und derselben Grenzkuppelstelle explizite und implizite Auktionen nebeneinander zulässig sein sollen. Diese Vorgabe soll den Grenzkuppelstellenbetreibern ausreichend Möglichkeiten geben, über den Zwischenschritt der teilweisen Vergabe über implizite Auktionen das Market Coupling zu implementieren.

3.5.4 Zwischenergebnis

Bei den präventiv anzuwendenden Maßnahmen, namentlich der Maximierung durch Überlagerung und Aufrechnung, dem koordinierten Redispatching und dem Countertrading, gelten grundsätzlich auch die Vorgaben der StromHVO. Diese müssen vorab immer der Versorgungssicherheit dienen. Grenzkuppelstellenbetreiber müssen transparent allen potentiellen Marktteilnehmern offen legen, unter welchen Umständen sie welche präventiven Maßnahmen anwenden. Die vorgenommenen Maßnahmen müssen im Nachhinein rechnerisch nachvollziehbar sein. Dies setzt voraus, dass eine detaillierte Datenlage veröffentlicht wird. Dies gilt insbesondere im Rahmen des Countertrading aufgrund der durch die Übertragungsnetzbetreiber selbst verursachten gegensätzlichen Handelsströme. Dieser Verstoß gegen die Entflechtungsvorgaben ist nur zulässig, soweit ein Engpass dadurch vermieden oder aufgelöst und die Maßnahme im Nachhinein transparent und detailliert dargestellt wurde. Nur eingeschränkt zu beachten ist im Rahmen der präventiven Maßnahmen das Gebot der Marktorientierung. Da durch die präventiven Maßnahmen jedoch kurzfristig Engpässe verhindert werden können, ist dieser Verstoß gegen die Vorgaben der StromHVO verhältnismäßig, da weitere Schäden, die bei Entstehung eines Engpasses auftreten könnten, verhindert werden.

450 Hancher, JoNI 1/2000, 127, 142.

Im Rahmen der quantitativen Verfahren verstoßen namentlich der Eigentümervorrang, die Lotterien, die Retention, das Grandfathering, das served-today-served-tomorrow-Verfahren und das long-before-short-Verfahren gegen die Vorgaben der StromHVO. Eine Rechtfertigung ist nicht möglich. Dies gilt zwar in eingeschränktem Maße auch für das Pro-Rata-Verfahren und das first-come-first-served-Verfahren, jedoch sind diese zumindest im Rahmen des Sekundärmarktes zulässig. Das first-come-first-served Verfahren ist aufgrund seiner einfachen und schnellen Implementierbarkeit zudem bei besonders kurzfristigen Engpässen auch im Rahmen des Primärmarktes anwendbar.

Die marktbasierten Verfahren, also explizite und implizite Auktionen sowie das Market Coupling und das Market Splitting als Hauptanwendungsfälle in der Praxis, sind grundsätzlich mit den Vorgaben der StromHVO vereinbar. Allerdings hat der Gesetzgeber erkannt, dass implizite Auktionen und in noch stärkerem Maße das Market Coupling aufgrund ihrer Komplexität nicht kurzfristig implementierbar sind. Dementsprechend ist es an ein und derselben Grenzkuppelstelle zulässig, mehrere Kapazitätenvergabeverfahren nebeneinander anzuwenden.

3.6 Ergebnis regulatorische Beurteilung der Kapazitätenvergabe

Die Rolle der Kapazitätenvergabe an Grenzkuppelstellen aus regulatorischer Sicht ist vor allem anhand der StromHVO, insbesondere Art. 16, und ihrer Leitlinien zu beurteilen. Zu deren Auslegung sind zudem die von ACER im Juli 2011 erlassenen CACM-Leitlinien sowie die von ENTSO-E noch zu entwickelnden Netzkodizes (i.S.v. Art. 8 Abs. 1 i.V.m. Abs. 6 lit. g) StromHVO) heranzuziehen. Diese Vorgaben sind von dem Grenzkuppelstellenbetreibern auch schon vor Vorliegen eines Engpasses einzuhalten.

Grundsätzlich besteht an Grenzkuppelstellen Kontrahierungszwang. Grenzkuppelstellenbetreiber dürfen Transaktionen nur in Notfällen einschränken und auch nur dann, wenn ein Engpass nicht durch koordiniertes Redispatching oder Countertrading aufgelöst werden kann. Eine Einschränkung rein aus finanziellen Erwägungen ist unzulässig. Zudem sind Marktteilnehmer für die Einschränkung gebuchter Kapazitäten, abgesehen von Fällen höherer Gewalt, monetär zu entschädigen. Hinweise dazu, wann höhere Gewalt vorliegt, liefert die CACM-Richtlinie.

Obwohl die Berechnung der Kapazitäten in der StromHVO nicht explizit geregelt wird, so wird sie mittelbar dennoch von dieser erfasst. Grenzkuppelstellenbetreiber sind dazu verpflichtet, ein allgemeines Modell für die Berechnung der Kapazitäten an Grenzkuppelstellen zu entwickeln. Da die CACM-Richtlinien bereits zum jetzigen Zeitpunkt die Anwendung lastflussbasierter Berechnungsmethoden favorisieren und die sog. ATC-Methode nachrangig als zweitbeste Lösung vorschlagen, ist davon auszugehen, dass diese Vorgaben bei der nächsten Novellierung der Leitlinien in die StromHVO aufgenommen werden.

Hinsichtlich der Kapazitätenvergabe selbst macht die StromHVO detaillierte Vorgaben, die Verwendung konkreter Methoden wird jedoch nicht vorgeschrieben. Unabhängig davon, welche Methode die Grenzkuppelstellenbetreiber anwenden, muss ihr Vorgehen immer der Versorgungssicherheit dienen und transparent sein. Daneben sollten die Kapazitäten mittels nichtdiskriminierender, marktorientierter und nichttransaktionsbezogener Maßnahmen vergeben werden. Zudem sind Grenzkuppelstellenbetreiber verpflichtet, sich im Rahmen der Kapazitätenvergabe untereinander zu koordinieren.

Konkret verstoßen einige der quantitativen Verfahren gegen die Vorgaben der StromHVO, namentlich der Eigentümervorrang, die Lotterien, die Retention und das long-before-short-Verfahren. Dies gilt zwar in eingeschränktem Maße auch für das Pro-Rata-Verfahren und das first-come-first-served-Verfahren, jedoch sind diese zumindest im Rahmen des Sekundärmarktes zulässig. Das first-come-first-served-Verfahren ist aufgrund seiner einfachen und schnellen Implementierbarkeit bei besonders kurzfristigen Engpässen auch im Rahmen des Primärmarktes anwendbar. Marktbasierte Verfahren, also explizite und implizite Auktionen und das Market Coupling sowie das Market Splitting, sind grundsätzlich mit den Vorgaben der StromHVO vereinbar.

Der Sekundärmarkt wird in der StromHVO nicht ausdrücklich geregelt. Jedoch wird vorgeschrieben, dass Kapazitäten, deren Nutzung nicht mehr geplant ist, an den Markt zurückfallen sollen. Zwei Varianten sind möglich: Zum einen das use-it-or-lose-it-Verfahren, bei dem die Kapazitäten an den jeweiligen Grenzkuppelstellenbetreiber zurückfallen, zum anderen das use-it-or-sell-it-Verfahren, bei dem die Kapazitäten direkt vom jeweiligen Kapazitäteninhaber an andere Marktteilnehmer weitergegeben werden. Innerhalb des Sekundärmarktes sind die Vorgaben der StromHVO in abgeschwächter Form anwendbar. Aufgrund ihrer einfachen Implementierbarkeit sind hier – neben den marktbasierten Verfahren – das Pro Rata Verfahren und das first-come-first-served-Verfahren zulässig.

4 Die Rolle der Grenzkuppelstellen aus wettbewerbsrechtlicher Sicht

4.1 Problemaufriss

Die Grenzkuppelstellen sind die einzige Möglichkeit, die nationalen Elektrizitätsmärkte physisch miteinander zu verbinden, um so einen europaweiten Elektrizitätsbinnenmarkt zu schaffen. Durch die über sie stattfindenden Importe und Exporte wird tatsächlicher Wettbewerb zu den nationalen Erzeugern geschaffen, da über die Grenzkuppelstellen Strom in die nationalen Netze gelangen kann.[451] Marktmacht wird abgeschwächt und wettbewerbsbestimmte Preise entstehen.[452] Zudem führt der Stromtransfer über die Grenzkuppelstellen zu einem Angleichen der Strompreise in den einzelnen Mitgliedstaaten.

Nach wie vor bestehen innerhalb des europäischen Strommarktes große Wettbewerbsdefizite.[453] Die zugrunde liegenden Probleme sind vielfältig:

- Eines der Hauptprobleme für den mangelnden Wettbewerb im europäischen Strommarkt liegt in der außerordentlich hohen Konzentration auf der Erzeugungsstufe.[454] In der Bundesrepublik Deutschland liegt die Kontrolle fast der gesamten Erzeugungskapazität in der Hand von nur vier Unternehmen.[455] Diese

451 Nyssens/Koppenfels, in: Säcker (Hrsg.), Berliner Kommentar zum Energierecht, Art. 101, VI. Rn. 80 mwN.

452 Kommission, KOM(2009) 115 vom 11.03.2009, S. 4.

453 Haucap, Strom und Gas 2009: Energiemärkte im Spannungsfeld von Politik und Wettbewerb, Workshop zum Energierecht FU Berlin, 5. Oktober 2009; Vgl. hierzu noch immer geltend: Säcker/Boesche, BB 2001, 2329, 2334.

454 Diese Ansicht wird vom Europäischen Parlament geteilt; es schlägt darüber hinaus vor, weitergehende Regulierungsmaßnahmen zu etablieren und fordert die Kommission dazu auf, weitere Schritte zu unternehmen, um gegen diese erhöhte Konzentration am Markt vorzugehen und vor allem möglichen Missbrauch einer marktbeherrschenden Stellung zu unterbinden, vgl. Europäisches Parlament, Aussichten für den Erdgas- und Elektrizitätsbinnenmarkt, 10.07.2007, A6-0249/2007, Punkt 51.

455 Auf die vier großen Energieunternehmen RWE, Vattenfall, E.ON und EnBW entfallen zwar nicht die oft behaupteten 90 %, sondern „nur“ etwa 80 % der gesamten Stromerzeugung, es besteht dennoch nach wie vor eine hohe Marktkonzentration. Siehe hierzu Becker/Zapfe, ZWeR 4/2007, 419, 421; Schmitt, Wirtschaftsdienst 2006, 719,

hohe Konzentration gibt den Erzeugern naturgemäß ein hohes Maß an Marktmacht.[456] Kraftwerksneubauprojekte gerade der großen Energieversorgungsunternehmen entfalten nur wenig wettbewerbliche Wirkung, da es sich entweder um Ersatzinvestitionen oder aber um Ausbau der Marktmacht durch Kapazitätserweiterungen handelt.[457]

- Der Wettbewerb wird außerdem durch die Verfügungsgewalt der etablierten Versorger über die Netze behindert.[458] Die Kommission hat durchgängig festgestellt, dass in Bezug auf den Betrieb und das Management der Höchstspannungsnetze diese Aktivitäten natürliche Monopole[459] darstellen und dass auf dieser Ebene kein nennenswerter Wettbewerb stattfindet,[460] sich die natürlichen Monopole also nachteilig auf den Wettbewerb auswirken.[461] Aufgrund ihrer Eigenschaft als natürliche Monopole ist es volkswirtschaftlich nicht sinnvoll, parallele Netze zu bauen.[462] Hinzu kommen die hohen Investitionskosten. Die Erfahrungen aus dem Telekommunikationsbereich zeigen jedoch, dass es trotz eines natürlichen Monopols im Netz zu wirksamen Wettbewerb zwischen verschiedenen Anbietern kommen kann.[463]
- In der Diskussion um einen vollständig geöffneten Binnenmarkt für Elektrizität werden immer wieder nationale unterschiedliche Standards (Genehmigungsauflagen, Umweltstandards, Sicherheitsvorschriften) angeführt. Die Beschleunigungsrichtlinie für Elektrizität[464] wurde in den verschiedenen Mitgliedstaaten zum Teil sehr unterschiedlich umgesetzt. Diese Unterschiede zwischen den

---

720; Mundt, in: Frankfurter Allgemeine Zeitung vom 17.09.2010, Kartellamt fordert ein Umsteuern in der Ökostromförderung.

456 Kommission, Sector Inquiry Preliminary Report – Executive Summary, 16.02.2006, S. 4.

457 Becker/Zapfe, ZWeR 4/2007, 419, 422.

458 So für den Gasmarkt: Becker/Zapfe, ZWeR 4/2007, 419, 423.

459 Netzindustrien (Telekommunikation, Eisenbahn, Strom, Gas, Wasser) sind typische Beispiele für natürliche Monopole: In einer Situation eines natürlichen Monopols kann ein einzelnes Unternehmen eine bestimmte Menge eines Gutes günstiger anbieten, als zwei oder mehr Unternehmen dies könnten (Subadditivität der Kostenfunktion); dies resultiert aus der sinkenden Durchschnittskostenkurve im relevanten Bereich des Outputs, Fritsch/Wein/Ewers, Marktversagen und Wirtschaftspolitik, S. 183ff., 188f.

460 Kommission, Comp/M.3440 – EDP/ENI/GDP, S. 8.

461 Kommission, XXXI. Bericht über die Wettbewerbspolitik 2001, 29.04.2002, SEK(2002) 462 endg., Rn. 97.

462 Schulenberg, Die Energiepolitik der Europäischen Union, S. 274.

463 Bardt, Regulierungen im Strommarkt, S. 30.

464 RL 2003/54/EG.

nationalen Strommärkten machen sich letztlich im Marktergebnis, vor allem bei den Preisen, bemerkbar.[465] Die Sektorenuntersuchung der Kommission machte deutlich, dass viele Marktteilnehmer nur bedingt auf für sie oftmals undurchsichtige Preisbildungsmechanismen vertrauen. Dies gilt auch für Grenzkuppelstellen und wird insbesondere dadurch hervorgerufen, dass in einigen Mitgliedstaaten die Preise staatlich festgelegt werden, in anderen aber nicht.[466] Auch wenn dies nicht im Widerspruch zu einem gemeinsamen Binnenmarkt steht schränken diese Unterschiede zwischen den regulatorischen Standards den Wettbewerb ein und führen zu Wettbewerbsverzerrungen.[467]

– Der europäische Strommarkt ist zudem nach wie vor von mangelnder Transparenz geprägt, was die Investitionsrisiken der Marktteilnehmer erhöht. Laut der im Rahmen der Sektorenuntersuchung durchgeführten Umfrage der Kommission sind mehr als 80 % der Marktteilnehmer unzufrieden mit der derzeitig vorherrschenden Transparenz und würden sich striktere Transparenz-Vorschriften wünschen. Insbesondere Informationen zu vorhandenen Kapazitäten an Grenzkuppelstellen und innerhalb der Übertragungsnetze, zur Erzeugung, zu Ausgleichs- und Regelenergie sowie zur elektrischen Spannung sollten in höherem Maße öffentlich bereitgestellt werden.[468]

Die Marktstruktur wird nicht nur von inländischen Erzeugern bestimmt, sondern auch von den mit ihnen konkurrierenden Importeuren, die über Grenzkuppelstellen direkt in das Höchstspannungsübertragungsnetz einspeisen. Die Kopplung der verschiedenen nationalen Netze kann sich preisdämpfend für die Verbraucher auswirken.[469] Laut Bundeskartellamt werden Stromimporte mit dem Ausbau der Grenzkuppelstellen, der Weiterentwicklung des Engpassmanagements und verbesserten Auktionsverfahren voraussichtlich immer wichtiger werden.[470] Auch nach Ansicht der Kommission spielen Grenzkuppelstellen

465 Bardt, Regulierungen im Strommarkt, S. 36f.

466 Kommission, Sector Inquiry Preliminary Report – Executive Summary, 16.02.2006, S. 5.

467 Eiß, Die Ordnung des Elektrizitätsmarktes in der Europäischen Gemeinschaft, S. 45f.

468 Kommission, DG Competition Report on Energy Sector Inquiry, 10. Januar 2007, Rn. 564ff; Kommission, Sector Inquiry Preliminary Report – Executive Summary, 16.02.2006, S. 4f.

469 Dies ist z.B. bei einer Kopplung des deutschen Übertragungsnetzes an die günstigen Strommärkte des Nordpool-Verbundes der Fall, siehe Financial Times Deutschland vom 10. November 2010: „Grenzüberschreitende Versorgung".

470 BKartA, Sektorenuntersuchung Stromerzeugung Stromgroßhandel vom 13.01.2011, S. 75.

aus wettbewerbspolitischer Sicht eine große Rolle.[471] Besonders in Ländern, in denen der Markt der Stromversorgung besonders konzentriert ist, kann Wettbewerbsdruck nur von außen über Grenzkuppelstellen ausgeübt werden.[472] Ohne funktionierenden Wettbewerb an den Grenzkuppelstellen kann der nationale Wettbewerb durch Importe nicht beeinflusst werden. Importe spielen, wie bereits oben[473] dargestellt, bislang aber keine nennenswerte Rolle;[474] insbesondere die Bundesrepublik Deutschland fungierte in den letzten Jahren nahezu ausschließlich als Netto-Exporteur.[475] Ein wirklich grenzüberschreitender Wettbewerb kann sich nur einstellen, wenn der Strom von einem Teil Europas in den anderen gelangen kann.[476] Wie das Beispiel Svenska Kraftnät[477] gezeigt hat, kann nicht nur durch Import, sondern auch durch Export der europaweite Wettbewerb beeinträchtigt werden.

Einschränkungen an einer Grenzkuppelstelle führen zudem nicht nur zu Veränderungen im Wettbewerb in dem Land, das den Import verhindert, sondern führt auch zu Preisveränderungen im exportwilligen Land sowie abgeschwächt im gesamten Binnenmarkt. Der grenzüberschreitende Stromhandel war und ist noch immer nicht ausreichend, um entscheidenden Einfluss auf die Preispolitik der nationalen Erzeuger auszuüben und so ihre monopolartigen Strukturen abzubauen. In ihrer Sektorenuntersuchung stellte die Kommission fest, dass eine wirkliche Marktintegration nur durch Ausbau der bislang unzureichenden grenzüberschreitenden Kapazitäten erreicht werden kann.[478] Auf andere Art und Weise wird diese „Marktenge“ wohl nicht zu überwinden sein.[479] Sie könnte jedoch durch eine konsequente und optimierte Vergabe aller vorhandenen Kapazitäten erheblich abgemildert werden. Grundsätzlich ist also eine Optimierung und Spezifizierung der

---

471 Kommission, XXXI. Bericht über die Wettbewerbspolitik 2001, 29.04.2002, SEK(2002) 462 endg. Rn. 97; Kommission, Erhöhter Spielraum für Wettbewerb bei Stromeinfuhren in Nordeuropa, Pressemitteilung IP/01/30 vom 11.01.2001.

472 Siehe hierzu schon Kommission, MEMO/01/76.

473 Siehe dazu oben, Kapitel 2.

474 Vgl. auch BKartA, Bericht des Bundeskartellamtes über seine Tätigkeit in den Jahren 2005/2006 sowie über die Lage und Entwicklung auf seinem Aufgabengebiet, BT-Drucks. 16/5710, S. 126.

475 BNetzA, Monitoringbericht 2007, S. 61.

476 Kaiser, Verordnete Regulierung, S. 57.

477 Vgl. hierzu unten S. 169ff.

478 Kommission, Sector Inquiry Preliminary Report – Executive Summary, 16.02.2006, S. 4.

479 Schmitt, Wirtschaftsdienst 2006, 719, 721.

Vergabemethoden notwendig, um diskriminierungsfreien Zugang gewährleisten zu können.[480]

Die Kapazitätenvergabe an den Grenzkuppelstellen führt bereits seit längerem zu Problemen in folgenden Bereichen:[481]

- Anteil der kontrahierten Kapazität im Vergleich zur verfügbaren Gesamtkapazität an den Grenzkuppelstellen (vertragliche Engpässe),
- Ausmaß, in dem die freie Kapazität für einzelne oder bestimmte mehrere Personen/Gesellschaften reserviert wird,
- langfristige Reservierungen (Ausmaß und Dauer),
- physikalische Engpässe,
- Vielfalt der Zuteilungsverfahren, und
- Auswirkung von Kapazitätseinschränkungen auf die nationalen Versorgungsmärkte (insbesondere Verstärkung der monopolartigen Strukturen).

Dies führt zu einem Abschotten der nationalen Märkte, da Konkurrenten ohne Kapazitäten an den Grenzkuppelstellen keinen Marktzutritt erlangen können ohne selbst Erzeugungsanlagen zu bauen. Allein langfristige Reservierungen konnten in den letzten Jahren aufgrund des VEMV-Urteils[482] des EuGH wirksam eingeschränkt werden.

Wirklicher Wettbewerb ist jedoch nur möglich, wenn Chancengleichheit und vor allem auch Teilnahmefreiheit, d.h. diskriminierungsfreier Zugang gewährleistet werden. Markteintritt für neue Marktteilnehmer, nicht nur durch Bau neuer Kraftwerke, sondern auch durch Importe und Exporte, stellt für wirklichen Wettbewerb eine wesentliche Voraussetzung dar; schon potentieller Wettbewerb ist eine wirksame Begrenzung von Marktmacht.[483] Die traditionell in den Mitgliedstaaten gewachsenen Angebotsstrukturen werden sich nur aufgrund von Wettbewerb, der durch Import in die Staaten hineingetragen wird, auflösen können[484] oder zumindest aufgeweicht werden. Damit kommt den Grenzkuppelstellen nicht nur als physisches Verbindungsglied zwischen den nationalen Netzen, ohne die ein europäischer Elektrizitätsbinnenmarkt überhaupt nur möglich sein kann, große wettbewerbsrechtliche Bedeutung zu. Sie sind unabdingbar, um tatsächlichen Wettbewerb auf den nationalen Strommärkten mit ihren etablierten Erzeugern zu schaffen.

---

480 Kommission, Sector Inquiry Preliminary Report – Executive Summary, 16.02.2006, S. 4.

481 Schwintowski, in: Schwintowski (Hrsg.), Energierecht der Zukunft, 2001, 17, 40.

482 EuGH, Urteil vom 7. Juni 2005, C-17/03- Vereniging voor Energie/Mileu en Waters („VEMV").

483 vgl. Weber/Vogel, ET 4/2007, 20, 23.

484 Schwintowski, in: Schwintowski (Hrsg.), Energierecht der Zukunft, 2001, 17, 38f.

4.2 Rollenverteilung zwischen Regulierung und Kartellrechtsanwendung

Es könnte sich argumentieren lassen, dass die Regulierung der Kapazitätenvergabe an den Grenzkuppelstellen durch die StromHVO die Kartellrechtsanwendung ausschließen könnte. Schließlich kann ein Verhalten, das von den nationalen Regulierungsbehörden nach dem Regulierungsrecht gestattet wurde, nicht durch das Wettbewerbsrecht strafbewehrt oder verboten sein. Jedoch haben die Verfahren „Deutsche Telekom AG“[485] gezeigt, dass sogar Entscheidungen von sektorspezifischen Regulierungsbehörden sich durchaus als unvereinbar mit dem Wettbewerbsrecht erweisen können.[486] Regulierung und Kartellrechtsanwendung schließen sich demnach nicht aus.

Zwischen der Regulierung[487] und der Kartellrechtsanwendung bestehen Überschneidungen[488], jedoch weisen sie auch grundsätzliche Wesensunterschiede auf. So unterscheiden sich bereits die ihnen zu Grunde liegenden Prämissen sowie die mit ihnen verfolgten Intentionen. Während die Wettbewerbsaufsicht die Entstehung, Ausdehnung sowie auch den missbräuchlichen Einsatz von Marktmacht ahndet, versucht die Regulierung deren Abbau, vor allem durch Entscheidungen der Regulierungsbehörden und durch normative Vorgaben zu erreichen. Die Regulierung ist größtenteils eine ex ante Aufsicht, die vor allem im Rahmen von daseinsnotwendigen Dienstleistungen die Gewährleistungs- und Auffangverantwortung des Staates gewährleisten soll[489], während die Kartellbehörden Verstöße ex post ahnden.[490] Das Kartellrecht sieht eine Missbrauchskontrolle vor, sobald ein Unternehmen eine marktbeherrschende Rolle innehat. Das Regulierungsrecht macht dagegen Vorgaben, die zu einer gemeinwohlorientierten Ausrichtung der wirtschaftlichen Autonomie der Marktteilnehmer führen sollen.[491] Regulierung und Wettbewerbsaufsicht spielen unterschiedliche Rollen, die nur gemeinsam

485 Kommission, Comp/C-1/37.451, 37.578, 37.579 – Deutsche Telekom AG.

486 Siehe hierzu Dziadywicz, Journal of Energy & Natural Resources Law, Vol. 25, 2/2007, 114, 124f.

487 Zum Begriff der Regulierung siehe ausführlich Schebstadt, RdE 8/2004, 181, 184f.

488 Weiß, in: Baur/Salje/Schmidt-Preuß (Hrsg.), Regulierung in der Energiewirtschaft, Kapitel 11, Rn. 4.

489 Säcker, ZNER 2/2004, 98, 98.

490 Zwar können auch die Kartellbehörden ex ante tätig werden, so zum Beispiel in Bereichen des Preishöhenmissbrauchs, doch sind dies eher Einzelfälle, vgl. Heitzer, N&R 3/2007, 89.

491 Säcker, ZNER 2/2004, 98, 100.

die bestehenden Handelshemmnisse auf den Strommärkten aus dem Weg räumen können.[492]

Aus ökonomischer Sicht ist eine sektorspezifische Regulierung dann notwendig, wenn im Tätigkeitsbereich eines Unternehmens ein natürliches Monopol vorliegt und ein Markt überhaupt erst geschaffen werden muss.[493] Denn durch die Regulierung werden Markteintritte ermöglicht und wettbewerbliche Strukturen werden durch sie erst geschaffen. Eine funktionierende Wettbewerbsaufsicht ist jedoch unabdingbare Voraussetzung zur Offenhaltung liberalisierter Märkte. Sowohl die Monopolkommission als auch das Bundesministerium für Wirtschaft und Technologie vertreten die Ansicht, dass marktwirtschaftliche Strukturen im Zusammenspiel mit funktionierendem Wettbewerb notwendige Voraussetzung für wirtschaftliche und effiziente Energiebereitstellung und -nutzung sind. Die Regulierung der Netze und damit auch die Regulierung der Grenzkuppelstellen sind ebenso notwendig, um eine leistungsfähige Infrastruktur zu gewährleisten. Denn die kartellrechtliche Missbrauchskontrolle ist auf die Ahndung von Grenzfällen beschränkt. Es liegt dementsprechend eine wechselseitige Abhängigkeit zwischen Regulierung und Kartellrechtsanwendung vor. Nur bei wirksamer Wettbewerbsaufsicht kann die Liberalisierung erfolgreich sein. Umgekehrt können Maßnahmen der Wettbewerbsbehörden nur bei wirksamer Regulierung ihre komplette Wirkung entfalten.[494] Regulierung und Wettbewerb bedingen sich also gegenseitig: Im Energiebereich bedarf es sogar einer besonders detaillierten Regulierung damit echter Wettbewerb überhaupt entstehen kann.[495] Es besteht ein durch diesen komplementären Wirkmechanismus hervorgerufener „ganzheitlicher Lösungsansatz".[496] Die unterschiedlichen Strukturhindernisse für Wettbewerb im Stromsektor lassen erkennen, dass dieser nur gemeinsam mit effektiver Regulierung verwirklicht werden kann.[497]

Für die parallele Anwendbarkeit von Kartellrecht und Regulierungsrecht spricht auch das dritte Liberalisierungspaket der Kommission. So statuiert der fünfte Erwägungsgrund der RL 2009/72/EG die entscheidende Bedeutung der gesicherten Stromversorgung für die Förderung des Wettbewerbs auf dem Binnenmarkt.

---

492 Becker/Zapfe, ZWeR 4/2007, 419, 419ff.

493 Weigt/von Hirschhausen, ZNER 2007, 12, 12.

494 Becker/Zapfe, ZWeR 4/2007, 419, 426.

495 Kaiser, Verordnete Regulierung, S. 25.

496 Heitzer, N&R 2007, 89; vgl. auch Böge, WuW 2005, 1098, 1098, der eine Wettbewerbsbelebung in den leitungsgebundenen Energien Strom und Gas nur durch strikte Kartellrechtsanwendung in Verbindung mit reguliertem Netzzugang gewährleistet sieht.

497 Becker/Zapfe, ZWeR 4/2007, 419, 424.

Hierzu soll insbesondere der grenzüberschreitende Zugang begünstigt werden.[498] Nach Art. 37 Abs. 4 lit. b) RL 2009/72/EG erhalten die nationalen Regulierungsbehörden gegebenenfalls die Befugnis zur Zusammenarbeit mit den nationalen Wettbewerbsbehörden oder der Kommission bei der Durchführung einer wettbewerbsrechtlichen Untersuchung. Nach Art. 38 Abs. 2 lit. a) RL 2009/72/EG sollen die Regulierungsbehörden zumindest auf regionaler Ebene zusammenarbeiten, um die grenzüberschreitende Kapazitätenvergabe zu fördern,[499] damit sich ein effektiver Wettbewerb entwickeln kann. Abgesehen davon soll gerade die gemäß den Richtlinien und Verordnungen herbeizuführende Marktöffnung dazu führen, dass mit wachsendem Erfolg der Regulierung diese durch sich selbst überflüssig und ein Übergang zu einer bloßen Wettbewerbsaufsicht nach Art. 101, 102 AEUV möglich wird.[500] Auf der anderen Seite ist die Regulierung schon allein deshalb notwendig für effektiven Wettbewerb, da ohne sie Dritte durch diskriminierende Netzzugangsbedingungen oder prohibitiv hohe Netznutzungsentgelte am Zugang behindert werden. Gleiches gilt für die Kapazitätenvergabe an Grenzkuppelstellen.[501]

Die Kapazitätenvergabe an den Grenzkuppelstellen ist demnach nicht nur regulativ, sondern gleichzeitig auch wettbewerbsrechtlich zu beurteilen.[502] Dies gilt vor allem für den diskriminierungsfreien Drittzugang zu der Kapazitätenvergabe an den Grenzkuppelstellen als Teil der „essential facilities doctrine".[503] Solange die Märkte nicht vollständig offen sind, bestehen nach wie vor Hindernisse für den freien Wettbewerb.[504] Wettbewerb kann nur dann auf Dauer effektiv funktionieren, wenn die Netznutzung durch Dritte im Wettbewerb zu den Netzbetreibern um Kunden in deren Versorgungsbetrieb tatsächlich und wirtschaftlich vernünftig

498 Achter Erwägungsgrund RL 2009/72/EG.

499 Die deutsche Fassung der RL 2009/72/EG ist hier insofern missverständlich, als sie suggeriert, die Regulierungsbehörden sollten selbst grenzüberschreitende Kapazitäten vergeben. Aus dem Wortlaut der englischen Fassung ergibt sich jedoch eindeutig, dass die grenzüberschreitende Kapazitätenvergabe von den Regulierungsbehörden nur unterstützt werden soll („promote the allocation of cross-border capacity").

500 So bereits zu RL 2003/54/EG: Pernice, Soll das Recht der Regulierungsverwaltung übergreifend geregelt werden? Europarechtliche Aspekte, Referat anlässlich der Verhandlungen des Sechsundsechzigsten Deutschen Juristentages, 2006, S. O131.

501 BNetzA, Nationaler Berichtsbeitrag zum EU-Benchmarkbericht, August 2006, S. 78ff.

502 Kommission, MEMO/01/76 vom 12.03.2001.

503 Dziadywicz, Journal of Energy & Natural Resources Law, Vol. 25, 2/ 2007, 114, 114; vgl. hierzu ausführlich unten, S. 147.

504 Europäisches Parlament, Aussichten für den Erdgas- und Elektrizitätsbinnenmarkt, 10.07.2007, A6-0249/2007, Erwägungsgrund H.

funktioniert.[505] Der Wettbewerb um die Kunden beginnt jedoch nicht immer innerhalb eines Mitgliedstaates, indem ein Dritter Netzanschluss innerhalb des Mitgliedstaates begehrt. Sondern der Wettbewerb beginnt vorgeschaltet dazu auch schon dort, wo ein Mitbewerber via einer Grenzkuppelstelle Zugang zum fremden Höchstspannungsnetz und damit langfristig zum Kunden begehrt.

Nur das Zusammenspiel von Regulierungsrecht und kartellrechtlicher Überwachung kann zu einer effektiven Kapazitätenvergabe an den Grenzkuppelstellen führen. Durch die konsequente Einhaltung des Wettbewerbsrechts wird erreicht, dass die durch die Liberalisierung beseitigten staatlichen Barrieren nicht durch wettbewerbswidriges Verhalten der Marktteilnehmer ausgetauscht werden.[506] Die Kartellrechtsanwendung fungiert quasi als „Sicherheitsnetz" in den Fällen, in denen die Regulierungsanwendung sich als unzureichend erweisen sollte.[507] Notwendig ist außerdem das Zusammenspiel zwischen den mitgliedstaatlichen Regulierungsbehörden und der europäischen Kommission, um sowohl Regulierungsrecht als auch Kartellrecht an den Grenzkuppelstellen durchzusetzen.

4.3 Bisherige Praxis der wettbewerbsrechtlichen Beurteilung der Grenzkuppelstellen

Bereits seit den späten 1960er Jahren fordert die Kommission eine Liberalisierung der Energiemärkte, um den Wettbewerb zu erhöhen. Die europäische Liberalisierungspolitik im Energiebereich der vergangenen 15–20 Jahre war zwar erfolgreich im Hinblick auf die Abschaffung staatlicher Monopole, hat aber das Ideal des grenzüberschreitenden europaweiten Wettbewerbs bei weitem nicht erreicht.[508] Dies gilt auch für die Kapazitätenvergabe an den Grenzkuppelstellen. Bereits aus der Transitrichtlinie[509] ließ sich entnehmen, dass die Kommission von einer aus den Wettbewerbsvorschriften des EWG-Vertrages resultierenden Pflicht zur Durchleitung zwischen den nationalen Übertragungsnetzen ausgeht.[510] Hierfür

505 Klaue, BB 2002, 162, 162.

506 Kommission, XXXI. Bericht über die Wettbewerbspolitik 2001, SEK(2002) 462 vom 29.04.2002, Rn. 96.

507 Dziadywicz, Journal of Energy & Natural Resources Law, Vol. 25, 2/2007, 114, 116.

508 So schon im Jahr 1998: Wolf, BB 1998, 1433, 1433.

509 Transitrichtlinie 90/547 EWG, geändert durch Entscheidung 94/559 EWG und RL 95/162 EWG; ausführlich zur Transitrichtlinie vgl. oben, S. 55.

510 Zinow, Rechtsprobleme der grenzüberschreitenden Durchleitung von Strom in einem EG-Binnenmarkt für Energie, S. 148.

spricht vor allem Art. 4 Transitrichtlinie. Dieser sieht vor, dass bei ungerechtfertigten oder unzureichend begründeten Durchleitungsverweigerungen die vom EWG-Vertrag vorgesehenen Verfahren einzuleiten sind.

Aufgrund der Laissez-faire-Politik der Kommission und der nationalen Kartellbehörden vor Inkrafttreten der Binnenmarktrichtlinie 1996 konnte sich ein von wettbewerblichen Prozessen weitgehend verschonter Wirtschaftszweig herausbilden.[511] Seit Anfang der neunziger Jahre begannen die nationalen Kartellbehörden, unter ihnen auch das deutsche Bundeskartellamt, vermehrt gegen wettbewerbsbeschränkende und damit gegen Art. 101f. AEUV verstoßende Verträge der Elektrizitätswirtschaft innerhalb grenznaher Versorgungsgebiete einzuschreiten.[512] Zufriedenstellende Ergebnisse im Sinne einer wettbewerblichen Bewirtschaftung von Grenzkuppelstellen wurden jedoch nicht erzielt.

Im Jahr 1990 entschied die Kommission im Rahmen der Untersuchung der französisch-britischen Grenzkuppelstelle, dass bis zum Jahre 2001 ein dreijähriges Ausschließlichkeitsabkommen zulässig sein sollte. Ein Anschlussabkommen wurde von der Kommission jedoch aus Wettbewerbsgründen abgelehnt. Die Kapazitäten an der Grenzkuppelstelle zwischen Frankreich und Großbritannien wurden in diesem Zeitraum nach einem Verfahren vergeben, das zum einen Kapazitäten für drei Jahre ausschrieb, aber auch Auktionen für die jährliche und tägliche Kapazitätenvergabe vorsah.[513]

Im Jahr 1998 begann die Kommission den Ausbau und die nationale Nutzung weiterer Grenzkuppelstellen nach wettbewerbsrechtlichen Gesichtspunkten zu prüfen. Sie ging davon aus, dass Grenzkuppelstellen zwischen den Mitgliedstaaten für die Verwirklichung des Elektrizitätsbinnenmarktes unabdingbar seien, da sie erst die Konkurrenz durch ausländische Anbieter ermöglichte.[514] Außerdem versuchte die Kommission die Wettbewerbsintensität an den Grenzkuppelstellen durch ihre Entscheidungsbefugnis im Rahmen der Fusionskontrolle[515] zu beeinflussen. So wurde die Fusion zwischen EdF und EnBW nur unter der Bedingung gestattet, dass Erzeugungskapazitäten von EdF beschlagnahmt und auf dem Großhandelsmarkt gehandelt werden; es sollte eine zu hohe Kontrolle der

---

511 Senke, Elektrizitätslieferverträge nach der Liberalisierung der Elektrizitätsmärkte im Lichte des europäischen und deutschen Kartellrechts, S. 14.

512 Vgl. z.B. BKartA WuW/E BKartA S. 2859ff. – Stadt Nordhorn.

513 Kommission, Reorganisation der Elektrizitätswirtschaft in England and Wales, Mitteilung gem. Art. 19 Abs. 3 der Richtlinie 17, Abl. EU, 1990, C 191, 9, 15.

514 Kommission, XXVIII. Bericht über die Wettbewerbspolitik 1998, S. 58.

515 Die Fusionskontrollverordnung ermächtigt die Kommission, Fusionen an Bedingungen zu knüpfen, vgl. Art. 6 Abs. 2 UA 2, Art. 8 Abs. 2 UA 2 FKVO Nr. 139/2004.

Grenzkuppelstellen zwischen Deutschland und Frankreich durch EdF verhindert werden.[516] Auch dem Zusammenschluss Group-Villar-Mir, EnBW und Hidroeléctrica del Cantàbrico wurde seitens der Kommission erst zugestimmt, nachdem die Schwestergesellschaft der EdF, RTE, die Verbindungskapazitäten zwischen Frankreich und Spanien verdreifacht hatte.[517]

In Deutschland wurde bis 2003 auf eine staatliche Regulierung zugunsten der Verbändevereinbarung[518] weitestgehend verzichtet, was sich aber nachteilig auf den Wettbewerb auswirkte.[519] Da es bis zum Inkrafttreten der StromHVO im Jahr 2003 nur rudimentäre gesetzliche Regelungen für die Kapazitätenvergabe an Grenzkuppelstellen gab, sah sich die Kommission in der vorteilhaften Lage, Entscheidungen im Rahmen von Art. 101, 102 AEUV auf Einzelfallbasis zu treffen.

Ihr Augenmerk richtete die Kommission dabei insbesondere auf folgende Grenzkuppelstellen[520]:

- Zwischen Frankreich und Großbritannien,[521]
- zwischen England und Schottland,[522]
- zwischen Norwegen und West-Dänemark,
- zwischen West-Dänemark und Deutschland,
- zwischen Deutschland und den Niederlanden,
- zwischen Belgien und den Niederlanden,

---

516 Kommission, Entscheidung vom 07.02.2001, COMP Comp/M.1853 – EDF/EnBW.

517 Kommission, Entscheidung vom 26.09.2001, COMP/M.2432 – Group Villar Mir/EnBW/Hidroeléctrica del Cantàbrico, Tz. 50ff.

518 Verbändevereinigung über Kriterien zur Bestimmung von Durchleitungsentgelten (VV Strom I) vom 22.05.1998 und Verbändevereinbarung über Kriterien zur Bestimmung von Netznutzungsentgelten für elektrische Energie und über Prinzipien zur Netznutzung (VV Strom II plus) vom 13.12.2001 und Ergänzung vom 23.04.2002.

519 Stumpf/Gabler, NJW 2005, 3174, 3174.

520 Kommission, Die Rolle der Verbindungsleitungen im Strommarkt aus wettbewerbspolitischer Sicht, MEMO/01/76; Kommission, Erhöhter Spielraum für Wettbewerb bei Stromeinfuhren in Nordeuropa – ein Schritt in Richtung Strombinnenmarkt, Pressemitteilung IP/01/30 vom 11.01.2001.

521 Kommission, Reorganisation der Elektrizitätswirtschaft in England and Wales, Mitteilung gem. Art. 19 Abs. 3 der Richtlinie 17, Abl. EU, 1990, C 191, 9, 15; Kommission, Öffnung der Verbindungsleitung zwischen Frankreich und dem Vereinigten Königreich erhöht Spielraum für Wettbewerb, IP/01/341; vgl. außerdem Kommission, XXXI. Bericht über die Wettbewerbspolitik 2001, 29.04.2002, SEK(2002) 462 endg. Rn. 97.

522 Kommission, Reorganisation der Elektrizitätswirtschaft in Schottland, Mitteilung gem. Art. 19 Abs. 3 der Richtlinie 17, Abl. EU, 1990, C 245, 9, 12.

- zwischen Frankreich und Spanien,[523]
- zwischen Italien und Frankreich,
- zwischen Italien und Österreich,
- zwischen Norwegen und Deutschland („Viking"-Kabel)[524].

Schwerpunkt der Untersuchungen der Kommission war der mögliche Ausschluss Dritter vom Zugang zu den Grenzkuppelstellen insbesondere durch Abkommen zwischen den Übertragungsnetzbetreibern, die über die Zugangskapazitäten und deren Reservierungen zu entscheiden hatten.[525] Die Überprüfung der Grenzkuppelstelle zwischen England und Schottland ergab, dass die Übertragungsnetzbetreiber einen unbefristeten Ausschließlichkeitsvertrag abgeschlossen hatten, der allerdings unter Einhaltung einer fünfjährigen Kündigungsfrist entweder durch die Vertragsparteien oder aber durch die nationalen Regulierungsbehörden aufgehoben werden konnte. Diesen Vertrag befand die Kommission für zulässig, erlegte den Parteien allerdings auf, nicht genutzte Kapazitäten den anderen Marktteilnehmern zugänglich zu machen.[526]

Auf der anderen Seite blockierte die Kommission im Jahr 2001 die Abkommen an den Grenzkuppelstellen zwischen Dänemark und Norwegen sowie zwischen Dänemark und Deutschland. Diese Verträge, die die meisten Kapazitäten an diesen beiden Grenzkuppelstellen betrafen, waren nach ihrer Ansicht wettbewerbswidrig und führten zu Verzerrungen.[527] Dementsprechend wurden die Verträge an diesen Grenzkuppelstellen angepasst und sämtliche Kapazitäten wurden für andere Marktteilnehmer freigegeben.[528] Denn nach Ansicht der Kommission verstießen

523 Vgl. Kommission, XXXI. Bericht über die Wettbewerbspolitik 2001, 29.04.2002, SEK(2002) 462 endg., Rn. 97.

524 Kommission, Mitteilung gemäß Art. 19 Abs. 3 der Verordnung Nr. 17 des Rates in der Sache COMP/E-3/37.921 – Viking Cable, (2001/C 247/04), Abl. EU vom 05.09.2001, C 247/11.

525 Kaiser, Verordnete Regulierung, S. 36.

526 Kommission, Reorganisation der Elektrizitätswirtschaft in Schottland, Mitteilung gem. Art. 19 Abs. 3 der Richtlinie 17, Abl. EU, 1990, C 245, 9, 12.

527 So bestand eine 20-jährige Bindungsvereinbarung für 60% der Gesamtkapazität auf dem einzigen Kabel zwischen Westdänemark und Norwegen (sog. Skagerrak-Kabel) zugunsten des norwegischen Stromerzeugers Statkraft und Elsam, des marktbeherrschenden Stromanbieters in Westdänemark. Die verbleibenden 40% waren durch Vereinbarungen zwischen Statkraft und E.ON gebunden mit einer Laufzeit von 25 Jahren ab 1998 vor.

528 Nachdem die Kommission ernsthafte Bedenken an der Rechtmäßigkeit dieser Vereinbarungen geäußert hatte, wurden diese Vereinbarungen zum 1. Januar 2001 aufgegeben, Kommission, Pressemitteilung IP/01/30 vom 11.01.2001.

jegliche Beschränkungen bei der Zuteilung von Kapazitäten gegen Art. 102 AEUV, da dies dem Missbrauch einer marktbeherrschenden Stellung gleichkäme.[529]

Anders entschied die Kommission bezüglich der Grenzkuppelstelle zwischen Deutschland und Norwegen. Das sogenannte Viking-Kabel stellte insoweit einen Sonderfall dar, da es sich nicht um ein Verbindungsstück zwischen zwei angrenzenden Netzen handelt, sondern um eine Unterwasserleitung durch die Ostsee, die zwei eigentlich nicht benachbarte Übertragungsnetze miteinander verbindet. Schon während des Baus liefen Verhandlungen der Vertragsparteien mit der Kommission, in denen die Absicht der Beteiligten dargestellt wurde, die gesamte Kapazität während der ersten 25 Jahre des Betriebs fest zu reservieren. Nur im Falle der Nichtnutzung der fest gebuchten Kapazitäten sollte kurzfristiger Handel über die Strombörse des Nordpool-Verbundes durchgeführt werden. Die Kommission sah hier im Gegensatz zu den Grenzkuppelstellen Dänemark/Norwegen und Dänemark/Deutschland keine möglichen Wettbewerbsverstöße. Dies lässt sich schon allein deshalb nachvollziehen, da durch das Viking-Kabel Netze „überobligatorisch" miteinander verbunden wurden, d.h. es wurde sogar Wettbewerb geschaffen, der sonst gar nicht bestanden hätte, da die Netze nicht nebeneinander liegen. Dennoch ist davon auszugehen, dass die Entscheidung der Kommission in diesem Verfahren hoch politisch motiviert war. Denn hier sollte im Gegensatz zu den beiden dänischen Grenzkuppelstellen eine neue und nach Ansicht der Kommission notwendige grenzüberschreitende Leitung mit hoher Kapazitätendichte gebaut werden.[530] Allerdings gaben die Parteien bereits im Jahr 2002 das Vorhaben wieder auf.[531]

Obwohl im Jahr 2003 durch In-Kraft-Treten der StromHVO die Kapazitätenvergabe an den Grenzkuppelstellen zumindest im Ansatz gesetzlich geregelt wurde versuchte die Kommission nach wie vor die Grenzkuppelstellen parallel auch mittels der Art. 101, 102 AEUV zu überwachen.[532] So entschied der EuGH in seiner VEMV-Entscheidung, dass langfristige Lieferverträge über die Grenzkuppelstellen nicht mehr zulässig seien. Daraufhin leitete die Kommission Verfahren gegen mehrere Mitgliedstaaten ein, die selbst nach der VEMV-Entscheidung des EuGH noch Kapazitäten auf langfristiger Basis oder aufgrund von Altverträgen

529 Kommission, IP/01/341 vom 12.03.2001.

530 Kommission, Mitteilung gemäß Art. 19 Abs. 3 der Verordnung Nr. 17 des Rates in der Sache COMP/E-3/37.921 – Viking Cable, (2001/C 247/04), Abl. EU vom 05.09.2001, C 247, 11–12.

531 Kommission, XXXI. Bericht über die Wettbewerbspolitik 2001, 29.04.2002, SEK(2002) 462 endg., Fn. 79.

532 Vgl. hierzu im Überblick Celli/Riis-Madsen, I.E.L.T.R 2002/8, 177ff.

vergaben.[533] Die Verwendung dieser Verfahren wurde aufgrund dessen weitestgehend aufgegeben.[534]

Da auch nach Inkrafttreten des zweiten Beschleunigungspakets noch immer kein ausreichender Wettbewerb zwischen den nationalen Energiemärkten zu verzeichnen war, führte die Kommission im Juni 2005 eine Sektorenuntersuchung auf Grundlage des Art. 17 der Verordnung 1/2003/EG durch. Bereits in ihrem preliminary report[535] stellte die Kommission fest, dass auch aus wettbewerbsrechtlicher Sicht eine mangelnde Marktöffnung, insbesondere in Bezug auf die Kapazitätenvergabe an Grenzkuppelstellen, zu verzeichnen sei. Sie verwies darauf, dass unzureichende Importkapazitäten zu einer weiteren Konzentration der Erzeugungsmärkte führen.[536] Diese Ergebnisse wurden im endgültigen Bericht zur Sektorenuntersuchung bestätigt.[537] Auch die neu erlassenen Leitlinien zur Strom-HVO a.F.[538] aus dem Jahr 2006, die die Kapazitätenvergabe noch weiter konkretisierten, änderten an dieser Situation nichts.

4.4 Wettbewerbsrechtliche Beurteilung der Kapazitätenvergabemethoden an den Grenzkuppelstellen

Die Frage, welche Vergabemethode im Rahmen der Engpassbewirtschaftung von den Betreibern der Grenzkuppelstellen angewandt wird spielt im Rahmen der Marktintegration eine große Rolle.[539] Im Folgenden sollen die auf die Kapazitätenvergabe an den Grenzkuppelstellen anwendbaren wettbewerbsrechtlichen Vorschriften eingegrenzt werden, bevor die unterschiedlichen Methoden, die im zweiten Kapitel bereits ausführlich dargestellt und im dritten Kapitel anhand des Regulierungsrechts bewertet wurden, einer kartellrechtlichen Prüfung unterzogen werden.

---

533 Kommission, DG Competition Report on Energy Sector Inquiry, 10.01.2007, Rn. 550.

534 Ryan, Journal of Energy & Natural Resources Law, Vol 27 No 1, Februar 2009, 42, 53.

535 Kommission, Energy Sector Inquiry Preliminary Report, 16.02.2006.

536 Kommission, Energy Sector Inquiry Preliminary Report, 16.02.2006, S. 288.

537 Kommission, Energy Sector Inquiry, 10.01.2007, SEC(2006) 1724, Tz. 1007ff.

538 Leitlinien für das Management und die Vergabe verfügbarer Übertragungskapazitäten auf Verbindungsleitungen zwischen nationalen Netzen vom 11.11.2006, eingeführt durch Beschluss der Kommission vom 9.11.2006 zur Änderung des Anhangs zur Verordnung (EG) Nr. 1228/2003 über die Netzzugangsbedingungen für den grenzüberschreitenden Stromhandel, Abl. EU L 312/59.

539 Kommission, Sector Inquiry Preliminary Report, 16.02.2006, Rn. 497.

4.4.1 Verhältnis zwischen nationalem und europäischem Kartellrecht

Nach ständiger Rechtsprechung des EuGH[540] ist das nationale Wettbewerbs- und Kartellrecht grundsätzlich neben den europarechtlichen Regelungen anwendbar, da das europäische Wettbewerbsrecht und das nationale Wettbewerbsrecht restriktive Handlungen nicht nach den gleichen Gesichtspunkten beurteilen.[541] Dieser Grundsatz wird durch Art. 3 Verordnung 1/2003/EG[542] näher definiert: So soll es dem nationalen Gesetzgeber gestattet sein, strengere innerstaatliche Vorschriften zu erlassen oder anzuwenden, ohne dass der zwischenstaatliche Handel dadurch beeinflusst wird. Dies gilt sogar für Vereinbarungen, die zwar potentiell dazu geeignet sind, denn Wettbewerb zu beeinträchtigen, aber den Wettbewerb nicht im Sinne des Art. 101 AEUV beeinflussen.[543] Denn Art. 3 Kartellverfahrensordnung schreibt die Anwendung der Art. 101, 102 AEUV auch für alle nationalen Sachverhalte vor, in denen ihr objektiver Anwendungsbereich betroffen ist.

Es besteht damit generell Vorrang der Art. 101ff. AEUV vor dem nationalen Kartellrecht, sobald die in Frage stehenden Ausnahmen lokalen oder regionalen Bezug überschreiten. Da die Kapazitätenvergabe an Grenzkuppelstellen immer grenzüberschreitende Sachverhalte betrifft, treten die nationalen Regelungen hinter das EG-Recht zurück. Europarechtlich werden Grenzkuppelstellen damit grundsätzlich nach den Art. 101ff. AEUV beurteilt. Denkbar sind im Rahmen der Beurteilung der Kapazitätenvergabe an Grenzkuppelstellen Verstöße gegen Art. 101 und 102 AEUV.

4.4.2 Ausnahme für öffentliche Unternehmen: Art. 106 AEUV

Fraglich ist, ob das europäische Kartellrecht überhaupt für den Bereich der Kapazitätenvergabe an Grenzkuppelstellen gilt oder ob Art. 106 Abs. 2 AEUV[544]

540 EuGH, Urteil vom 13.02.1969, Rs. 14/68, Slg. 1969, 1 Rn. 3ff. – Wilhelm/Bundeskartellamt.

541 EuGH, Urteil vom 10.07.1980, verb. Rs. 253/78 und 1–3/79, Slg. 1980, 2327 Rn. 15 – Procureur de la République/Giry und Guerlain.

542 Verordnung (EG) Nr. 1/2003 des Rates vom 16. Dezember 2002 zur Durchführung der in den Artikeln 81 und 82 des Vertrages niedergelegten Wettbewerbsregeln, Abl. EG 2003 1/1, im Folgenden: Kartellverfahrensordnung.

543 Streinz/Eilmannsberger, EUV/EGV, vor Art. 81 EGV, Rn. 5, Fn. 14.

544 Ex-Art. 86 EG-Vertrag.

seine Unanwendbarkeit vorschreibt.[545] Der EuGH ist in der Vergangenheit immer dann von der Unanwendbarkeit der Art. 101ff. AEUV ausgegangen, wenn das Unternehmen eine typischerweise hoheitliche Aufgabe erfüllte.[546] Dieser Grundsatz könnte auch in Bezug auf Grenzkuppelstellenbetreiber Anwendung finden: Obwohl diese inzwischen in der Regel privatrechtlich organisiert sind, ist die Versorgung mit Elektrizität eine typisch hoheitliche Aufgabe. Rechtsform und Finanzierung sind jedoch höchstens als Indiz zu werten. Bei der Durchsetzung des europäischen Wettbewerbsrechts im Rahmen der Kapazitätenvergabe an Grenzkuppelstellen ist immer Rücksicht auf die mitgliedstaatliche Daseinsvorsorge zu nehmen.[547] Zwar handelt es sich bei der Elektrizitätsversorgung nicht um eine öffentliche Dienstleistung im engeren Sinne. Jedoch sind diese Grundsätze zumindest mit Einschränkungen zu übertragen. Schließlich ist die Versorgung mit Elektrizität durchaus mit den typischen Pflichten der öffentlich-rechtlichen Daseinsvorsorge vergleichbar, auch wenn inzwischen die Elektrizitätsversorgung nicht mehr in öffentlicher, sondern zunehmend in privater Hand ist. Der Staat hat noch immer indirekt die Verantwortung für die Versorgung seiner Bürger mit Elektrizität. Seine Aufgabe besteht nach der Privatisierung darin, Maßstäbe für die Versorgung vorzugeben, statt selbst wirtschaftlich tätig zu werden.[548]

Allerdings waren diese vom EuGH entschiedenen Fälle anders gelagert. Die fraglichen Unternehmen befanden sich in öffentlicher Hand und nahmen nicht nur hoheitliche Aufgaben war, sondern wurden daneben mit Gewinnerzielungsabsicht geführt. Bei den Übertragungsnetzbetreibern handelt es sich jedoch weitestgehend

545 Vgl. Dziadywicz, Journal of Energy & Natural Resources Law, Vol. 25, 2/2007, 114, 116.

546 So in: EuGH, Rs. C-364/92, Slg. 1994, I-43, 63, Tz. 30 vom 19.01.1994 – SAT Fluggesellschaft mbH/Eurocontrol für den Fall einer Gebühren einziehenden Einrichtung zur Flugsicherung; EuGH, Rs. 30/87, Slg. 1988, 2479, 2512, Tz. 18 vom 04.05.1988 – Bodson für den Fall einer Gemeinde, die mit einem Bestattungsunternehmen einen Konzessionsvertrag abgeschlossen hatte; EuGH, Rs. C-343/95, Slg. 1997, I-1547, 1561, Tz. 41 vom 18.03.1997 – Cali und Figli Srl / SEPG für den Fall einer Hafenbehörde, die ausschließlich sozialen Belangen des Umweltschutzes diente.

547 Die Kommission definiert den Begriff Daseinsvorsorge folgendermaßen: Leistungen der Daseinsvorsorge sind alle „marktbezogenen oder nicht marktbezogenen Tätigkeiten, die im Interesse der Allgemeinheit erbracht und daher von den Behörden mit spezifischen Gemeinwohlverpflichtungen verknüpft werden“, vgl. Kommission, Mitteilung „Leistungen der Daseinsvorsorge in Europa“ vom 20.09.2000, KOM(2000) 580 endg., Anhang II.

548 In diesem Sinne bereits: Schwarze, EuZW 2001, 334, 335.

um private Unternehmen, die Aufgaben der öffentlichen Versorgung wahrnehmen. Der EuGH geht im Rahmen von Art. 106 Abs. 1 AEUV zwar generell davon aus, dass es Unternehmen mit besonderen und ausschließlichen Rechten geben könne, jedoch müssten nicht alle diese Rechte deshalb mit dem AEUV vereinbar sein; außerdem gelte Art. 106 AEUV ohnehin nur gegenüber Mitgliedstaaten. Gegenüber Unternehmen habe die Kommission Einzelfallentscheidungen gemäß Art. 101, 102 AEUV zu treffen.[549]

Abgesehen davon, sind die nationalen Übertragungsnetzbetreiber keine „betrauten Unternehmen" im Sinne des Art. 106 AEUV. Die Anwendung der europäischen Wettbewerbsregelungen verhindert nicht die Erfüllung der ihnen übertragenen Aufgaben. Vielmehr handeln sie mit der Absicht, Gewinne zu erzielen. Diese Einschätzung steht auch im Einklang mit der Kommission, die in ihren „Mitteilungen über die Leistungen der Daseinsvorsorge" nur rein genuine hoheitliche Tätigkeiten[550] privilegiert und von den Art. 101ff. AEUV nicht umfasst sehen möchte.[551] Der EuGH hat bereits Anfang der 1990er Jahre die grundsätzliche Anwendbarkeit der Wettbewerbsregeln nach Art. 101f. AEUV auf den Energiesektor bestätigt.[552] Damit unterfallen sowohl privat- als auch öffentlich-rechtliche Grenzkuppelstellen grundsätzlich der Prüfung nach Art. 101, 102 AEUV.[553] Die Versorgung mit Elektrizität erscheint zwar unverzichtbar, kann aber zumindest bis zu einem gewissen Grad dem Wettbewerb überlassen werden.[554]

---

549 EuGH, Urteil vom 19.03.1991, Rs. C-202/88, Slg. 1991, I-1223, Rn. 22ff – Französische Republik/Kommission; vgl. auch Kaiser, Verordnete Regulierung, S. 31, Fn. 68.

550 Z.B. soziale Grundversorgungssysteme mit Mitgliedschaftszwang oder die Wahrung der inneren Sicherheit.

551 Kommission, KOM(96) 443 und Bull. 9–1996, insb. Punkte 28ff.

552 EuGH, Urteil vom 27.04.1994, Rs. C-393/92, Slg.1994, I-1477ff., Rn. 34ff. – Almelo, mwN.

553 Senke, Elektrizitätslieferverträge nach der Liberalisierung der Elektrizitätsmärkte im Lichte des europäischen und deutschen Kartellrechts, S. 13; siehe außerdem Kommission, MEMO/01/76, S. 2; vgl. hierzu auch die folgenden Entscheidungen des EuGH zum Stromimport und -Export: EuGH, Urteil vom 23.10.1997,Rs. C-157/94, Slg. 1997, I-5699ff. – Kommission/Niederlande; EuGH, Urteil vom 23.10.1997, Rs. C-158/94, Slg. 1997, I-5789ff. – Kommission/Italien; EuGH, Urteil vom 23.10.1997, Rs. C-159/94, Slg. 1997, I-5815ff.– Kommission/Spanien; grundlegend in diesem Zusammenhang außerdem EuGH, Urteil vom 27.04.1994, Rs. C-393/92, Slg.1994, I-1477ff. – Almelo.

554 vgl. Schwarze, in Schwarze (Hrsg.), Der Netzzugang für Dritte im Wirtschaftsrecht, 11, 21.

4.4.3 Verbot wettbewerbsbeschränkender Vereinbarungen und Beschlüsse: Art. 101 AEUV

Denkbar ist zunächst ein Verstoß gegen Art. 101 AEUV. Ein Verstoß gegen Art. 101 AEUV liegt vor, sobald Vereinbarungen getroffen oder Verhaltensweisen aufeinander abgestimmt werden, die geeignet sind, den Handel zwischen den Mitgliedstaaten zu beeinflussen, und dadurch zu einer Einschränkung oder Verfälschung des Wettbewerbs führen. Gemäß Art. 101 Abs. 1 lit. c) AEUV wird insbesondere die Aufteilung der Märkte von dieser Verbotsnorm erfasst. Fraglich ist, ob die Kapazitätenvergabe an den Grenzkuppelstellen als Vereinbarung zu sehen ist, die den zwischenstaatlichen Elektrizitätshandel beeinträchtigen könnte oder durch die die Grenzkuppelstellenbetreiber die Märkte untereinander aufteilen könnten.

Nach ständiger Rechtsprechung des EuGH liegt eine Vereinbarung im Sinne von Art. 101 AEUV vor, sobald die betreffenden Parteien ihren gemeinsamen Willen zum Ausdruck gebracht haben, sich auf dem Markt in einer bestimmten Weise zu verhalten.[555] Keine Vereinbarungen sind dagegen Absprachen, die gerade keine rechtlichen oder tatsächlichen Bindungen begründen sollen. Eine besondere Form ist nicht notwendig; erfasst werden schriftliche und mündliche Vereinbarungen sowie konkludentes Handeln. Die fragliche Absprache muss auch nicht auf eine Einschränkung oder Verfälschung des Wettbewerbs abzielen. Ausreichend ist es, dass dies durch die Absprache herbeigeführt wird, ob beabsichtigt oder nicht, ist unerheblich.[556] Eine Beeinträchtigung im Sinne des Art. 101 AEUV liegt nach dem EuGH immer dann vor, wenn eine Maßnahme aufgrund der gesamten Umstände geeignet ist, unmittelbar oder mittelbar, tatsächlich oder potentiell, den zwischenstaatlichen Handelsverkehr zu beeinflussen.[557] Die Kapazitätenvergabe erfolgt im Rahmen von zivilrechtlichen Verträgen über den Kauf von Kapazitäten zwischen Grenzkuppelstellenbetreibern und Stromhändlern. Dies sind Vereinbarungen im Sinne von Art. 101 AEUV.

Des Weiteren müsste die verwendete Methode der Kapazitätenvergabe dazu geeignet sein, den grenzüberschreitenden Handel mit Elektrizität zu beeinträchtigen.

555 EuGH, Urteil vom 15.07.1970, Rs. 41/69 – Slg. 1970, 661, 696, Rn. 112 – ACF Chemieforma; EuGH, Urteil vom 29.10.1980, verb. Rs. 209–215 und 218/78, Slg. 198, 3125, 3250 Rn. 86 – Van Landewyk.

556 Schröter, in: von der Groeben, Kommentar zum EU-/EG-Vertrag, Art. 81, Rn. 55ff. mwN.

557 EuGH, Urteil vom 30.06.1966, Rs. 56/65, Slg. 1966, 281, 303, Leitsatz Nr. 7 – Maschinenbau Ulm; EuGH, Urteil vom 9.7.1969, Rs. 5/69, Slg. 1969, 295, 302, Rn. 5 – Völk/Vervaecke.

Dafür reicht es bereits aus, wenn eine gewisse Wahrscheinlichkeit für die Beeinträchtigung des grenzüberschreitenden Handels besteht, die allerdings über eine rein theoretische Möglichkeit hinausgehen muss.[558] Es ist nicht notwendig, dass die Beeinträchtigung tatsächlich eintritt, eine potentielle Gefährdung genügt.[559] Grundsätzlich ist bei allen Vergabemethoden eine potentielle Gefährdung des grenzüberschreitenden Handels denkbar, da bei allen Methoden ein Engpass vorliegt und damit per Definition nicht alle Anfragen bedient werden können. Die Beweislast für das Vorliegen eines Verstoßes liegt jedoch gemäß Art. 2 Kartellverfahrensordnung bei der Behörde, die den Vorwurf eines Verstoßes erhebt.

Denkbar sind aber nicht nur Verstöße durch Vereinbarungen zwischen Grenzkuppelstellenbetreibern und Kapazitätenkäufern. Möglich wäre auch, dass sich die marktbeherrschenden Unternehmen auf beiden Seiten der Grenzkuppelstelle bezüglich der Kapazitätenvergabe und damit hinsichtlich der Export- und Importflüsse absprechen, ihre Verhaltensweisen also aufeinander abstimmen.[560] Dies wäre als Verstoß gegen Art. 101 Abs. 1 lit. c) AEUV zu werten, da die Grenzkuppelbetreiber durch diese Vereinbarung die Märkte unter sich aufteilen würden. Ein solches Verhalten wäre beispielsweise vergleichbar mit den Demarkationsabsprachen, die E.ON Ruhrgas und Gaz de France in den 1970er Jahren getroffen hatten.[561] Sollte ein Übertragungsnetzbetreiber, der eine Grenzkuppelstelle unterhält, entgegen eines Reservierungswunsches eines Stromhändlers diesem den Zugang zu einer Grenzkuppelstelle verweigern, könnte dies ebenfalls als Verstoß gegen Art. 101f. AEUV zu werten sein.[562] Auch Ausschließlichkeitsvereinbarungen zwischen einem Übertragungsnetzbetreiber und einem Stromhändler, die

558 Urteil des LG Köln vom 07.06.2000 – Rs. 28 0 (Kart.) 559/99, abgedruckt in RdE 2000, 233, 235.

559 Das Verhalten muss nur geeignet sein, einen Wettbewerbsverstoß herbeizuführen, vgl. EuGH, Urteil vom 04.06.2009, C-8/08 (Tenor) – T-Mobile Netherlands.

560 Kommission, MEMO/01/76 vom 12.03.2001.

561 E.ON Ruhrgas und Gaz de France hatten im Zusammenhang mit dem gemeinsamen Bau der Megal-Pipeline Zusatzvereinbarungen getroffen. Danach war E.ON Ruhrgas der Verkauf von Gas in Frankreich und Gaz de France umgekehrt der Verkauf von Gas in Deutschland untersagt. Dieses Absatzverbot galt in Teilen noch bis Ende 2005. Die Kommission verhängt im Juli 2009 gegen beide Unternehmen wegen Verstoßes gegen Art. 101 AEUV Geldbußen in Höhe von je 553 Mio. Euro. Die Kommission war der Ansicht, dass die beteiligten Unternehmen durch die Absprachen in der Lage waren, ihre starken Stellungen in Deutschland bzw. Frankreich zu behaupten, indem stärkerer Preiswettbewerb und größere Anbieterauswahl verhindert wurden. Siehe hierzu ausführlich: Markert, ZNER 2009, 193, 194.

562 Vgl. Hancher, EC Electricity Law, S. 147f.

den Zugang von Dritten zu einer Grenzkuppelstelle untersagen, würden gegen Art. 101 AEUV verstoßen.[563] Dies gilt sogar dann, wenn die Vereinbarung der Grenzkuppelstellenbetreiber letztendlich zu einer Besserstellung der Verbraucher führen würde. Ausschlaggebend ist allein, ob das freie Spiel der Marktkräfte beeinflusst wird.[564] Art. 101 AEUV schützt nach Ansicht des EuGH nicht nur die Interessen einzelner Wettbewerber oder der Verbraucher, sondern die Struktur des Marktes und den Wettbewerb als solchen.[565] Vereinbarungen, die den Parallelhandel verbieten oder auch nur einschränken, wirken immer auch wettbewerbsbeschränkend.[566]

Im Folgenden sollen nunmehr die einzelnen Kapazitätenvergabeverfahren an den Grenzkuppelstellen anhand des Art. 101 AEUV auf ihre Kompatibilität mit dem europäischen Wettbewerbsrecht überprüft werden.

4.4.3.1 Quantitative Verfahren

Bei quantitativen Verfahren[567] vergeben Grenzkuppelstellenbetreiber die Kapazitäten nach unterschiedlichen Kriterien, die alle unabhängig vom Marktgeschehen bestimmt werden. Das bedeutet, dass nicht notwendigerweise diejenigen Marktteilnehmer die Kapazitäten erhalten, für die sie den größten Wert haben. Vielmehr besteht eine große Wahrscheinlichkeit, dass Marktteilnehmer Kapazitäten erhalten, für die diese zum gegebenen Zeitpunkt keinen oder nur einen geringen Wert haben. In der Regel verfällt ein hoher Anteil dieser Kapazitäten ungenutzt, was in der Folge zumeist zu einer Einschränkung im Rahmen der Saldierungen und beim Countertrading führt.[568] Zumindest langfristig führt dies zu einer Protektion der nationalen Märkte und damit zu weniger Wettbewerb. Zwar sind inzwischen die Grenzkuppelstellenbetreiber von den Erzeugern entflochten. Jedoch besteht nach wie vor die Gefahr, dass die nationalen Märkte vor Wettbewerb mehr geschützt werden, als dass dieser aktiv von den Grenzkuppelstellenbetreibern gewollt und gefördert wird.

---

563 Vgl. EuGH, Urteil vom 27.04.1994, C-393/92, S. 2 – Ijsselcentrale.

564 Denn bei einer Vereinbarung kann auch dann ein wettbewerbsbeschränkender Zweck angenommen werden, wenn sie nicht ausschließlich auf eine Beschränkung des Wettbewerbs abzielt, sondern auch andere, zulässige Zwecke verfolgt, EuGH, Urteil vom 20.11.2008, C-209/0, Rn. 21 – Irisches Rindfleisch.

565 EuGH, Urteil vom 04.06.2009, C-8/08, Rn. 38 – T-Mobile Netherlands.

566 EuGH, Urteil vom 06.10.2009, C-501/06 P u.a., Rn. 59 – GSK Spanien, mwN.

567 Zu den einzelnen Verfahren vgl. oben S. 29f.

568 Zu Saldierung und Countertrading siehe ausführlich oben, S. 26f.

Allen quantitativen Verfahren ist zudem gemein, dass sie nicht transparent genug sind und in der Regel neue Marktteilnehmer diskriminieren.[569] Zwar kann nicht ausgeschlossen werden, dass die Anwendung von quantitativen Verfahren zu einem volatilen Handel auf dem Sekundärmarkt führen könnte. Denn gerade langfristige Verträge führen oft zu einem Weiterverkauf nicht genutzter Kapazitäten. Auf der anderen Seite führen diese Weiterverkäufe zu noch größerer Intransparenz auf dem Strommarkt. Außerdem ist es für potentielle Käufer schwieriger, freie Kapazitäten aufzukaufen, sobald nicht nur die Grenzkuppelstellenbetreiber Kapazitäten verkaufen, da der Sekundärmarkt noch nicht ausreichend entwickelt ist.[570]

Gängige quantitative Verfahren sind Eigentümervorrang, Retention, Pro-Rata, Prioritätenlisten, Long-before-short, First-come-first-served, served-today-served-tomorrow, Grandfathering und Lotterien. Im Folgenden sollen die einzelnen quantitativen Vergabeverfahren am Maßstab des Art. 101 AEUV[571] gemessen werden:

- Beim Eigentümervorrang reserviert der Grenzkuppelstellenbetreiber die vorhandenen Kapazitäten zunächst für sich selbst und vergibt diese erst extern weiter, wenn er sie selbst sicher nicht benötigt. Damit verstößt er nicht gegen Art. 101 AEUV. Denn der Eigentümer und Betreiber der Grenzkuppelstelle reserviert die Kapazitäten für sich selbst. Es wird dabei gar keine Vereinbarung zwischen zwei personenverschiedenen Vertragspartnern geschlossen, so dass kein Verstoß gegen Art. 101 AEUV vorliegt.[572]
- Beim first-come-first-served-Verfahren werden die verfügbaren Kapazitäten nach der Reihenfolge der Anfragen vergeben. Dieses Verfahren führt zwar dazu, dass möglichst frühzeitig Kapazitäten gekauft werden, auch wenn gegebenenfalls noch gar nicht absehbar ist, ob diese auch gebraucht werden. Damit werden nicht notwendigerweise diejenigen Kapazitäten erhalten, die sie auch nutzen würden.[573] Es handelt sich jedoch nicht um eine gegen Art. 101 AEUV verstoßende Vereinbarung, da prinzipiell der Zugang allen offen steht.

---

569 Kommission, Preliminary Report, Sector Inquiry under Art. 17 Regulation 1/2003 on the Gas and Electricity Markets, 16.02.2006, Rn. 498f.

570 Kommission, Preliminary Report, Sector Inquiry under Art. 17 Regulation 1/2003 on the Gas and Electricity Markets, 16.02.2006, Rn. 501.

571 Zu Verstößen gegen Art. 102 AEUV siehe unten, S. 134ff.

572 Allerdings hat der Grenzkuppelstelleneigentümer seit Inkrafttreten der Entflechtungsregelungen ohnehin keinen Bedarf mehr an Kapazitäten zur Eigennutzung.

573 Zwar fallen ungenutzte Kapazitäten – jedenfalls nach dem gesetzlichen Regelungsregime (Art. 16 Abs. 4 StromHVO) – grundsätzlich an den Markt zurück. Jedoch ist der Handel über den Sekundärmarkt nicht genauso effektiv. Die Kapazitäten werden kurzfristiger vergeben und sind auch mehr zerstückelt.

- Auch im Rahmen von Lotterien wird Art. 101 AEUV nicht verletzt. Die Kapazitäten werden an diejenigen Marktteilnehmer verlost, die sich zuvor für die Lotterie angemeldet hatten. Das Verfahren erfolgt diskriminierungsfrei und steht auch neuen Marktteilnehmern offen. Zwar besteht hier wiederum das Problem, dass nicht derjenige die Kapazitäten erhält, der sie auch am effizientesten nutzen wird. Dies führt wie bei den vorgenannten Methoden dazu, dass Kapazitäten ungenutzt verfallen, wodurch der Wettbewerb in den nationalen Märkten beeinträchtigt wird. Zu einem Verstoß gegen Art. 101 AEUV führt dies jedoch nicht.
- Die Retention, bei der Altverträge[574] erfüllt oder alteingesessene Unternehmen prioritär bedient werden, verstößt gegen Art. 101 AEUV. Gleiches gilt für das served-today-served-tomorrow-Verfahren. Es handelt sich um Verträge zwischen Unternehmen, die den freien Wettbewerb behindern. Denn die Verträge zur Kapazitätenvergabe werden zwar nach transparenten jedoch nicht nach diskriminierungsfreien Kriterien vergeben. Neuen Unternehmen wird der Marktzugang unmöglich gemacht, während alteingesessene Unternehmen bevorzugt werden. Diese Vereinbarungen, die im Rahmen der Retention abgeschlossen werden, bewirken damit eine Einschränkung des Wettbewerbs und führen zu einer Aufteilung der Märkte (Art. 101 Abs. 1 lit. c) AEUV). Auch das Grandfathering[575], bei dem zukünftige Kapazitäten auf der Basis des historischen Ausnutzungsgrades zugeteilt werden, verstößt gegen Art. 101 AEUV. Zwar führt das Grandfathering im Gegensatz zur Retention dazu, dass die Kapazitäten mit hoher Wahrscheinlichkeit auch genutzt werden, neue Marktteilnehmer werden aber diskriminiert, da bisherige Vertragspartner bevorzugt werden und damit freier Wettbewerb behindert wird.
- Das Pro-Rata-Verfahren erscheint auf den ersten Blick nicht gegen Art. 101 AEUV zu verstoßen, da alle potentiellen Kapazitätskäufer ein Gebot abgeben und anschließend prozentual mit Kapazitäten bedient werden. Allerdings führt dieses Verfahren bei chronisch überlasteten Grenzkuppelstellen dazu, dass alle Bieter viel höhere Gebote abgegeben, als sie eigentlich Kapazitäten benötigen, um prozentual möglichst hohe Ergebnisse zu erzielen. Folglich führt dieses Verfahren zu noch höheren vertraglichen Engpässen. Wiederum erhalten nicht die Bieter, die tatsächlich die Kapazitäten am besten nutzen könnten, die Kapazitäten auch zugeteilt. Bei Anwendung dieses Verfahrens besteht eine hohe Wahrscheinlichkeit, dass Kapazitäten ungenutzt verfallen, falls Bieter wider Erwarten mehr Kapazitäten als benötigt erhalten mit der Folge, dass tatsächlicher Import

574 Verträge, die bereits vor der Liberalisierung im Jahr 1996 geschlossen wurden.

575 Das Grandfathering ist eine Variante des served-today-served-tomorrow Verfahrens.

bzw. Export reduziert wird und damit der nationale Markt vor Wettbewerb geschützt wird. Ein Verstoß gegen Art. 101 AEUV kann im Einzelfall durchaus zu bejahen sein, wenn unsachgemäße Gebote abgegeben werden. Bieter und Grenzkuppelstellenbetreiber können durch Absprachen die Quantität der jeweiligen Gebote so bestimmen, dass anderen der Markt verschlossen bleibt.

- Auch das Long-before-short-Verfahren, das Verträge aufgrund der Vertragsdauer bevorzugt, verstößt gegen Art. 101 AEUV. Durch die Vereinbarungen zwischen Grenzkuppelstellenbetreibern und Kapazitätenkäufern werden Interessenten kurzfristiger Kapazitäten benachteiligt. Entschieden wird wiederum nicht danach, wer die Kapazität am besten nutzen kann. Vor allem neue Marktteilnehmer werden beim Marktzutritt diskriminiert. Damit erschweren die Vertragspartner den Wettbewerb an der jeweiligen Grenzkuppelstelle.

4.4.3.2 Marktbasierte Verfahren

Marktbasierte Verfahren[576] orientieren sich im Gegensatz zu quantitativen Verfahren am Marktgeschehen. Unterschieden wird zwischen expliziten und impliziten Auktionen, die noch weiter untergliedert werden können.[577] Marktbasierten Verfahren ist gemein, dass die Kapazitäten via Auktionsverfahren vergeben werden. Der Preis bemisst sich nach Angebot und Nachfrage und neuen Marktteilnehmern steht es offen, am Bieterverfahren teilzunehmen. Bei expliziten Auktionen erfolgt die Kapazitätenvergabe losgelöst von den Stromhandelsgeschäften. Der Bieter muss also die Ware Strom selbst und die Kapazitäten zum Transport getrennt voneinander erwerben. Dagegen werden bei impliziten Auktionen beide Geschäfte gekoppelt versteigert.[578]

Ein Verstoß gegen Art. 101 AEUV ist weder bei expliziten noch bei impliziten Auktionen ersichtlich. Der Wettbewerb um die Grenzkuppelstellen steht bei Auktionen grundsätzlich allen potentiellen Marktteilnehmern offen, jedenfalls solange alle relevanten Daten transparent und allgemein zugänglich veröffentlicht werden. Im Rahmen von impliziten Auktionen ist auch mit einer effizienten Nutzung der Kapazitäten zu rechnen, da die Bieter ihre Präferenzen über ihre Gebote zum

576 Vgl. hierzu ausführlich oben, S. 30ff.

577 Vgl. hierzu im Einzelnen oben, S. 31ff; Diese weitere Untergliederung ist jedoch für die Prüfung der Verfahren anhand von Art. 101 AEUV ohne Belang und kann hier vernachlässigt werden.

578 Beiden Vergabeverfahren ist gemein, dass sie mit dem Regulierungsrecht (sowohl mit dem 2. Beschleunigungspaket aus dem Jahr 2003 als auch mit dem 3. Binnenmarktpaket aus dem Jahr 2009) in Einklang stehen, siehe hierzu ausführlich oben, Kapitel 3.

Ausdruck bringen. Allerdings gilt dies nicht uneingeschränkt auch für explizite Auktionen: Denn aufgrund der Trennung von den Stromhandelsgeschäften besteht zwischen den beiden Geschäften nicht notwendigerweise Synchronität.[579] Erst das Ergebnis des Stromhandels bildet die Grundlage für die tatsächliche Nutzung der erworbenen Kapazitäten. Die Verwendung von expliziten Auktionen führt damit teilweise zu volkswirtschaftlich suboptimalen Ergebnissen.[580] Eine gegen Art. 101 AEUV verstoßende Vereinbarung oder eine Aufteilung der Märkte lässt sich hieraus jedoch nicht ableiten.

4.4.3.3 Market Coupling

Aufgrund der zunehmenden Bedeutung des Market Coupling[581] in der Praxis soll im Folgenden eine getrennte kartellrechtliche Analyse des Market Coupling erfolgen auch wenn dies nur eine Variante der impliziten Auktionen darstellt. Wettbewerbsrechtlich stellt das Market Coupling an alle Beteiligten besondere Anforderungen, da sich nicht nur Kapazitätenkäufer und Grenzkuppelstellenbetreiber bilateral über den Kauf der Kapazitäten einigen müssen.

Erfolgt die Kapazitätenvergabe über ein Market Coupling, ist eine breit angelegte Koordination der beteiligten Akteure notwendig, da getrennte Markt- und Börsengebiete an einer einzigen Börse zusammengeschlossen werden. In der Regel übernimmt diese Koordination ein sogenanntes Auction Office[582]. Ein solches Gemeinschaftsunternehmen ist zumeist ein sog. Vollfunktionsunternehmen im Sinne von Art. 3 Abs. 1 lit. b) FKVO[583]. Es wird in der Regel auf unbegrenzte Dauer gegründet und finanziert sich selbst über kostenbasierte Serviceentgelte.[584] Zwar unterfallen Vollfunktionsgemeinschaftsunternehmen grundsätzlich der

579 Allerdings ist im Vergleich zu quantitativen Verfahren die Gefahr ungenutzter Kapazitäten wesentlich geringer, da sich Preis und damit der Kauf der Kapazitäten an Angebot und Nachfrage orientiert.

580 BKartA, Sektorenuntersuchung Stromerzeugung Stromgroßhandel vom 13.1.2011, S. 241.

581 Zum praktischen Ablauf des Markt Coupling vgl. oben, S. 34f.

582 Ein von den beteiligten Unternehmen zu diesem Zwecke gegründetes Gemeinschaftsunternehmen; Zu den Aufgaben des Auction Office siehe oben, S. 35.

583 Fusionskontrollverordnung (EG) Nr. 139/2004.

584 So ist die Kommission sowohl in Bezug auf das Auction Office CASC-CWE S.A. als auch beim Auction Office EMCC GmbH von einem Vollfunktionsunternehmen ausgegangen, vgl. Kommissionsentscheidung vom 14.08.2008 nach Art. 6 Abs. 1 lit. b FKVO, Fall Nr. Comp/M.5154 – CASC JV; Kommissionsentscheidung vom

FKVO. Allerdings gilt dies nur für seine Gründung.[585] Eine über die Gründung hinausgehende Wirkung der Kooperation der Gründungsgesellschaften[586] unterfällt nach Art. 2 Abs. 4, 5 FKVO dem Kartellverbot des Art. 101 AEUV.[587]

Im Rahmen des Market Coupling über ein Auction Office muss es immer zu Absprachen und auch Verhaltensabstimmungen der beteiligten Marktakteure im Sinne des Art. 101 Abs. 1 AEUV kommen. Diese könnten sogenannte „horizontale Vereinbarungen" darstellen und wären in der Folge anhand der Leitlinien der Europäischen Kommission über horizontale Vereinbarungen zu bewerten. Im Energiesektor werden beispielsweise die folgenden Verträge als „horizontale Vereinbarungen" eingestuft:

- Verträge zwischen Ölfirmen zur gemeinschaftlichen Konstruktion einer oberwasserseitigen Untersuchungs- und Produktionsplattform;
- Verträge zwischen Energiehändlern bzw. –lieferanten, um ihre Produkte gemeinsam abzusetzen;
- Verträge zwischen zusammenwirkenden Stromerzeugern, um Elektrizität zu produzieren.[588]

Damit wären grundsätzlich auch Absprachen der Grenzkuppelstellenbetreiber, Kapazitäten im Rahmen des Market Coupling zu vergeben, „horizontale Vereinbarungen" im Sinne des Art. 101 AEUV. Diese stellen jedoch keine gegen Art. 101 Abs. 1 lit. b) AEUV verstoßende horizontale Vertriebsabsprache dar.[589] Denn die Übertragungsnetzbetreiber stehen nicht miteinander im Wettbewerb, da die Übertragungsnetze natürliche Monopole darstellen und eine Grenzkuppelstelle nicht beliebig durch irgendeine andere Grenzkuppelstelle ersetzt werden kann.

22.08.2008 nach Art. 6 Abs. 1 lit. b FKVO, Fall Nr. Comp/M.4922 – EMCC; in der Literatur gibt es allerdings auch Stimmen, die davon ausgehen, dass ein Auction Office kein Vollfunktionsunternehmen sei, da es nur eine Art Verkaufsagentur und nur für den „Vertrieb" zuständig sei, vgl. Kühling/Sester/Wipfler/Matz/Hermeier, Rechtsgutachten über die Etablierung eines Auction Office im Rahmen des Open Market Coupling, S. 105; vgl. außerdem Pritzsche, in: Baur/Salje/Schmidt-Preuß (Hrsg.), Regulierung in der Energiewirtschaft, Kapitel 17, Rn. 73f.

585 Die durch die Gründung hervorgerufene Marktstrukturveränderung wird anhand des sog. SIEC-Tests gemäß Art. 2 Abs. 2, 3 FKVO bewertet.

586 Sog. „spill-over-Effekt".

587 Zimmer, in: Immenga/Mestmäcker (Hrsg.), Art. 81 Abs. 1 Rn. 380.

588 Nyssens / Koppenfels, in: Säcker (Hrsg.), Berliner Kommentar zum Energierecht, 2. Aufl. 2010, Art. 101 AEUV, VI. Horizontale Vereinbarungen im Energiesektor, Rn. 1.

589 So jedoch Kühling/Sester/Wipfler/Matz/Hermeier, Rechtsgutachten über die Etablierung eines Auction Office im Rahmen des Open Market Coupling, S. 119f.

Sowohl im Fall EMCC[590] als auch im Fall CASC-CWE S.A.[591] hat die Kommission die Gründung eines Auction Office als mit dem Binnenmarkt für vereinbar erklärt, da keine fusionsrechtlichen Bedenken bestünden. Durch die Gründung des jeweiligen Auction Office sei es zu keiner horizontalen Überschneidung auf dem sachlich relevanten Markt gekommen. Beim Market Coupling betreibt das Auction Office nicht die Übertragungsnetze; diese Aufgabe verbleibt weiterhin bei den Übertragungsnetzbetreibern. Das Auction Office übernimmt nur die Koordinierung der Kapazitätenvergabe an den Grenzkuppelstellen.

Abgesehen davon, wäre ein gegen Art. 101 Abs. 1 lit. b) AEUV verstoßendes Verhalten ohnehin nach Art. 101 Abs. 3 AEUV in Verbindung mit Art. 1 Abs. 2 Kartellverfahrensordnung davon ausgenommen, ohne dass es einer vorhergehenden Freistellungsentscheidung der Kommission bedürfen würde. Denn die Einführung des Market Coupling unter Verwendung eines Auction Office führt unter angemessener Beteiligung der Verbraucher an dem entstandenen Gewinn zu einer Verbesserung der Warenverteilung. Außerdem ist das Market Coupling und auch die Einführung eines Auction Office ausdrücklich durch die StromHVO vorgesehen. Solange sich die Absprachen der beteiligten Marktakteure auf ein für die effektive Bewirtschaftung der Verbindungskapazitäten notwendige Maß beschränken, steht Art. 101 AEUV dem Market Coupling unter Verwendung eines Auction Office nicht entgegen.[592]

4.4.3.4 Rechtfertigung

Fraglich ist, ob eine Anwendung des Art. 101 AEUV bei den Vergabemethoden Retention, served-totday-served-tomorrow, Pro-Rata, long-before-short und Grandfathering ausgeschlossen sein könnte, weil ja in der Regel schon nach den technischen Voraussetzungen keine ausreichenden grenzüberschreitende Kapazitäten vorhanden sind. Eine mengenmäßige Begrenzung des grenzüberschreitenden Handels schließt die Möglichkeit zum grenzüberschreitenden Handel jedoch nicht aus.[593] Solange grenzüberschreitender Handel überhaupt spürbar ist, ist die

590 Kommission, Comp/M.4922 – EMCC; Zur Entwicklung des EMCC vgl. ausführlich Böttcher, e/m/w 2/2009, 24, 26ff.

591 Kommission, Comp/M.5154 – CASC JV; Zur Entwicklung CWE vgl. ausführlich Böttcher, e/m/w 2/2009, 24, 25f.

592 Pritzsche in: Baur/Sandrock/Scholtka/Shapira (Hrsg.), FS Kühne, 231, 254f.

593 Senke, Elektrizitätslieferverträge nach der Liberalisierung der Elektrizitätsmärkte im Lichte des europäischen und deutschen Kartellrechts, S. 84; vgl. hierzu EuGH,

Größenordnung eines tatsächlichen oder potentiellen Handels unerheblich.[594] Der EuGH hat sogar schon vor Umsetzung der ersten Beschleunigungsrichtlinie für Strom[595] zumindest die Möglichkeit für grenzüberschreitenden Stromhandel bestätigt.[596] Eine Beeinträchtigung nach Art. 101 AEUV könnte allenfalls dann ausgeschlossen sein, wenn an einer Grenzkuppelstelle keine Kapazitäten verfügbar wären;[597] allerdings sind langfristige Lieferverträge, die eine Grenzkuppelstelle zu 100 % blockieren könnten, seit dem VEMV – Urteil[598] des EuGH verboten.[599] Abgesehen davon, ist die Beurteilung im Rahmen von Art. 101 AEUV, ob eine Maßnahme geeignet ist, den Handel zu beeinträchtigen, eine Prognoseentscheidung, da sich die Situation an den Grenzkuppelstellen aufgrund von Veränderungen der nationalen Märkte kurz- oder zumindest mittelfristig verändern kann.[600] Ein geringer grenzüberschreitender Handel spricht schon per se nicht gegen, sondern eher für eine Beeinträchtigung des grenzüberschreitenden Handels und kann diese deshalb gar nicht ausschließen.[601] Folglich kommt eine Rechtfertigung aufgrund beschränkter grenzüberschreitender Kapazitäten nicht in Betracht.

Urteil vom 27.01.1987, Rs. 45/85, Slg. 1987, I-405, 458, Rn. 46 – Verband der Sachversicherer; EuGH, Urteil vom 25.03.1981, Rs. 61/80, Slg. 1981, S. 851, 866, Rn. 11f. – Cooeperative Stremsek – EN Kleurselfabriek.

594 Senke, Elektrizitätslieferverträge nach der Liberalisierung der Elektrizitätsmärkte im Lichte des europäischen und deutschen Kartellrechts, S. 84.

595 RL 96/92/EG.

596 EuGH, Urteil vom 27.04.1994, Rs. C-393/92, Slg. 1994, I-1477, 1518, Rn. 25ff. – Almelo.

597 Senke, Elektrizitätslieferverträge nach der Liberalisierung der Elektrizitätsmärkte im Lichte des europäischen und deutschen Kartellrechts, S. 85.

598 EuGH, Urteil vom 7. Juni 2005, C-17/03- Vereniging voor Energie/Mileu en Waters.

599 Zur wettbewerbsrechtlichen Beurteilung langfristiger Verträge siehe ausführlich Fischer, Langfristige Energieverträge und Kartellrecht, 2011.

600 Senke, Elektrizitätslieferverträge nach der Liberalisierung der Elektrizitätsmärkte im Lichte des europäischen und deutschen Kartellrechts, S. 85.

601 Vgl. hierzu Kommission, Entscheidung 22.12.1992, Abl. EG L 50/14 vom 02.03.1993,IV/33.151 – Jahrhundertvertrag. Dort hatte die Kommission in Rn. 25 entschieden, dass der Umstand, dass der grenzüberschreitende Handel mit Steinkohle eher gering sei, einer Eignung zur Beeinträchtigung des zwischenstaatlichen Handels nicht entgegenstehe, da dies ja auch die Folge von Wettbewerbsverzerrungen sein könne und nicht zwangsläufig der Beweis sein müsse, dass kein grenzüberschreitender Handel stattfinden könne.

4.4.3.5 Zwischenergebnis

Bei den quantitativen Verfahren verstoßen nur der Eigentümervorrang, das First-come-first-served-Verfahren und die Lotterien nicht gegen Art. 101 AEUV. Die Retention, das Served-today-served-tomorrow-Verfahren, das Grandfathering, das Pro-Rata-Verfahren und die Long-before-short-Methode sind dagegen nicht mit Art. 101 AEUV vereinbar.

Marktbasierte Verfahren, also explizite und implizite Auktionen, sind mit Art. 101 AEUV vereinbar. Insbesondere stellt die Gründung eines sog. Auction Office im Rahmen des Market Coupling keine gegen Art. 101 AEUV verstoßende Vereinbarung dar.

4.4.4 Missbrauch einer marktbeherrschenden Stellung: Art. 102 AEUV

Möglich sind auch Verstöße gegen Art. 102 AEUV durch die Wahl einer bestimmten Kapazitätenvergabemethode. Dies gilt insbesondere für eine etwaige Weigerung der Grenzkuppelstellenbetreiber, Dritten Zugang zu den Grenzkuppelstellen gegen ein angemessenes Entgelt zu gewähren.[602] Nach Art. 102 AEUV[603] ist die missbräuchliche Ausnutzung einer beherrschenden Stellung auf dem Gemeinsamen Markt (oder einem wesentlichen Teil des Gemeinsamen Marktes) durch ein oder mehrere Unternehmen verboten, soweit diese geeignet ist, den grenzüberschreitenden Handel zu beeinträchtigen. Eine vorherige Feststellung des Verstoßes durch die Kommission ist nicht notwendig (Art. 1 Abs. 3 Kartellverfahrensordnung). Die Beweislast für das Vorliegen eines Verstoßes liegt jedoch gemäß Art. 2 Kartellverfahrensordnung bei der Behörde, die den Vorwurf eines Verstoßes erhebt.

Nach ständiger Rechtsprechung verstößt jedoch nicht die marktbeherrschende Stellung eines Unternehmens an sich gegen das Wettbewerbsrecht. Es ist durchaus zulässig, dass ein marktbeherrschendes Unternehmen am Markt als

602 Vgl. hierzu grundlegend BKartA, Beschluss vom 27.01.2010, B9-188/05 – Puttgarden: Darin wurde festgestellt, dass die Weigerung Dritten gegen ein angemessenes Entgelt Zugang zu den in ihrem Eigentum stehenden see- und landseitigen Infrastruktureinrichtungen des Fährhafens Puttgarden zu gewähren, um einen Fährdienst einzurichten und zu betreiben, gegen Art. 102 AEUV verstößt (Stichwort: Essential Facilities).

603 In Verbindung mit Art 54 EEA Agreement.

Wettbewerber auftritt. Es trägt dann aber eine besondere Verantwortung dafür, dass es durch sein Verhalten den wirksamen Wettbewerb nicht beeinträchtigt. Dabei berücksichtigt die Kommission jedoch auch immer Tatsachen und Umstände des Einzelfalls, vor allem unter Würdigung des Regulierungsumfeldes. Die Grenzkuppelstellen sind als „essential facilities“[604] im Sinne von Art. 102 AEUV anzusehen.[605] Ohne Zugang zu den Grenzkuppelstellen ist ein europaweiter Elektrizitätsbinnenmarkt nicht möglich. Die Grenzkuppelstellenbetreiber trifft damit eine sehr hohe Verantwortung den grenzüberschreitenden Stromhandel nicht zu beeinflussen. Art. 102 AEUV könnte in solchen Fällen angewandt werden, in denen Unternehmen von dem Netzbetreiber Vorzugsrechte in einer Weise eingeräumt werden, die als Missbrauch einer marktbeherrschenden Stellung angesehen werden könnte.[606]

4.4.4.1 Relevanter Markt

Um mögliche Verletzungen des Art. 102 AEUV beurteilen zu können, bedarf es zunächst einer Definition des relevanten Marktes. Unter Markt im volkswirtschaftlichen Sinne versteht man in funktioneller Hinsicht das Zusammentreffen von Angebot und Nachfrage unter Bildung des Preises. Nach dem Grad des Marktzutritts kann zwischen offenen, beschränkten und geschlossenen Märkten unterschieden werden. Steht es allen Anbietern offen, jederzeit Zugang zum Markt zu erhalten, bzw. wieder auszutreten, herrscht freie Konkurrenz; andernfalls liegt ein geschlossener Markt vor. Soll ein Markt abgegrenzt werden, so ist eine Marktabgrenzung in sachlicher, räumlicher und zeitlicher Hinsicht vorzunehmen. Es ist festzulegen, wer unter den vorgenannten Kriterien zu den Anbietern und Nachfragern gehört bzw. gehören soll.

Bei der Abgrenzung des relevanten Marktes sind die spezifischen Besonderheiten der Ware Strom zu beachten. Insbesondere die Homogenität des Gutes Strom und seine Nichtspeicherbarkeit spielen eine große Rolle.[607] Für die Marktabgrenzung auf den Strommärkten ist bedeutsam, welche Strommengen „körperlich“, also zur tatsächlichen Lieferung, angeboten werden.[608]

604 Zum Begriff der Essential Facilities, vgl. unten, S. 147f.

605 Dies ist für die gesamte Energieinfrastruktur anerkannt, vgl. Schulenberg, die Energiepolitik in der Europäischen Union, S. 274 mwN in Fn. 1204.

606 Vgl. Kommission, MEMO/01/76, S. 2.

607 Monopolkommission, Sondergutachten 54, Rn. 67.

608 BGH, Beschluss vom 11.11.2008 – KVR 60/07 – E.ON/Stadtwerke Eschwege, Tenor.

4.4.4.1.1 Sachliche Marktabgrenzung

Sowohl nach der Rechtsprechung des EuGH als auch nach der Kommission umfasst der sachlich relevante Markt sämtliche Erzeugnisse sowie Dienstleistungen, die von den Marktteilnehmern hinsichtlich ihrer Eigenschaften, Preise sowie ihres Verwendungszweck als austauschbar angesehen werden können (sog. Bedarfsmarktkonzept).[609] Dies entspricht auch der Praxis des Bundeskartellamts.

Die Abgrenzung nach dem Bedarfsmarktkonzept stößt indes immer mehr auf Bedenken. Insbesondere im Rahmen der Energiewirtschaft erscheint eine differenziertere Abgrenzung notwendig. Vorgeschlagen wird die Anwendung des hypothetischen Monopolistentests in der Gestalt des SSNIP-Tests (Small but Significant Non-Transitory Increase in Price-Test). Anders als beim auf die Untersuchung von Nachfragesubstitution ausgelegten Bedarfsmarktkonzept umfasst der hypothetische Monopolistentest zusätzlich ein angebotsorientiertes Element.[610] Der SSNIP-Test untersucht, inwieweit für den Hersteller eines Gutes eine dauerhafte, geringfügige, aber signifikante Preiserhöhung über das wettbewerbliche Niveau hinaus profitabel wäre, wenn er hypothetisch eine Monopolstellung für dieses Produkt hätte.[611] Die Analyse wird dann schrittweise um angrenzende Gebiete oder Produkte erweitert. In jedem einzelnen Schritt wird wiederum geprüft, ob eine Preiserhöhung[612] profitabel wäre. Voraussetzung ist jedoch, dass bei anderen Anbietern eine hinlängliche Angebotsumstellungsflexibilität vorliegt, da diese nur dann als Reaktion auf die Preiserhöhung ihre Produktion kurzfristig auf den betrachteten Markt lenken können.[613] Allerdings stößt der SSNIP-Test in der Literatur durchaus ebenfalls auf Bedenken. Er könne in bestimmten Fällen einen hohen Grad an Substituierbarkeit suggerieren, was zu einer zu weiten Marktabgrenzung führen würde. Deshalb sei der SSNIP-Test in der Praxis für die Definition des beherrschten Marktes in aller Regel ungeeignet.[614]

---

609 EuGH, Urteil vom 13.02.1979, Rs. 85/76, Slg. 1979, 461, 516, Rn. 28 – Hoffmann-La Roche/Kommission; EuG, Urteil vom 06.10.1994, Rs. T-83/91, Slg. 1994, II-755, 793, Rn. 63ff. – Tetra Pak/Kommission.

610 Monopolkommission, Sondergutachten 54, Rn. 70ff.

611 Der SSNIP-Test stößt jedoch auf Anwendungsprobleme, wenn der originäre Wettbewerbspreis unbekannt ist und die Preise bereits in der Ausgangssituation erhöht sind, denn dann wird ein Quasi-Wettbewerbspreis ermittelt.

612 Zwischen 5 % und 10 %.

613 Vgl. hierzu ausführlich Monopolkommission, Sondergutachten 54, Rn. 74.

614 Siehe hierzu Bulst, in: Langen/Bunte (Hrsg.), Kommentar zum deutschen und europäischen Kartellrecht, Band 2: Europäisches Kartellrecht, Art. 82, Rn. 39f. mwN.

In der Vergangenheit hat die Kommission vor allem zwischen den folgenden Produktmärkten unterschieden[615]:

- Stromerzeugung und Stromgroßhandel,
- Übertragung,
- Verteilung,
- Einzelhandel und gegebenenfalls
- Bereitstellung von Regel-/Ausgleichsenergiediensten im Stromsektor.[616]

Außerdem wurde bei der sachlichen Marktabgrenzung zwischen den verschiedenen Abnehmergruppen und der generellen Austauschbarkeit des Energieträgers Elektrizität unterschieden.[617]

Generell bildet die Höchstspannungsebene einen eigenen sachlichen Markt. Grenzkuppelstellen könnten als Teil der Höchstspannungsnetze anzusehen sein. Dafür spricht, dass Grenzkuppelstellen für sich genommen eigentlich nicht am Wirtschaftsverkehr teilnehmen. Eine Buchung von Kapazitäten an Grenzkuppelstellen macht ohne die Buchung von Kapazitäten in den angeschlossenen Netzen keinen Sinn. Der Stromhändler müsste diese verfallen lassen. Auf der anderen Seite müssen gerade die Kapazitäten an Grenzkuppelstellen zusätzlich gebucht werden. Nur dann ist grenzüberschreitender Handel möglich. Dies spricht dagegen, die Grenzkuppelstellen unter den sachlichen Markt der Höchstspannungsnetze zu definieren.

In der Vergangenheit wurden Grenzkuppelstellen von der Kommission aber auch als Teil des Erzeugungsmarktes angesehen.[618] Dies geschah allerdings im Rahmen der Definition der Märkte im Stromgroßhandel. Der BGH definiert ebenfalls einen Erstabsatzmarkt für Strom, auf dem allein die stromerzeugenden und -importierenden Unternehmen als Anbieter auftreten.[619] Auch das Bundeskartellamt geht davon aus, dass hinsichtlich des Erstabsatzes für Strom die Grenzkuppelstellen einen entscheidenden Faktor darstellen.[620] Für den Gasfernleitungsmarkt ist

615 Siehe Kommission, Comp/M.3440 – EDP/ENI/EDP mwN.

616 Vgl. Kommission Comp/M.3268 – Sydkraft/Graninge.

617 Senke, Elektrizitätslieferverträge nach der Liberalisierung der Elektrizitätsmärkte im Lichte des europäischen und deutschen Kartellrechts, S. 121.

618 Kommission, Comp/M.5224 – EDF/British Energy; Kommission, Comp/M.3440 – ENI/EDP/GDP; Kommission, Entscheidung vom 21.12.2005, Comp/M.3696 Tz. 223f. – E.ON/MOL; siehe auch BGH, Beschluss vom 11.11.2008 – KVR 60/07 – E.ON/Stadtwerke Eschwege, Tz. 21 zur Praxis der Kommission.

619 BGH, Beschluss vom 11.11.2008 – KVR 60/07 – E.ON/Stadtwerke Eschwege, Tenor.

620 BKartA, Sektorenuntersuchung Stromerzeugung Stromgroßhandel, S. 75.

diese Marktdefinition zwar zutreffend. Die Einspeisung in das Netz im Gasmarkt erfolgt zu einem sehr viel höheren Anteil über Grenzkuppelstellen als im Strommarkt.[621] Hier handelt es sich jedoch nicht um den Stromgroßhandel, sondern dezidiert um die Vergabe der Kapazitäten an Grenzkuppelstellen. Die Importeure sollen zwar über Grenzkuppelstellen in Konkurrenz mit den Erzeugern treten. Es soll jedoch auch Wettbewerb an den Grenzkuppelstellen zwischen Importeuren und Exporteuren untereinander entstehen. Die Kapazitätenvergabe kann nicht durch andere Handelsprodukte substituiert werden, sondern ist entweder allein oder gemeinsam mit gebuchten Handelsvolumina Bedingung für den grenzüberschreitenden Stromhandel. Deshalb ist die Kapazitätenvergabe an Grenzkuppelstellen als eigener sachlicher Markt anzusehen.

4.4.4.1.2 Räumliche Marktabgrenzung

Neben der Definition des sachlichen Markts muss auch eine räumliche Marktabgrenzung vorgenommen werden. Grundsätzlich ist für die Definition des räumlichen relevanten Marktes das Gebiet ausschlaggebend, in dem die beteiligten Unternehmen die relevanten Produkte oder Dienstleistungen anbieten, in dem die Wettbewerbsbedingungen hinreichend homogen sind und das sich von benachbarten Gebieten durch spürbar unterschiedliche Wettbewerbsbedingungen unterscheidet. Homogene Wettbewerbsbedingungen liegen vor, wenn eine Nachfragesubstituierbarkeit festgestellt werden kann.[622] Dies bedeutet, dass sich die Feststellung der hinreichend homogenen Wettbewerbsbedingungen letztlich nach den räumlichen Ausweichmöglichkeiten zur Marktgegenseite richtet.[623]

---

621 Zwischen dem Gasmarkt und dem Strommarkt bestehen bereits aufgrund der physikalischen Gegebenheiten strukturelle Unterschiede. Zum einen ist Gas im Gegensatz zu Strom speicherbar. Auf der anderen Seite kann Elektrizität theoretisch überall auf der Welt produziert werden, während Gas an seine natürlichen Vorkommen gebunden ist. Dies wiederum macht die grenzüberschreitende Lieferung von Gas eine gegebene Notwendigkeit. Denn die meisten Erdgasvorkommen finden sich außerhalb der EU. Dementsprechend stellen die europäischen Ferngasunternehmen weniger Gas her als sie aus Drittländern importieren. Vgl. zur Abgrenzung im Gasmarkt: OLG Düsseldorf, Urteil vom 23.11.2005, WuW/E DE-R 1639, 1642 – Mainova/Aschaffenburger Versorgungs GmbH.

622 Kommission, Bekanntmachung über die Definition des relevanten Marktes, Abl. C 372 vom 9.12.1997, Rn. 8.

623 Vgl. Alsheimer/Kassebohm/Schulz, RdE 2007, 1, 1, die die räumliche Marktabgrenzung für den Gasmarkt definieren; gleiches gilt jedoch auch für den europäischen Strommarkt.

Zu Zeiten der staatlichen Monopole wurden die räumlich relevanten Märkte nach den vorliegenden Versorgungsgebieten definiert. Mit der fortschreitenden Liberalisierung verlor diese Vorgehensweise ihre Berechtigung. Es kam es zu einer Neuordnung der räumlichen Märkte.[624] Allerdings kam die Neuordnung der räumlichen Märkte nicht „über Nacht" mit der Liberalisierung. Laut BGH[625] war es „weiterhin erforderlich, dass sich mit einer entsprechenden Wahrscheinlichkeit auf Grund der rechtlichen Rahmenbedingungen in absehbarer Zeit die tatsächlichen Verhältnisse änderten". Damit ist nach dem BGH nicht die Veränderung der rechtlichen Rahmenbedingungen, sondern die der tatsächlichen Marktverhältnisse maßgeblich. Die Regulierung kann für Märkte, auf denen Netzdienstleistungen erbracht werden, nicht die Tatsache verändern, dass diese weiterhin durch einen Monopolanbieter erbracht werden.[626]

Die Kommission und der EuGH gehen inzwischen grundsätzlich zunächst von einem gemeinsamen europaweiten Markt als räumlich relevanten Markt aus. Der für eine Marktbeherrschung sachlich relevante Markt muss jedoch nicht begriffsnotwendig mit dem gesamten Gebiet der Europäischen Union zusammenfallen. Räumlich abgegrenzte Märkte liegen insbesondere bei rechtlichen oder faktischen Monopolen vor. Da die Höchstspannungsnetze aufgrund ihrer Nichtduplizierbarkeit faktische Monopole darstellen und der grenzüberschreitende Handel bislang nur mangelhaft funktioniert, existiert ein europaweiter Elektrizitätsmarkt bislang noch nicht.

Voraussetzung für einen räumlich abgrenzten Markt ist, dass der regionale Teilmarkt einen wesentlichen Teil des gemeinsamen Marktes darstellt; der beherrschte Markt muss eine gewisse Größenordnung erreichen. Eine Bindung an nationale Grenzen findet dabei nicht statt.[627] Eingeschränkter ist der relevante räumliche Markt dann, wenn die Mobilität des Vertragsprodukts durch seine Art und Eigenschaften eingeschränkt ist. Kleinere räumlich relevante Märkte sind zu bilden, wenn die Austauschmöglichkeiten der Nachfrager aus objektiven Gründen regional oder lokal begrenzt sind.[628] Das Vertragsprodukt ist in diesem Fall die grenzüberschreitend gehandelte Elektrizität. Beim Transport über die nationalen Märkte hinaus muss immer die zusätzliche Buchung von Kapazitäten an den Grenzkuppelstellen

---

624 Becker/Zapfe, ZWeR 4/2007, 419, 419.

625 BGH, Beschluss vom 15.07.1997 – KVR 21/96, NJW 1998, 2444, 2447 – Stadtwerke Garbsen.

626 Becker/Zapfe, ZWeR 4/2007, 419, 426.

627 Zinow, Rechtsprobleme der grenzüberschreitenden Durchleitung von Strom in einem EG-Binnenmarkt für Energie, S. 153.

628 OLG Düsseldorf, Urteil vom 16.04.2008, VI-2 U (Kart) 8/06, abgedruckt in RdE 2008, 208, 209 – E.ON Ruhrgas.

vorgenommen werden. Dies bedeutet nicht nur einen zusätzlichen Buchungs- und damit Organisationsaufwand für die Händler, sondern es stellt sich außerdem die Frage, ob allen Händlern diskriminierungsfrei ausreichend freie Kapazitäten an Grenzkuppelstellen zur Verfügung stehen. Bereits in der Tatsache, dass beim grenzüberschreitendem Handel zusätzliche Kapazitäten gebucht werden müssen kann eine Änderung der Wettbewerbsbedingungen gesehen werden, so dass zumindest die nationalen Märkte als räumlich getrennte Märkte angesehen werden könnten.[629]

Außerdem sind ausreichende Kapazitäten an den Grenzkuppelstellen wiederum Voraussetzung dafür, dass für den Stromgroßhandel die relevanten Märkte über die nationalen Märkte hinausgehend definiert werden können.[630] Die Tatsache, dass zwischen den Netzen „Dänemark-West" und „Dänemark-Ost" keine Kuppelstelle existiert, führt sogar dazu, dass Dänemark nicht als ein einheitlicher Markt angesehen werden kann.[631] Bislang wurde zudem noch nicht detailliert festgestellt, wie hoch der Prozentsatz der Markt-Kupplung sein muss, damit aus zwei nationalen Märkten ein relevanter Markt werden kann; allerdings gibt es insoweit Anhaltspunkte, als festgestellt wurde, dass 13 % des Gesamtinlandsverbrauchs nicht ausreichen,[632] 25 % wohl hingegen schon. So gingen im europäischen Fusionsverfahren Verbund/Energie Allianz aus dem Jahr 2003 die anmeldenden Parteien davon aus, dass der räumlich relevante Markt beim Stromhandel neben dem österreichischen Staatsgebiet zumindest auch Deutschland mit umfasse.[633] Die Kommission stellte fest, dass ein hohes Importaufkommen an Grenzkuppelstellen dafür spricht, den räumlichen Markt auf Gebiete außerhalb Österreichs auszudehnen.[634] Dort lag der Anteil der Grenzkuppelstellenkapazitäten bei ca. 25 % des Gesamtinlandsverbrauchs. Dies hielt die Kommission für ausreichend, um den Rückschluss auf ausreichend hohe Importmöglichkeiten aus Deutschland und der Schweiz zu ziehen.[635]

Auf der anderen Seite befand die Kommission die vorhandene Kapazität von 13 % an der Grenzkuppelstelle zwischen Belgien und den Niederlanden als zu

---

629 Vgl. hierzu, allerdings für den europäischen Gasmarkt: Alsheimer/Kassebohm/Schulz, RdE 2007, 1, 4.

630 Jones, EU Energy Law, Vol. II, 2nd edition September 2007, Rn. 2.107.

631 Kommission, Comp/M.3868 – DONG/Elsam.

632 Kommission, Comp/M.3440 – EDP/ENI/GDP, S. 17.

633 Kommission, Comp/M.2947 – Verbund/Energie Allianz, Rn. 56.

634 Kommission, Comp/M.2947 – Verbund/Energie Allianz, Rn. 98ff.

635 Jones, EU Energy Law, Vol. II, 2nd edition September 2007, Rn. 2.110; im Endeffekt ließ die Kommission die Entscheidung jedoch offen, vgl. Kommission, Comp/M.2947 – Verbund/Energie Allianz, Rn. 101.

gering, um einen gemeinsamen Markt zu definieren.[636] Das gleiche galt auch für den französischen Markt, da die französischen Grenzkuppelstellen nur ein mögliches Importvolumen von weniger als 10 % aufwiesen.[637] Zwischen England und Wales betrug die grenzüberschreitende Kapazität sogar nur 6 % des Importvolumens;[638] auch im Falle Deutschlands ging die Kommission aufgrund der beschränkten Importquote von einem rein nationalen Markt aus.[639] Spanien konnte in 2001 und 2002 6,6 % an Importkapazitäten vorweisen,[640] im Jahr 2003 betrug der importierte Anteil an verkauftem Strom nur noch 4,3 %.[641] Die Grenzkuppelstelle von Spanien zu Portugal deckte zwischen 7 % und 13 % des Gesamtvolumens Portugals ab.[642] Dementsprechend wurde auch für die iberische Halbinsel von nationalen Märkten ausgegangen.[643] Bezüglich der Grenzkuppelstellen zwischen Deutschland und den Niederlanden hat die Kommission zwar festgestellt, dass sich die Kapazität erhöht habe. Ein gemeinsamer räumlicher Markt könne zumindest in Erwägung gezogen werden, da nur in Spitzenlastzeiten Engpässe vorlägen. Im Ergebnis wurde eine abschließende räumliche Entscheidung aber offen gelassen.[644]

Nach Ansicht der Kommission führen ausreichende grenzüberschreitende Kapazitäten ohnehin nicht notwendigerweise zu einer geographisch weiteren Marktdefinition.[645] Dies gelte selbst für die in den Nordpool-Verbund eingebundenen

636 Kommission, Comp/M.1803 – Electrabel/Epon, Rn. 22; vgl. auch Kommission, Comp/M.3318 – ECS/Sibelga, Rn. 24.

637 Kommission, Comp/M.1853 – EdF/EnBW, Par. 22.

638 Kommission, Comp/M.2209 – EdF Group/Cottam Power Station, Rn. 16.

639 Kommission, Comp/M.1673 – VEBA/VIAG, Rn. 22–31.

640 Kommission, Comp/M.2684 – EnBW/EDP/Cajastur/Hidrocantabrico, Rn. 24.

641 Vgl. Kommission, Comp/M.3448 – EdP/Hidroelectrica del Cantabrico, Rn. 21 (allerdings ließ die Kommission in diesem Fall die Frage nach einem grenzüberschreitenden räumlich relevanten Markt offen, siehe Rn. 24); Kommission, Comp/M.2432 – Grupo Villar Mir/EnBW/Hidroelectrica del Cantabrico, Rn. 24–26.

642 Kommission, Comp/M.3440 – EDP/ENI/GDP, Rn. 81.

643 Kommission, Comp/M.3440 – EDP/ENI/GDP, Rn. 78, 94ff; Kommission, Comp/M.2684 – EnBW/EDP/Cajastur/Hidrocantabrico, Rn. 26; Kommission, Comp/M.2432 – Grupo Villar Mir / EnBW / Hidroelectrica del Cantabrico, Rn. 26; vgl. außerdem Kommission, Comp/M.2620 – Ene/Viesgo, Rn. 7.

644 Europäische Kommission, Entscheidung vom 23.6.2003, Comp/M.5467 – RWE/Essent, Rn. 29ff.

645 Jones, EU Energy Law, Vol. II, 2nd edition September 2007, Rn. 2.109; in ihrer Entscheidung Comp/M.2890 – EdF/Seeboard, Rn. 15, 37 hatte die Kommission jedoch zumindest überlegt, ob ausreichende Kapazitäten an den Grenzkuppelstellen zu einer weiteren Marktdefinition führen könnte, traf jedoch keine abschließende Entscheidung.

skandinavischen Länder, obwohl dort die Marktintegration der Elektrizitätsmärkte bereits weit fortgeschritten ist.[646] Getrennte nationale Märkte bestehen vor allem aufgrund des Rechtsrahmens und der Marktverfassung der einzelnen Mitgliedstaaten.[647] Auch der BGH geht bislang von nationalen Märkten aus; ein europaweiter Markt bestehe angesichts der begrenzten Übertragungskapazitäten an den Grenzkuppelstellen nicht.[648] Dagegen geht das Bundeskartellamt inzwischen bei den Erzeugungskapazitäten von einem gemeinsamen Markt zwischen Deutschland und Österreich aus.[649] Dafür sprächen das Fehlen von Engpässen an den Grenzkuppelstellen zwischen Deutschland und Österreich sowie das einheitliche Markt- und Preisgebiet an der EPEX.

Denkbar wäre jedoch auch, in Bezug auf die Kapazitätenvergabe jede Grenzkuppelstelle als eigenen räumlich relevanten Markt zu definieren. Denn grundsätzlich besteht keine Substituierbarkeit mit dem angeschlossenen Höchstspannungsnetz. Die Kommission hat sowohl in ihrer EMCC-Entscheidung[650] als auch in ihrer CASC JV-Entscheidung[651] festgestellt, dass nicht ausgeschlossen werden kann, den relevanten Markt für grenzüberschreitende Stromflüsse auf einzelne Grenzkuppelstellen zu beschränken. Es könnte jedoch sinnvoll sein, den räumlich relevanten Markt auf alle Grenzkuppelstellen, die zwei nationale Märkte miteinander verbinden, einzugrenzen. Denn schließlich dienen beispielsweise alle Grenzkuppelstellen zwischen Frankreich und Deutschland dazu, den deutschen mit dem französischen Markt zu verbinden. Die Kapazitäten an den jeweiligen Grenzkuppelstellen wären damit eventuell substituierbar. Allerdings sind die nationalen Märkte oft oligopolistisch aufgebaut. Das würde bedeuten, dass Grenzkuppelstellen eines Übertragungsnetzbetreibers nicht notwendigerweise durch Kapazitäten an Grenzkuppelstellen eines anderen Übertragungsnetzbetreibers substituierbar wären. Selbst wenn die in Frage stehenden Grenzkuppelstellen

646 Kommission, Comp/M.3440 – EDP/ENI/GDP, S. 16.

647 So jedenfalls für die iberische Halbinsel: Kommission, Comp/M.3440 – EDP/ENI/GDP, S. 17, dies gilt prinzipiell jedoch auch für den Rest Europas, vgl. auch Pressemitteilung der Kommission vom 8.02.2000 (IP/00/126), in der sie feststellte, dass die Strommärkte in den Niederlanden und in Belgien mit ihren abweichenden aufsichtsrechtlichen Vorschriften, unterschiedlichen Preisen und technischen Sachzwängen, die auch weiterhin die Einfuhren und Ausfuhren beschränken, trotz der Vorschriften über die fortschreitende Liberalisierung der europäischen Strommärkte bestenfalls nationale Märkte seien.

648 BGH, Beschluss vom 11.11.2008 – KVR 60/07 – E.ON/Stadtwerke Eschwege, Tenor.

649 BKartA, Sektorenuntersuchung Stromerzeugung/Stromgroßhandel, S. 17.

650 Kommission, Comp/M.4922 – EMCC, Rn. 14.

651 Kommission, Comp/M.5154 – CASC JV, Rn. 21.

die gleichen nationalen Grenzen überbrücken würden, so müssten immer auch Kapazitäten im Höchstspannungsnetz des dazugehörigen Netzbetreibers gebucht werden. Dies würde wiederum dafür sprechen, alle Grenzkuppelstellen, die zwischen zwei gleichen Netzbetreibern bestehen, zu einem Markt zusammenzufassen. Diese wären dann auch substituierbar. Aufgrund der physikalischen Besonderheiten der Ware Strom spielt es ohnehin für den Stromhändler keine Rolle, welche Grenzkuppelstelle zwischen zwei identischen Netzbetreibern tatsächlich verwendet wird.

4.4.4.1.3 Zwischenergebnis

Räumlich und sachlich relevante Märkte sind damit alle Grenzkuppelstellen, die einen Mitgliedstaat mit einem anderen Mitgliedstaat verbinden. Dies gilt jedenfalls insoweit, als sie zum gleichen Übertragungsnetzbetreiber gehören. Werden Grenzkuppelstellen zwischen zwei Mitgliedstaaten von unterschiedlichen Grenzkuppelstellenbetreibern bewirtschaftet, sind sie als eigener Markt zu klassifizieren, da eine Substituierbarkeit nicht besteht. Etwas anderes gilt nur dann, wenn die Kapazitätenvergabe im Wege des Market Coupling durchgeführt wird. In diesem Fall werden ja gerade die Übertragungsnetze unterschiedlicher Netzbetreiber an einer Börse miteinander verbunden.

4.4.4.2 Marktmacht und marktbeherrschende Stellung

Betreiber von Grenzkuppelstellen müssten zudem eine marktbeherrschende Stellung innehaben. Importmengen sind grundsätzlich dazu geeignet, Marktmacht zu vermitteln, da durch sie auf die Preisbildung eingewirkt werden kann.[652] Art. 102 AEUV enthält selbst zwar keine Definition der Marktbeherrschung. Eine marktbeherrschende Stellung bildet jedoch schon tatbestandlich die Voraussetzung für die Anwendbarkeit der Missbrauchskontrolle nach Art. 102 AEUV.

Im Rahmen der Prüfung auf Vorliegen einer marktbeherrschenden Stellung werden von der Kommission hinsichtlich des Wettbewerbsdrucks grundsätzlich folgende Faktoren berücksichtigt[653]:

- bereits bestehender Lieferungen von vorhandenen Wettbewerbern und deren Marktstellung (= Marktstellung des marktbeherrschenden Unternehmens und seiner Wettbewerber);

---

652 BKartA, Sektorenuntersuchung Stromerzeugung Stromgroßhandel, S. 100.

653 Kommission, Mitteilung vom 26. Februar 2009, Erläuterungen zu den Prioritäten der Kommission bei der Anwendung von Artikel 82 des EG-Vertrags auf Fälle von Behinderungsmissbrauch durch marktbeherrschende Unternehmen, 2009/C45/02, Nr. 12.

- drohende Expansion bereits vorhandener Wettbewerber oder des drohenden Markteintritts potenzieller Wettbewerber (Expansion und Markteintritt);
- Verhandlungsstärke der Abnehmer (Nachfragemacht).

Ein Unternehmen kann danach dann als marktbeherrschend angesehen werden, wenn es über einen längeren Zeitraum[654] den Preis gewinnbringend auf ein Niveau über den Wettbewerbspreis erhöhen und halten kann und keinem ausreichend wirksamen Wettbewerbsdruck ausgesetzt ist. Rechnerische Gewinne sind dabei kein ausreichender Anhaltspunkt für Marktmacht. Abgestellt wird vielmehr auf die Fähigkeit, Wettbewerbsparameter wie Preise, Output, Innovation, Angebot und Qualität der Waren/Dienstleistungen zugunsten des Unternehmens und zuungunsten der Verbraucher beeinflussen zu können.[655]

Einer der aufschlussreichsten Indikatoren für Marktmacht sind Marktanteile[656], die allerdings unter Berücksichtigung der jeweiligen Marktbedingungen und insbesondere der Dynamik auf dem betreffenden Markt und des Umfangs der Produktdifferenzierungen zu interpretieren sind.[657] Dabei gilt: Je höher ein Marktanteil und je länger er gehalten wird, desto eher spricht dies für das Vorliegen einer marktbeherrschenden Stellung, unter Umständen auch für ein missbräuchliches Verhalten.[658] Allerdings ist Marktmacht nicht ausschließlich an Marktanteilen festzumachen.[659] Ein weiteres Indiz für Marktmacht sind hohe

654 In der Regel bedeutet „längerer Zeitraum" zwei Jahre – dies ist allerdings auf Einzelfallbasis zu entscheiden, vgl. Kommission, Mitteilung vom 26. Februar 2009, Erläuterungen zu den Prioritäten der Kommission bei der Anwendung von Artikel 82 des EG-Vertrags auf Fälle von Behinderungsmissbrauch durch marktbeherrschende Unternehmen, 2009/C45/02, Fn. 6.

655 Siehe hierzu EuGH, Urteil vom 14.02.1978, Rs. 27/76 – United Brands Company and United Brands Continentaal/Kommission, Slg. 1978, S. 207, Rn. 126.

656 EuGH, Urteil vom 13.02.1979, Rs. 85/76 – Hoffmann – La Roche & Co./Kommission, Slg. 1979, S. 461, Rn. 39–41; EuG, Urteil vom 12.12.1991, Rs. T-30/89 – Hilti/Kommission, Slg. 1991, II-1441, Rn. 90–92.

657 Kommission, Mitteilung vom 26. Februar 2009, Erläuterungen zu den Prioritäten der Kommission bei der Anwendung von Artikel 82 des EG-Vertrags auf Fälle von Behinderungsmissbrauch durch marktbeherrschende Unternehmen, 2009/C45/02, Nr. 13.

658 Zum Verhältnis zwischen dem Grad der Marktbeherrschung und der Feststellung eines Missbrauchs, siehe EuGH, Urteil vom 16.03.2000, verbundene Rs. C-395/96 P und C-396/96 P – Compagnie Maritime Belege und Defra-Lines/Kommission, Slg. 2000, I-1365, Rn. 6, 119f.; EuG, Urteil vom 7.10.1999, Rs. T-228/97 – Irish Sugar / Kommission, Slg. 1999, II-2969, Rn. 186.

659 Kommission, Preliminary Report – Executive Summary, Sector Inquiry under Art. 17 Regulation 1/2003 on the Gas and Electricity Markets, 16.02.2006, S. 4.

Investitionen, die den Markteintritt erst möglich machen (hohe sog. versunkene Kosten).

Betreiber von Grenzkuppelstellen haben auf dem jeweiligen Markt ihrer Grenzkuppelstelle eine Monopolstellung inne. Damit nehmen sie eine beherrschende Stellung auf einem wesentlichen Teil des gemeinsamen Marktes ein.[660] Nach der Rechtsprechung des EuGH hat ein Unternehmen mit einer abgesicherten Monopolstellung für das Erbringen bestimmter Dienstleistungen eine beherrschende Stellung im Sinne von Art. 102 AEUV inne.[661] Grundsätzlich kann Wettbewerbsdruck zwar auch von Abnehmern ausgehen, soweit diese über ausreichende Verhandlungsmacht verfügen.[662] Bei der Kapazitätenvergabe an Grenzkuppelstellen ist nicht von ausreichender Verhandlungsmacht auszugehen, da die Abnehmer zwingend auf die Kapazitäten angewiesen sind, um grenzüberschreitend handeln zu können. Ein Ausweichen auf andere Grenzkuppelstellen ist, wie oben[663] bereits dargestellt wurde, nur begrenzt möglich. Abgesehen davon, sind Übertragungsnetzbetreiber nicht nur hinsichtlich der Grenzkuppelstelle, sondern auch bezüglich des nachgelagerten Marktes marktbeherrschend. Durch die Grenzkuppelstellen kontrollieren sie nicht nur diese, sondern auch den Zutritt zu den nationalen Übertragungsnetzen, der ansonsten nur über Erzeugungsanlagen möglich ist.

Problematisch ist in diesem Zusammenhang jedoch die Unsicherheit der Datenbasis. Zwar sind grundsätzlich die vorhandenen Erzeugungskapazitäten bekannt, tagesscharfe Angaben zur Verfügbarkeit liegen jedoch längst nicht für alle Erzeuger vor.[664] Dies bedeutet in der Folge, dass die Daten über Importe und Exporte auch nicht präzise sein können. Außerdem ist ein tatsächlicher Missbrauch nur ein Indikator für Marktmacht. Laut Art. 102 AEUV müssen beide Voraussetzungen erfüllt sein; ein Umkehrschluss ist nicht zulässig.

---

660 Vgl. Kommission, Entscheidung vom 14. Januar 1998 in einem Verfahren nach Artikel 86 EG-Vertrag (IV/34.801 FAG – Flughafen Frankfurt/Main AG), Tz. 60.

661 EuGH, Urteil vom 3.10.1985, Rs. 311/84 – Telemarketing, Rn. 17; vgl. auch Kommission, Entscheidung vom 21.12.1993 zur Verweigerung des Zugangs zu den Anlagen des Hafens von Rødby, Abl. Nr. L 055 vom 26.02.1994, S. 53ff, Tz. 10.

662 Vgl. EuG, Urteil vom 7.10.1999, Rs. T-228/97 – Irish Sugar/Kommission, Slg. 1999, II-2969, Rn. 93–104.

663 Siehe oben, S. 143.

664 Weber/Vogel, ET 4/2007, 20, 21 mwN.

4.4.4.3 Missbräuchliches Verhalten

Eine marktbeherrschende Stellung bedeutet nach einschlägiger Rechtsprechung nicht per se eine Verletzung des Wettbewerbsrechts. Das betreffende Unternehmen trägt aber eine besondere Verantwortung dafür, dass sein Verhalten den unverfälschten Wettbewerb nicht beeinträchtigt.[665] Die Reichweite dieser Verantwortung muss in jedem Einzelfall unter Berücksichtigung der besonderen Umstände definiert werden.[666]

Der Missbrauchsbegriff wird zwar nicht in Art. 102 AEUV legaldefiniert. Der Missbrauch einer marktbeherrschenden Stellung ist aber spätestens seit dem Hoffmann – La Roche-Urteil des EuGH aus dem Jahr 1979 höchstrichterlich geklärt.[667] Danach ist Missbrauch einer marktbeherrschenden Stellung (1) ein Verhalten eines marktbeherrschenden Unternehmens, welches (2) geeignet ist die Struktur eines bestimmten Marktes zu beeinflussen, auf dem (3) durch die Anwesenheit des fraglichen Unternehmens (4) die Entstehung oder das Wachstum von Wettbewerb verhindert wird.

Nach Ansicht der Kommission[668] missbraucht ein Unternehmen in beherrschender Stellung diese, wenn es eine wichtige Anlage besitzt oder verwaltet und allein nutzt, d.h. eine Anlage oder eine Infrastruktur, ohne die seine Wettbewerber ihren Kunden keine Dienstleistungen anbieten können, und wenn es seinen Wettbewerbern den Zugang zu dieser Anlage verweigert. Die Kommission wird in der Regel im Sinne von Art. 102 AEUV tätig wenn sie aufgrund von Beweisen davon überzeugt ist, dass der mutmaßliche Missbrauch aller Wahrscheinlichkeit nach zu einer wettbewerbswidrigen Marktverschließung führt. Nach Ansicht der Kommission müssen bei der Beurteilung folgende Faktoren berücksichtigt werden:[669]

---

665 Kommission, Mitteilung vom 26. Februar 2009, Erläuterungen zu den Prioritäten der Kommission bei der Anwendung von Artikel 82 des EG-Vertrags auf Fälle von Behinderungsmissbrauch durch marktbeherrschende Unternehmen, 2009/C45/02, Nr. 1; EuGH, Urteil vom 9.11.1983, Rs. 322/81 – Nederlandsche Banden Industrie Michelin/Kommission (Michelin I), Slg. 1983, S. 3461, Rn. 57.

666 EuG, Urteil vom 7.10.1999, Rs. T-228/97, Irish Sugar/Kommission, Slg. 1999, II-2969, Rn. 112.

667 EuGH, Urteil vom 13. Februar 197 – Hoffmann – La Roche und Co. AG/Kommission, Rs. 85–76, Slg. 1979, S. 461ff., Leitsatz Nr. 6.

668 Kommission, Entscheidung vom 21.12.1993 zur Verweigerung des Zugangs zu den Anlagen des Hafens von Rødby, Abl. Nr. L 055 vom 26.02.1994, S. 53ff, Tz. 12.

669 Kommission, Mitteilung vom 26. Februar 2009, Erläuterungen zu den Prioritäten der Kommission bei der Anwendung von Artikel 82 des EG-Vertrags auf Fälle von Behinderungsmissbrauch durch marktbeherrschende Unternehmen, 2009/C45/02, Nr. 9ff.

- Stellung des marktbeherrschenden Unternehmens,
- Bedingungen auf dem relevanten Markt,
- Stellung der Wettbewerber der marktbeherrschenden Unternehmens,
- Stellung der Abnehmer bzw. Anbieter des Inputs,
- Ausmaß des mutmaßlichen missbräuchlichen Verhaltens,
- mögliche Beweise für eine tatsächliche Marktverschließung und
- unmittelbare Beweise für eine Behinderungsstrategie.

Je stärker die Stellung eines marktbeherrschenden Unternehmens, desto wahrscheinlicher ist es, dass das Verhalten des Unternehmens zu einer wettbewerbswidrigen Marktverschließung führt. Die Bedingungen auf dem relevanten Markt werden vor allem durch die Größenvorteile des betreffenden Unternehmens und seine Rolle auf den vor- und nachgelagerten Märkten bestimmt. Möglicher Hinweis auf eine tatsächliche Marktverschließung ist das vergebliche Bemühen eines potenziellen Wettbewerbers um Marktzutritt. Hier kann es sich auch um einen Mitbewerber auf nachgelagerten Märkten handeln.

Aus rechtlicher Sicht muss der diskriminierungsfreie Drittzugang zu Übertragungsnetzen und damit auch zu Grenzkuppelstellen zudem als Teil der Essential Facilities Doktrin gesehen werden.[670] Die Essential Facilities Doktrin, die im Rahmen von Art. 102 AEUV Anwendung findet, wurde ursprünglich in den Vereinigten Staaten entwickelt.[671] Sie betrifft die Verweigerung des Zugangs zu wesentlichen Einrichtungen, also die Frage, inwiefern der Inhaber von Infrastruktureinrichtungen, die den Zugang zu vor- oder nachgelagerten Märkten beherrschen, anderen Unternehmen die Mitbenutzung dieser Einrichtungen gestatten müssen, auch wenn ihnen dadurch Konkurrenz auf dem genannten anderen Markt erwächst.[672] In den 1970er Jahren begann die Kommission, diese Schritt für Schritt auch auf das Gemeinschaftsrecht anzuwenden und formulierte sie erstmals in den zwischen 1993 und 1995 erlassenen Seehafenentscheidungen aus. In diesen entschied

670 Dziadywicz, Journal of Energy & Natural Resources Law, Vol. 25, 2/2007, 114, 116.

671 Siehe grundsätzlich zur Essential Facilities Doctrine: Hohmann, Die essential facilities doctrine im Recht der Wettbewerbsbeschränkungen, S. 23ff; Cameron, Competition in Energy Markets, 13.48; Klaue, RdE 1996, 51ff mwN; Klimisch/Lange, WuW 1998, 15, 18ff. mwN; Schwarze, in: Schwarze (Hrsg.), Der Netzzugang für Dritte im Wirtschaftsrecht, 11, 16ff.; Knieps, in Schwarze (Hrsg.), Netzzugang für Dritte: Eine Herausforderung für die moderne Wettbewerbspolitik, 29, 37ff mwN; vgl. außerdem die Ausführungen des Generalanwalt Jacobs im EuGH-Fall C-7/97, Slg. 1998, I-7791, Rn. 33ff. – Bronner.

672 Emmerich in: Dauses, Handbuch des EU-Wirtschaftsrechts, Bd. 2, H.I § 3 Art. 102 AEUV, Rn. 95.

sie, dass die Verweigerung der Mitbenutzung wesentlicher Einrichtungen unter nicht-diskriminierenden Bedingungen gegen Art. 102 AEUV verstößt, sobald der marktbeherrschende Inhaber einer wesentlichen Einrichtung diese selbst nutzt, aber andere an der Aufnahme einer Tätigkeit im vor- oder nachgelagerten Markt hindert.[673] Seitdem wendet die Kommission die Essential Facilities Doktrin immer dann an, wenn ein marktbeherrschendes Unternehmen den Zugang zu einem Markt kontrolliert, weil es über Einrichtungen verfügt oder diese kontrolliert, die den Zugang überhaupt erst ermöglichen.[674] Beim grenzüberschreitenden Stromhandel sind die Verhältnisse identisch: Die Grenzkuppelstellen sind Teile der Infrastruktur, die neben der inländischen Erzeugung den einzigen Einspeisezugang in ein nationales Höchstspannungsnetz bilden.

Die Grundsätze für die Anwendung der Essential Facilities Doktrin hat der EuGH erstmals in der Rechtsache Bronner[675] statuiert.[676] Danach muss (i) die Verweigerung des Zugangs zu einer wesentlichen Einrichtung geeignet sein, jeglichen Wettbewerb auf dem nachgeordneten Markt durch denjenigen, der die Dienstleistung begehrt, zu verhindern, und sie darf (ii) nicht objektiv gerechtfertigt sein. Daneben darf (iii) weder tatsächlicher noch potentieller Ersatz für die Einrichtung bestehen.[677] In seiner Entscheidung „IMS/NDC“[678] aus dem Jahr 2004 hat der EuGH abschließend die Voraussetzungen festgelegt, unter denen eine Anwendung der Doktrin in Betracht kommt. Damit wurde die Anwendbarkeit eines eigenständigen Essential-Facilities-Konzepts im EG-Recht statuiert. Allerdings wurde dieses gegenüber dem amerikanischen Modell dahingehend eingeschränkt, dass es allein auf Einrichtungen angewandt wird, die auf lange Sicht nur von einem Unternehmen rentabel betrieben werden können.

Nach der Essential Facilities Doktrin sind die Inhaber von Infrastruktureinrichtungen, die den Zugang zu vor- oder nachgelagerten Märkten beherrschen, dazu verpflichtet, anderen Unternehmen die Mitbenutzung dieser Einrichtungen

---

673 Vgl. hierfür beispielhaft Kommission, Entscheidung vom 21. 12. 1993, ABl. 1994, L 55/52, Rn. 12 – Hafen von Rødby.

674 Emmerich in: Dauses, Handbuch des EU-Wirtschaftsrechts, Bd. 2, H.I § 3, Art. 102 AEUV, Rn. 99.

675 EuGH, Rs. 7/97, Slg. 1998, S. I-07791 – Oscar Bronner GmbH & Co. KG / Mediaprint Zeitungs- und Zeitschriftenverlag GmbH & Co. KG.

676 Schulenberg, Die Energiepolitik der Europäischen Union, S. 276 mwN in Fn. 1218.

677 EuGH, Rs. 7/97, Slg. 1998, S. I-07791 Rn. 41 – Oscar Bronner GmbH & Co. KG / Mediaprint Zeitungs- und Zeitschriftenverlag GmbH & Co. KG.

678 EuGH, Urteil vom 29.04.2004, C-418/01 – IMS/NDC; Siehe hierzu ausführlich Höppner, EuZW 2004, 748ff mwN.

zu gestatten. Dies gilt selbst dann, wenn ihnen dadurch Konkurrenz auf dem genannten anderen Markt droht. Die Grenzkuppelstellen als Teil der Netze der Versorgungswirtschaft, ohne deren Nutzung die Durchleitung in die nationalen Höchstspannungsnetze nicht möglich ist, werden unzweifelhaft von der Essential Facilities Doktrin erfasst. Die Kriterien, die nach der Essential Facilities Doktrin einen Anspruch auf Zugang zu den „wesentlichen Einrichtungen" begründen können, decken sich mit denen, die eine Geschäftsverweigerung als missbräuchlich im Sinne von Art. 102 AEUV begründen können.[679]

Zudem besteht im Rahmen von Art. 102 AEUV das Verbot der Lieferverweigerung. Das Konzept der Lieferverweigerung umfasst auch die Weigerung, Zugang zu einer wesentlichen Einrichtung zu gewähren.[680] Dabei reicht die Existenz eines potentiellen Abnehmers aus. Es bedarf keiner expliziten Weigerung; ein Erschweren des Zugangs genügt. Die Kommission prüft Lieferverweigerungen, sobald die folgenden Voraussetzungen vorliegen[681]:

- Es ist ein Produkt betroffen, das notwendig ist, um auf dem nachgelagerten Markt konkurrieren zu können,
- die Lieferweigerung wird wahrscheinlich den Wettbewerb auf dem nachgelagerten Markt ausschalten, und
- die Lieferweigerung führt wahrscheinlich zu einem Schaden beim Verbraucher.

Im Rahmen des Netzzugangs zu Grenzkuppelstellen erübrigt sich eine Abwägung zwischen Investitions- oder Effizienzvorteilen und der Lieferverweigerung da der Gesetzgeber mit seiner Entscheidung zur Gewährung des Drittzugangs (Art. 20 RL 2003/54/EG) diese Abwägung bereits vorgenommen hat.

Zu prüfen ist damit, ob das Verhalten der Grenzkuppelstellenbetreiber bei der Kapazitätenvergabe auch als missbräuchliches Verhalten im Sinne von Art. 102

679 Emmerich in: Dauses, Handbuch des EU-Wirtschaftsrechts, Bd. 2, H.I § 3, Art. 102 AEUV, Rn. 95.

680 Vgl. hierzu Kommission, Entscheidung vom 21.12.1993 (94/19/EG), (Abl. EG L 15/8 vom 18.02.1994), Rn. 66ff, IV/34.689 – Sea Containers/Stena Sealink – Einstweilige Maßnahmen; vgl. auch Kommission, Entscheidung vom 26.02.1992 (92/213/EWG), Abl. EG L 96 vom 10.04.1992, S. 34ff., Rn. 32, IV/33.544 – British Midland/Aer Lingus. Dort hatte Aer Lingus seinem Konkurrenten British Midland den Zugang zum sog. Interlining (dem Verkauf von Flugzeugsitzen bei anderen Luftgesellschaften) verweigert, um seine eigenen Geschäftsanteile zu schützen. Die Kommission hatte diese „Lieferverweigerung" als unzulässig erachtet und keine Rechtfertigung anerkannt.

681 Kommission, Mitteilung vom 26. Februar 2009, 2009/C45/02, Nr. 75ff.

AEUV zu werten ist. Kapazitäten an Grenzkuppelstellen werden von Stromhändlern in Anspruch genommen, die innergemeinschaftlichen Stromhandel betreiben. Die Kosten für beschränkte Kapazitäten sind geeignet, die Höhe der Kosten für den Endverbraucher zu beeinflussen. Denn zum einen werden die Kosten für die Kapazitätsbuchungen auf die Endverbraucher umgelegt. Zum anderen werden die nationalen Preise durch die Situation an den Grenzkuppelstellen beeinflusst. Dementsprechend kann es durch die Kapazitätenvergabe an den Grenzkuppelstellen zu Veränderungen in Umfang und Richtung der Elektrizitätsströme in der Gemeinschaft kommen. Die missbräuchliche Ausnutzung der marktbeherrschenden Stellung der Grenzkuppelbetreiber ist daher grundsätzlich geeignet, den Handel zwischen Mitgliedstaaten zu beeinflussen.[682]

Daher kann ein Unternehmen, das eine Grenzkuppelstelle besitzt oder verwaltet, den Zugang nicht ohne objektive Rechtfertigung verweigern. Eine Verweigerung der Grenzkuppelstellenbetreiber, Kapazitäten zu vergeben, hat die Wirkung, einen potentiellen Wettbewerber für die Händler im nationalen Netz auszuschalten und somit die beherrschende Stellung verbundener Unternehmen zu stärken. Die Kapazitätenvergabe an Grenzkuppelstellen könnte als wettbewerbswidrige Marktverschließung zu werten sein, falls die Kapazitäten auf wettbewerbswidrige Weise vergeben würden und dadurch der Zugang verhindert oder maßgeblich erschwert würde.[683] Ein Ausschluss von Wettbewerbern würde sich mittelbar auch auf nachgelagerte Verbraucher auswirken.

Die Wahl einer bestimmten Vergabemethode der Netzbetreiber an den Grenzkuppelstellen kann als Versuch gewertet werden, die betroffenen nationalen Märkte zu schützen. Diese auf eine künstliche Abschottung der nationalen Märkte zielende Verhaltensweise ist mit dem freien Wettbewerb unvereinbar. Das Verhalten der Grenzkuppelstellenbetreiber kann ebenso gut als die Absicht gedeutet werden, den Absatz von aus den Nachbarländern erzeugter Energie zum Schaden der Verbraucher einzuschränken, was sogar zur Folge haben könnte, dass Unternehmen den grenzüberschreitenden Handel an bestimmten Grenzkuppelstellen aufgeben.[684]

In Bezug auf die Grenzkuppelstellen liegt eine tatsächliche Marktverschließung vor. Diese wird allerdings durch die vorliegenden Gegebenheiten bestimmt.

682 Vgl. hierzu Kommission, Entscheidung vom 14.01.1998 in einem Verfahren nach Artikel 86 EG-Vertrag (IV/34.801 FAG – Flughafen Frankfurt/Main AG), Tz. 106.

683 Kommission, MEMO/01/76.

684 Vgl. hierzu für den Flugroutenbereich Kommission, Entscheidung vom 4. November 1988, IV/32.318, Abl. Nr. L 317, S. 47ff. – London European/Sabena; diese Grundsätze sind auf die Kapazitätenvergabe an den Grenzkuppelstellen übertragbar.

Potentielle Wettbewerber werden zwar grundsätzlich nicht daran gehindert, Grenzkuppelstellen zu bauen und zu betreiben; Errichtung und Betrieb sind aber sehr kostenintensiv. Abgesehen davon, ist eine isolierte Grenzkuppelstelle nicht vergleichbar lukrativ wie der Betrieb von mehreren Grenzkuppelstellen zusammen mit einem dazugehörigen Höchstspannungsnetz.

Die zurückhaltende Vergabe der Kapazitäten aufgrund von vertraglichen Engpässen könnte als Hinhaltetaktik zu werten sein, vor allem weil diese für die Stromhändler nur schwer überprüfbar sind. Auch eine lang anhaltende Hinhaltetaktik eines marktbeherrschenden Unternehmens verstößt gegen Art. 102 AEUV.[685]

Denkbar wäre hier außerdem ein Missbrauch, wenn die an den Grenzkuppelstellen beteiligten Unternehmen bei der Kapazitätenvergabe konzerneigene Anbieter bevorzugen würden und die dadurch verursachten höheren Kosten an die Endverbraucher weitergeben würden. Dadurch würden zugleich Stromerzeuger aus anderen Mitgliedstaaten am Export bzw. Import gehindert werden.[686]

Ferner bestehen auch bei Langzeitverträgen[687] wettbewerbsrechtliche Bedenken, da diese den Zugang für neue Marktteilnehmer erschweren. Dies hat die Kommission ihrer Sektorenuntersuchung bestätigt.[688] So hat sie unabhängig von ihrer Sektorenuntersuchung Untersuchungen gegen EDF und Electrabel wegen der verwendeten Langzeitverträge eingeleitet, da diese zu einer Abschottung des belgischen bzw. des französischen Marktes führten.[689]

---

685 Zusammenfassung der Entscheidung der Kommission vom 02.06.2004 in einem Verfahren nach Art. 82 EG-Vertrag (Sache Comp/38.096 – Clearstream (Clearing und Abrechnung)), Rn. 21.

686 So hat die Kommission im Fall gegen E.ON (Strom) den Missbrauch darin gesehen, dass der Netzbetrieb von E.ON bei der Beschaffung von Regel- und Ausgleichsenergie konzerneigene Anbieter bevorzugte und die dadurch verursachten Kosten an die Endverbraucher weitergab; dadurch seien Stromerzeuger aus anderen Mitgliedstaaten am Export dieser Energie in das Netzgebiet von E.ON gehindert worden, siehe Entscheidung der Kommission vom 26.11.2008, COMP/39388 – Deutscher Stromhandelsgroßmarkt und COMP/39389 – Deutscher Regelenergiemarkt, ZNER 2009, 69ff.

687 Mit dem VEMW-Urteil (Rs. 17/03) vom 7. Juni 2005 hat der EuGH die bevorzugte Zuteilung von Kapazitäten an den Grenzkuppelstellen für grundsätzlich nicht mit den Regulierungsvorgaben für vereinbar erklärt, vgl. hierzu ausführlich Hirsbrunner/Herrmann, ET 8/2008, S. 44ff.

688 Siehe unter anderem: Kommission, P/07/26, Pressemitteilung vom 10.01.2007 und Energy sector competition inquiry – final report, Memo/07/15, Pressemitteilung vom 10.01.2007.

689 Vgl. Kommission, MEMO/07/313 vom 16.07.2007.

Nach Art. 2 Kartellverfahrensordnung hat die Kommission nur den Anscheinsbeweis zu erbringen, dass eine Verletzung von Art. 102 AEUV vorliegt, dessen Richtigkeit das betroffene Unternehmen zu widerlegen hat. Ein Anscheinsbeweis wird zumindest bei den Grenzkuppelstellenbetreibern, die ihre Kapazitäten nicht durch Auktionen vergeben, leicht zu erbringen sein.

4.4.4.3.1 Quantitative Verfahren

Folgende quantitative Verfahren[690] zur Kapazitätenvergabe an Grenzkuppelstellen verstoßen gegen Art. 102 AEUV, da sie alle als missbräuchliche Nutzung marktbeherrschender Stellung interpretiert werden können und damit zu einer Behinderung freien Wettbewerbs führen:

- Der Eigentümervorrang verstößt gegen Art. 102 AEUV. Denn dabei reserviert der Eigentümer Kapazitäten für sich selbst und nutzt damit seine marktbeherrschende Stellung an den Grenzkuppelstellen aus.[691]
- Die Retention, bei der Altverträge[692] erfüllt oder alteingesessene Unternehmen prioritär bedient werden, verstößt ebenfalls gegen Art. 102 AEUV. Gleiches gilt für das served-today-served-tomorrow Verfahren. Die Grenzkuppelstellenbetreiber nutzen ihre marktbeherrschende Stellung aus, um ihre Altverträge bzw. langjährige Vertragspartner zu bevorzugen.[693] Das Grandfathering[694], bei dem zukünftige Kapazitäten auf der Basis des historischen Ausnutzungsgrades zugeteilt werden, verstößt ebenfalls gegen Art. 102 AEUV. Der freie Wettbewerb wird behindert und die Betreiber nutzen ihre marktbeherrschende Stellung aus, um bisherige Vertragspartner zu bevorzugen.
- Auch das long-before-short Verfahren, das Verträge aufgrund der Vertragsdauer priorisiert, verstößt gegen Art. 102 AEUV. Denn auch hier nutzt der

690 Zu den unterschiedlichen quantitativen Verfahren siehe ausführlich oben, S. 29ff.

691 Bereits im Jahr 1999 hat das Bundeskartellamt im Verfahren Bewag./.RWE entschieden, dass ein Missbrauch einer marktbeherrschenden vorliegt, wenn der Netzbetreiber sich unter Hinweis auf den Eigenbedarf verweigert, einem Interessenten Netzzugang zu gewähren, BKartA, Beschluss vom 30.08.1999 – B 8 – 40 100 – T – 99/99 – RdE 1/2000, 32, 32ff. Die dort getroffenen Aussagen lassen sich auf die Situation an den Grenzkuppelstellen übertragen, da es auch hier prinzipiell um Netzzugang geht.

692 Verträge, die bereits vor der Liberalisierung im Jahr 1996 geschlossen wurden.

693 Die Bedienung von langfristigen Altverträgen bestößt auch gegen Regulierungsrecht. zum Verstoß gegen RL 96/92/EG von langfristigen Kapazitätsverträgen, die vor der Liberalisierung geschlossen wurden, siehe EuGH, C-17/03 – Vereniging voor Energie, Milieu en Water, 07.06.2005.

694 Das Grandfathering ist eine Variante des Served-Today-Served-Tomorrow Verfahrens.

Grenzkuppelstellenbetreiber seine marktbeherrschende Stellung aus, um seine Kapazitäten möglichst langfristig zu vergeben. Entschieden wird wiederum nicht danach, wer die Kapazität am besten ausnutzen kann.

Folgende quantitative Verfahren sind mit den Bestimmungen des Art. 102 AEUV vereinbar, da sie keine missbräuchliche Nutzung marktbeherrschender Stellung darstellen:

- Beim Pro-Rata Verfahren werden alle Nachfrager anteilig bedient. Der Grenzkuppelstellenbetreiber kann bei diesem Verfahren seine marktbeherrschende Stellung nicht ausnutzen. Zwar ist es wie oben dargestellt theoretisch möglich, dass Marktteilnehmer zu hohe Nachfragen einreichen, um einen möglichst hohen Prozentsatz zu erreichen. Jedoch ist dieses Verhalten dem Grenzkuppelstellenbetreiber nicht zuzurechnen.
- Auch beim first-come-first-served Verfahren besteht keine Möglichkeit des Grenzkuppelstellenbetreibers seine marktbeherrschende Stellung auszunutzen. Denn die Vergabe der Kapazitäten erfolgt allein nach dem Eingang der Nachfrage.
- Ebenso verstoßen Lotterien nicht gegen Art. 102 AEUV. Denn bei einer Verlosung der Kapazitäten hat der Grenzkuppelstellenbetreiber keinen Einfluss darauf, wer die Kapazitäten schlussendlich erhält. Dementsprechend kann er auch nicht seine marktbeherrschende Stellung dazu nutzen, um die Kapazitäten für sich selbst vorzuhalten oder aber bestimmten Marktteilnehmern zuzuspielen. Zwar erhalten auch bei Lotterien wiederum nicht notwendigerweise diejenigen Marktteilnehmer die Kapazitäten, die sie auch tatsächlich nutzen. Dementsprechend werden die nationalen Erzeugungskapazitäten im Zweifel durch den Einsatz einer Lotterie eher geschützt als bei der Vergabe durch marktbasierte Methoden. Allerdings ist die Teilnahme an der Lotterie durch Marktteilnehmer, die etwaige Kapazitäten nicht zu nutzen gedenken, nicht dem Grenzkuppelstellenbetreiber zuzurechnen.

4.4.4.3.2 Marktbasierte Verfahren

Auch die Verwendung marktbasierter Verfahren kann grundsätzlich zu einem Missbrauch der marktbeherrschenden Stellung durch Grenzkuppelstellenbetreiber führen, wenn auch nicht zur Diskriminierung potentieller Bieter einschließlich neuer Marktteilnehmer. Jedoch führen explizite Auktionen ebenfalls dazu, dass nicht unbedingt alle ersteigerten Kapazitäten auch genutzt werden.[695]

---

695 Vgl. hierzu oben, S. 31ff.

Implizite Auktionen[696] dagegen führen durch Kopplung von Stromhandelsgeschäft und Kapazitätenkauf zu einer möglichst weitreichenden vollständigen Nutzung der aller Kapazitäten. Damit ist die Nutzungswahrscheinlichkeit sehr hoch. Allerdings besteht auch bei impliziten Auktionen die Gefahr des Missbrauchs durch die Grenzkuppelstellenbetreiber, wie die Kommission in ihrer Sektorenuntersuchung festgestellt hat. Der unterschiedliche Zeitrahmen für Gebote an europäischen Grenzkuppelstellen erschwert den grenzüberschreitenden Handel[697] und führt nicht nur bei expliziten, sondern auch bei impliziten Auktionen wiederum dazu, dass Kapazitäten ungenutzt verfallen. Im Einzelfall könnte damit sogar bei impliziten Auktionen ein Verstoß gegen Art. 102 AEUV vorliegen, falls ein Grenzkuppelstellenbetreiber gezielt das Angebotsende auf einen Zeitpunkt legt, der den Eintritt in den nationalen Markt erschwert und insoweit seine marktbeherrschende Stellung dazu nutzt, einseitig den Gebotszeitpunkt so zu bestimmen, dass die Ersteigerung der Kapazitäten erschwert wird.

Das Market Coupling unter Verwendung eines Auction Office verstößt nicht gegen Art. 102 AEUV. Obwohl auch hier eine marktbeherrschende Stellung vorliegt,[698] kann sie nicht missbräuchlich genutzt werden, da die Kapazitätenvergabe anhand von mathematisch determinierten Prozessen erfolgt.[699]

4.4.4.3.3 Zwischenergebnis

Einige der quantitativen Verfahren (namentlich der Eigentümervorrang, die Retention, das Served-today-served-tomorrow-Verfahren, das Long-before-short-Verfahren und das Grandfathering) schließen neue Marktteilnehmer von der Kapazitätenvergabe an Grenzkuppelstellen aus, was als Zugangsverweigerung und damit als Verstoß gegen die Essential Facilities Doktrin zu werten ist. Nur das Pro-Rata-Verfahren, die First-come-first-served-Methode und Lotterien lassen sich mit den Bestimmungen des Art. 102 AEUV vereinbaren.

---

696 Die nachfolgenden Ausführungen gelten ebenso für das Market Splitting: allein die Aufteilung eines Börsengebietes in mehrere geographische Zonen führt nicht zu einer anderen wettbewerbsrechtlichen Beurteilung.

697 Kommission, Preliminary Report, Sector Inquiry under Art. 17 Regulation 1/2003 on the Gas and Electricity Markets, 16.02.2006, Rn. 503ff.

698 Vgl. hierzu oben, S. 143f.

699 Kühling/Sester/Wipfler/Matz/Hermeier, Rechtsgutachten über die Etablierung eines Auction Office im Rahmen des Open Market Coupling, S. 132; Pritzsche in: Baur/Sandrock/Scholtka/Shapira (Hrsg.), FS Kühne, 231, 255 mwN.

Die marktbasierten Verfahren sind grundsätzlich mit Art. 102 AEUV vereinbar. In Einzelfällen kann auch bei Auktionen der Missbrauch einer marktbeherrschenden Stellung vorliegen, wenn der Grenzkuppelstellenbetreiber gezielt das Gebotsende auf einen Zeitpunkt legt, der ein effektives Handeln über mehrere Grenzkuppelstellen unmöglich macht.

4.4.4.4 Rechtfertigungsgründe

Ein gegen Art. 102 AEUV verstoßendes Verhalten kann aber durchaus gerechtfertigt sein, wenn der Grenzkuppelstellenbetreiber vernünftige, nachvollziehbare Gründe für sein Verhalten anführen kann („legitime Gründe"). Missbrauch liegt immer dann vor, wenn die Liefer- oder Geschäftsverweigerung nicht im Einzelfall durch die Wahrnehmung legitimer Interessen unter Berücksichtigung des Verhältnismäßigkeitsgrundsatzes gerechtfertigt werden kann.[700] Es ist damit immer eine Interessenabwägung auf Einzelfallbasis unter besonderer Berücksichtigung der tatsächlichen wettbewerbsbeschränkenden Auswirkungen vorzunehmen. Die Beweislast, dass sein Verhalten objektiv gerechtfertigt ist, obliegt dem marktbeherrschenden Unternehmen.

Ob das Verhalten des marktbeherrschenden Unternehmens für das von ihm verfolgte Ziel unverzichtbar und verhältnismäßig ist, muss anhand von Faktoren geprüft werden, die außerhalb des Einflussbereichs des marktbeherrschenden Unternehmens liegen.

4.4.4.4.1 Tatsächliche Gründe

Als Rechtfertigungsgründe kommen zunächst die tatsächlich vorliegenden Kapazitätsgrenzen in Betracht.[701] Dies gilt allerdings nur solange, wie die Einrichtung auch tatsächlich optimal ausgelastet ist. Dabei muss das kontrollierende Unternehmen auch Kapazitätsquotierungen zu eigenen Lasten durchführen. Die Beweislast für das Vorliegen von Kapazitätsengpässen trägt dabei grundsätzlich der Inhaber der Grenzkuppelstelle. Es handelt sich um Einwendungen gegenüber dem aus Art. 102 AEUV herzuleitenden Anspruch auf Zugang zu den Grenzkuppelstellen.[702]

---

700 Zusammenfassung der Entscheidung der Kommission vom 02.06.2004 in einem Verfahren nach Art. 82 EG-Vertrag (Sache Comp/38.096 – Clearstream (Clearing und Abrechnung)), Rn. 36.

701 Emmerich in: Dauses, Handbuch des EU-Wirtschaftsrechts, Bd. 2, H.I § 3, Art. 102, Rn. 103.

702 Vgl. Möschel, in: Immenga/Mestmäcker (Hrsg.), Art. 82, Rn. 242 mwN.

Technische Engpässe bestehen, wie bereits erläutert, nur selten.[703] Zumeist handelt es sich um vertragliche Engpässe, so dass es technisch nicht unmöglich wäre, weitere Kapazitäten zu vergeben. Die Überwindung vertraglicher Engpässe ist jedoch nicht unmöglich.[704]

4.4.4.4.2 Versorgungssicherheit und Netzsicherheit

Ein weiterer Rechtfertigungsgrund ist die Sicherstellung der Versorgungssicherheit.[705] Allerdings hat der EuGH dazu entschieden, dass über Art. 36 AEUV nur wirklich erforderliche Maßnahmen gerechtfertigt seien. Diese müssten notwendig sein und außerdem dürfe keine andere Maßnahme möglich sein, die dem grenzüberschreitenden Handel weniger schade.[706]

Die Einschränkung der Kapazitätenvergabe kann darüber hinaus auch aus Gründen der Netzsicherheit gerechtfertigt sein. Dies gilt, wie das Beispiel Svenska Kraftnät gezeigt hat[707], jedoch nicht unbegrenzt. Nur wenn die Durchführung der Kapazitätseinschränkung verhältnismäßig ist, kann sie aus Gründen der Netzsicherheit gerechtfertigt sein.

Allerdings können weder Versorgungs- noch Netzsicherheit die Art und Weise der Kapazitätenvergabe rechtfertigen. Denn es wird zumeist nicht einzusehen sein, warum eine bestimmte Art der Kapazitätenvergabe besser geeignet sein soll, die Versorgungs- oder Netzsicherheit sicherzustellen, als eine andere. Etwas anderes gilt nur, falls der Grenzkuppelstellenbetreiber die Anwendung einer bestimmten Kapazitätenvergabemethode aus tatsächlichen Gründen rechtfertigen kann. So ist denkbar, dass bei kurzfristigen Engpässen die Anwendung des first-come-first-served Verfahrens begründet sein kann, da dieses leicht zu implementieren ist und dementsprechend gegebenenfalls zu einer schnellen Auflösung des kurzfristigen Engpasses führen kann.

---

703 Vgl. hierzu oben, S. 17.

704 Vgl. hierzu Kommission, Entscheidung vom 14.01.1998 in einem Verfahren nach Artikel 86 EG-Vertrag (IV/34.801 FAG – Flughafen Frankfurt/Main AG), Tz. 75f.

705 Kaiser, Verordnete Regulierung, S. 34; ausführlich zur Frage der Versorgungssicherheit im Energiesektor, insbesondere auch im Rahmen von Art. 106 AEUV, siehe auch Nyssens/Schnichels, in: Faull/Nikpay (Hrsg.), The EC Law of Competition, Rn. 12.102ff.

706 EuGH, Urteil vom 13. Dezember 1990, Rs. 347/88, Slg. 1990, 4747, Tz. 58 – Kommission/Griechenland zu Art. 30 EG-Vertrag mwN.

707 Vgl. hierzu unten, S. 169f.

4.4.4.4.3 Eigentumsrechte und Handlungsfreiheit

Eine gewisse Handlungsfreiheit ist daraus abzuleiten, dass die Kommission grundsätzlich jedem Unternehmen zugesteht, seine Handelspartner frei zu wählen, basierend auf den Grundsätzen des Eigentumsrechts und der Handlungsfreiheit. Eine sich aus Art. 102 AEUV ergebende Pflicht zum Vertragsschluss besteht nicht, da selbst bei angemessener Vergütung eine Pflicht zum Vertragsschluss die Investitions- und Innovationsanreize des Unternehmens oder auch seiner Wettbewerber verringern kann und damit zu Nachteilen für den Verbraucher führt.

Entscheidungen der Grenzkuppelstellenbetreiber, den Markt für die Kapazitäten an den Grenzkuppelstellen unzureichend zu öffnen, sind jedoch nicht durch die Erwägung gerechtfertigt, dass sie als Eigentümer der Grenzkuppelstellen berechtigt sind, die Nutzung ihres Eigentums zu bestimmen.[708] Der EuGH[709] hat bereits 1979 das Bestehen eines fundamentalen Eigentumsrechts im Kontext des Gemeinschaftsrechts anerkannt, schränkte dies zugleich insoweit ein, als er erklärte, dass es in der Rechtsordnung der Gemeinschaft nur gemäß den Verfassungsüberzeugungen der Mitgliedstaaten gewährleistet sei. Da es in den Verfassungen aller Mitgliedstaaten anerkannt sei, dass die Ausübung des Eigentumsrechts im Allgemeininteresse und im dafür erforderlichen Maße eingeschränkt werde, müsse diese Einschränkung auch im Gemeinschaftsrecht gelten.

Es ist anerkannt, dass die Wettbewerbsregeln des AEUV als zulässige Einschränkungen des Eigentumsrechts angesehen werden, die dem Allgemeinwohl dienenden Zielen der Gemeinschaft entsprechen. Im vorliegenden Fall steht jeder potentielle Stromhändler vor der Notwendigkeit aufgrund des Fehlens von Alternativen die Eigentumsrechte der Grenzkuppelstellenbetreiber (gegen Vergütung) zu beeinträchtigen, denn der grenzüberschreitende Stromhandel kann nur über die Grenzkuppelstellen erbracht werden. Eine Einschränkung der Eigentumsrechte der Grenzkuppelstellenbetreiber ist somit weder ein unverhältnismäßiger noch ein übermäßiger Eingriff, sondern vielmehr die Folge des Fehlens von Alternativen. Die Anwendung der Wettbewerbsregeln stellt folglich keinen unverhältnismäßigen oder nicht hinnehmbaren Eingriff in die Rechte der Grenzkuppelstellenbetreiber als Eigentümer dar, der das Eigentumsrecht in seinem Wesensgehalt antastet. Die Verpflichtung der Betreiber, die Kapazitäten getreu der Wettbewerbsregeln zu berechnen und zu vergeben, erkennt ihnen das Eigentum als solches nicht ab,

708 Kommission, Entscheidung vom 21.12.1993 zur Verweigerung des Zugangs zu den Anlagen des Hafens von Rødby, Abl. Nr. L 055 vom 26.02.1994, S. 53ff, Tz. 89.

709 EuGH, Urteil vom 13.12.1979, Rs. 44/79, Slg. 1979, S. 3727, Rn. 17ff. – Hauer/Rheinland-Pfalz.

sondern beschränkt nur die Ausübung dieses Rechts, soweit die Beachtung der Wettbewerbsregeln des AEUV dies erfordert.

Ein Verhalten, das gegen Art. 102 AEUV verstößt, ist damit nicht durch die Erwägung gerechtfertigt, dass die Grenzkuppelstellenbetreiber Eigentümer der jeweiligen Grenzkuppelstellen sind und daher berechtigt sind, zu bestimmen, in welcher Weise die dort stattfindenden Aktivitäten organisiert werden. Die Grenzkuppelstellenbetreiber haben ihre Organisationsrechte in Übereinstimmung mit den Wettbewerbsregeln auszuüben.[710] Damit sind sie in der Folge aber auch dazu verpflichtet, an alle potentiellen Marktteilnehmer Kapazitäten zu vergeben und können sich ihre Handelspartner nicht frei aussuchen.

4.4.4.4.4 Historische Rechte

Es könnte überlegt werden, ob die Tatsache, dass das Monopol der Grenzkuppelstellenbetreiber nicht das Ergebnis einer Ausweitung einer beherrschenden Stellung sondern das einer historischen Entwicklung ist[711], zu einer anderen rechtlichen Bewertung führt. Nach ständiger Entscheidungspraxis der Kommission[712] kann darin keinesfalls eine Rechtfertigung gesehen werden. Zwar sind die Monopole an Grenzkuppelstellen historisch bedingt. Dies ist ein Ergebnis der Marktbedingungen und damit grundsätzlich nicht unzulässig. Ein Verstoß gegen die Wettbewerbsvorschriften des AEUV ist jedoch dann gegeben, wenn die Berechnung und Vergabe der Kapazitäten im Rahmen des Monopols dazu genutzt wird, das Monopol auf den angeschlossenen nationalen Märkten aufrecht zu erhalten.

4.4.4.4.5 Verhalten im Einklang mit Regulierungsrecht (StromHVO)

Auch die Interpretation, Art. 102 AEUV eventuell dahingehend zu konkretisieren, dass dann kein Missbrauch einer marktbeherrschenden Stellung vorliegt, wenn die Grenzkuppelstellenbetreiber sich im Einklang mit der StromHVO verhalten haben, führt nicht zu einem belastbaren Rechtfertigungsgrund, da die StromHVO als europäisches

---

710 Vgl. hierzu die Entscheidung der Kommission in einem vergleichbaren Fall, in dem es um die Vergabe von „Slots" an einem Flughafen ging, Entscheidung vom 14.01.1998 in einem Verfahren nach Artikel 86 EG-Vertrag (IV/34.801 FAG – Flughafen Frankfurt/Main AG), Tz. 90ff; diese Grundsätze sind auf die Vergabe von Kapazitäten an den Grenzkuppelstellen übertragbar.

711 Zur historischen Entwicklung des Regulierungregimes an den Grenzkuppelstellen, siehe oben S. 40ff.

712 So bereits in ihrer Entscheidung vom 14.01.1998 in einem Verfahren nach Artikel 86 EG-Vertrag (IV/34.801 FAG – Flughafen Frankfurt/Main AG), Tz. 75f.

Sekundärrecht Art. 102 AEUV in seiner Funktion als europäisches Primärrecht nicht verbindlich konkretisieren kann. Sie ist allenfalls als Auslegungshilfe heranzuziehen.

4.4.4.4.6 Effizienzvorteile

Neben der Versorgungs- und Netzsicherheit kann ein marktbeherrschendes Unternehmen ein zum Ausschluss von Wettbewerbern führendes Verhalten mit Effizienzvorteilen begründen. Diese müssen so ausgestaltet sein, dass dem Verbraucher am Ende kein Schaden entsteht. Außerdem hat das Unternehmen nachzuweisen, dass mit hinreichender Wahrscheinlichkeit und auf Grundlage überprüfbarer Beweise folgende Voraussetzungen kumulativ erfüllt sind[713]:

- Erzielung von Effizienzvorteilen zur Kostensenkung,
- Unverzichtbarkeit,
- Kompensation negativer Auswirkungen auf den Wettbewerb,
- Vermeidung vollständiger Aufhebung von Wettbewerb (z.B. Ausschluss aller Wettbewerber).

Aufgrund dieser strengen Voraussetzungen erscheint es sehr unwahrscheinlich, dass es einem Grenzkuppelstellenbetreiber in der Praxis gelingen wird, einen Verstoß gegen Art. 102 AEUV durch Effizienzvorteile zu rechtfertigen. Eine solche Rechtfertigung ist zudem nur solange denkbar, wie dadurch Vorteile für den Verbraucher entstehen. Andere Rechtfertigungsgründe scheiden aus.

4.4.4.5 Zwischenergebnis

Auch nach europäischem Wettbewerbsrecht stellen damit implizite Auktionen[714] die beste Methode dar, um Kapazitäten an den Grenzkuppelstellen zu vergeben. Diese führen zu einer diskriminierungsfreien und transparenten Vergabe der Kapazitäten. Allerdings sollten die äußeren Rahmenbedingungen europaweit harmonisiert werden. Dies würde auch zu einer leichteren Umsetzbarkeit der impliziten Auktionen führen. Explizite Auktionen sollten dagegen nur eine Übergangslösung bis zur Einführung von impliziten Auktionen darstellen da auch sie zu einem Verstoß gegen europäisches Wettbewerbsrecht führen können.

---

713 Kommission, Mitteilung vom 26. Februar 2009, Erläuterungen zu den Prioritäten der Kommission bei der Anwendung von Artikel 82 des EG-Vertrags auf Fälle von Behinderungsmissbrauch durch marktbeherrschende Unternehmen, 2009/C45/02, Nr. 30.

714 Inklusive der darunter zu kategorisierenden Verfahren, wie insbesondere das Market Coupling und das Market Splitting.

Innerhalb der quantitativen Verfahren verstoßen grundsätzlich der Eigentümervorrang, die Retention, das Served-today-served-tomorrow-Verfahren, das Grandfathering sowie die Long-before-short-Methode gegen Art. 102 AEUV. Denkbar könnte allenfalls eine Anwendung von Pro-rata-Zuteilungen oder des First-come-first-served-Verfahrens zur kurzfristigen Auflösung von Engpässen sein, vor allem um die Versorgungs- oder Netzsicherheit sicherzustellen.[715] Hierzu eignen sich Lotterien nicht, da sie die Kapazitäten nicht notwendigerweise demjenigen zuteilen, der sie auch am effektivsten nutzt. Die Zuteilung wird dem Zufall und nicht dem Markt überlassen.

Abzustellen ist immer auf den Einzelfall sowie auf die Begleitumstände. So kann das identische Verhalten zweier Grenzkuppelstellenbetreiber in einem Fall als missbräuchliches Verhalten zu werten sein, während im anderen Fall von wettbewerbsrechtlich konformen Verhalten ausgegangen werden kann. Die Missbräuchlichkeit ist nicht allein durch das Handeln des betreffenden Grenzkuppelstellenbetreibers, sondern auch anhand der gesamten Marktsituation zu definieren.

4.4.5 Exkurs: Zuordnung der Kapazitätenerlöse im Rahmen der Fusionskontrolle

Für die mittelfristige Zukunft ist zu erwarten, dass nationale Grenzen beim Erwerb von Übertragungsnetzen zunehmend an Bedeutung verlieren werden und die Tendenz zu grenzüberschreitenden Fusionen von Übertragungsnetzbetreibern weiter steigen wird. So hat zum 1. Januar 2010 das niederländische Unternehmen TenneT das Höchstspannungsnetz von E.ON gekauft, das bis zu diesem Zeitpunkt als Transpower Stromübertragungs GmbH firmierte.[716] Damit wurde TenneT zum bislang ersten grenzüberschreitenden Übertragungsnetzbetreiber in Europa.

Außerdem sind nicht nur neu errichtete Merchant Interconnectors[717] zu erwarten, sondern daneben könnte es für Übertragungsnetzbetreiber attraktiv

715 Vgl. hierzu zur möglichen Anwendung von quantitativen Verfahren ausführlich oben, S. 96ff.

716 Mit dem Verkauf kam E.ON einer Verpflichtung nach Art. 9 Kartellverfahrensordnung gegenüber der Europäischen Kommission nach, dieses bis zum 1. Dezember 2010 an einen Investor zu verkaufen, der bisher keine Interessen in der Stromerzeugung und/oder -versorgung hatte, vgl. Pressemitteilung der Kommission vom 28.02.2008, MEMO/08/132.

717 Grenzkuppelstellen, die losgelöst von den Höchstspannungsübertragungsnetzen von Dritten betrieben werden, werden Merchant Interconnectors genannt.

sein, bereits bestehende Grenzkuppelstellen vom allgemeinen Übertragungsnetz loszulösen und getrennt zu verkaufen. In diesem Zusammenhang wird es notwendig sein, im Rahmen der Fusionskontrolle die durch die Kapazitätenvergabe erzielten Erlöse zuzuordnen.

Bei vergleichbarer Problemstellung im Rahmen der geografischen Zuordnung von Umsätzen von Fluggesellschaften hat die Kommission folgende Möglichkeiten identifiziert:[718]

- Zuordnung der einzelnen Strecken zum Zielland,[719]
- Aufteilung der Umsätze in einem Verhältnis von 50:50 zwischen Ursprungsland und dem endgültigen Zielland sowie Berücksichtigung des grenzüberschreitenden Charakters der bereitgestellten Dienstleistungen („50/50-Methode"),
- Zuordnung der Umsätze zu dem Staat, in dem der Verkauf des Flugtickes stattgefunden hat („Verkaufsortmethode").

Diese Grundsätze lassen sich auf die Verhältnisse beim Umsatz an Grenzkuppelstellen zumindest im Ansatz übertragen. Die Anwendung der Verkaufsortmethode erscheint in Bezug auf Grenzkuppelstellen wenig zweckmäßig. Denn im Gegensatz zum Luftverkehr, wo der Umsatz durch den Ticketverkauf entsteht, fallen im Rahmen des grenzüberschreitenden Stromhandels durch den Kauf der Kapazitäten bei der Grenzüberschreitung Kosten an.[720] Zielführender erscheint deshalb die Aufteilung der Umsätze nach der 50/50-Methode. Vorteil dieser Methode ist vor allem ihre einfache Handhabung, da keine komplizierten Berechnungsverfahren durchgeführt werden müssen.

Auf der anderen Seite spricht vieles dafür, die Umsätze an den Grenzkuppelstellen nach den tatsächlich angefallenen Kosten zu berechnen. Vor allem bei der Durchführung von Versteigerungen fallen oftmals unterschiedliche Preise an.

718 Kommission, Comp/M.4439 – Ryan Air/Air Lingus mwN.

719 Diese Option wurde allerdings nur in Bezug auf transatlantische Strecken genannt und wurde in späteren Entscheidungen, die keine Transatlantikstrecken betraf, wie beispielsweise Comp/M.616 – Swissair/Sabena (II) und Comp/M.857 – British Airways/Air Liberté und anderen, fallengelassen. Dementsprechend wird sie hier auch nur der Vollständigkeit halber aufgeführt, jedoch im Folgenden nicht weiter diskutiert.

720 Während beim Flugverkehr über eine bestimmte Strecke von A nach B völlig unerheblich ist, ob dabei eine Grenze von einem Mitgliedstaat zum anderen überflogen wird, erhöhen sich die Kosten beim grenzüberschreitenden Stromhandel. Denn im Gegensatz zu einer vergleichbaren Strecke im Inland müssen bei grenzüberschreitenden Transaktionen zusätzlich Kapazitäten an den Grenzkuppelstellen erworben werden, falls ein Engpass besteht.

Allerdings ist diese Methode mit einem viel höheren Berechnungsaufwand verbunden. Zudem erscheint eine solche genaue Aufteilung nicht notwendig zu sein. Beim Verkauf nur der Grenzkuppelstelle zur Einführung eines sog. Merchant Interconnectors werden ohnehin die Erlöse beider Seiten kumuliert. Eine Aufspaltung muss nicht erfolgen. Im Zusammenhang mit dem Verkauf des gesamten Übertragungsnetzes werden die Umsätze an den Grenzkuppelstellen regelmäßig nur eine vernachlässigbare Größe darstellen. Die 50/50-Methode wird hinreichend genaue Angaben zu den Erlösen an der jeweiligen Seite der Grenzkuppelstelle geben können, um die fusionsrechtlichen Aspekte des Netzverkaufes beurteilen zu können.

4.5 Eingriffsmöglichkeiten der Behörden

4.5.1 Zuständigkeiten innerhalb der Kartellverfahrensordnung (VO 1/2003/EG)

Gemäß Art. 4ff. Kartellverfahrensordnung[721] besteht eine Parallelzuständigkeit der Kommission, der Wettbewerbsbehörden der Mitgliedstaaten und der einzelstaatlichen Gerichte für die Anwendung der Art. 101ff. AEUV. Nach Art. 4 Kartellverfahrensordnung verfügt die Kommission zur Anwendung der Art. 101, 102 AEUV über die in der Kartellverfahrensordnung vorgesehenen Befugnisse. Daneben besteht eine subsidiäre Zuständigkeit der nationalen Wettbewerbsbehörden nach Art. 5 Kartellverfahrensordnung. In Einzelfällen sind sie für die Anwendung der Art. 101, 102 AEUV zuständig. In diesen Fällen sind diese von Amts wegen oder aufgrund einer Beschwerde dazu befugt, Entscheidungen zu erlassen. Sie können die Abstellung von Zuwiderhandlungen oder einstweilige Maßnahmen anordnen, Verpflichtungszusagen annehmen oder Geldbußen, Zwangsgelder oder sonstige im innerstaatlichen Recht vorgesehenen Sanktionen verhängen. Abgesehen davon steht ihnen nach Art. 5 UA 2 Kartellverfahrensordnung aber auch die Entscheidung zu, nicht tätig zu werden. Nach Art. 6 Kartellverfahrensordnung sind außerdem die nationalen Gerichte für die Anwendung der Art. 101, 102 AEUV zuständig.

Damit sind die nationalen Wettbewerbsbehörden grundsätzlich zur Anwendung der Art. 101ff. AEUV befugt. Sie verlieren jedoch ihre Zuständigkeit, sobald die Kommission ein Verfahren einleitet. Denn nach Art. 11 Abs. 6

721 Verordnung (EG) Nr. 1/2003 des Rates vom 16. Dezember 2002 zur Durchführung der in den Artikeln 81 und 82 des Vertrages niedergelegten Wettbewerbsregeln, Abl. EG Nr. L 1 vom 4. Januar 2003, S. 1.

Kartellverfahrensordnung in Verbindung mit Art. 2 Abs. 1 VO 773/2004/EG besteht die alleinige Kompetenz der Kommission bei einem Verstoß gegen Art. 101, 102 AEUV, falls sich die Kommission dazu entschließt, darin, ein Verfahren nach Kapitel III der Kartellverfahrensordnung durchzuführen. Die Zuständigkeit der nationalen Wettbewerbsbehörden wird dadurch aufgehoben. Zudem regelt Art. 16 Abs. 1 Kartellverfahrensordnung, dass die Gerichte der Mitgliedstaaten keine Entscheidungen erlassen sollten, die einer Entscheidung zuwiderlaufen, welche die Kommission in einem von ihr eingeleiteten Verfahren zu erlassen beabsichtigt.

Für den Abschluss von durch die Kommission durchgeführten Kartellverfahren gibt es keine definierte Frist. Ihre Dauer hängt sowohl von der Komplexität des Einzelfalls als auch davon ab, ob die betroffenen Unternehmen kooperieren und ob sie von ihrem Verteidigungsrecht Gebrauch machen.[722] Die Kommission soll sich jedoch bemühen, die Verfahren möglichst schnell einzuleiten, falls nationale Behörden bereits tätig geworden sind, und die betreffende nationale Behörde vor der Einleitung eines Verfahrens konsultieren.[723] Die Formulierung „sollte" im 17. Erwägungsgrund Kartellverfahrensordnung zeigt jedoch, dass eine Konsultation zwar gewollt, jedoch nicht unbedingt erforderlich ist. Eine fehlende Konsultation führt jedenfalls nicht zu einem Verfahrensfehler.

4.5.2 Kompetenzen der Kommission

Bei Verstößen gegen Art. 101, 102 AEUV kann die Kommission Zuwiderhandlungen feststellen und abstellen (Art. 7 Kartellverfahrensordnung), einstweilige Maßnahmen anordnen (Art. 8 Kartellverfahrensordnung), Verpflichtungszusagen von Unternehmen für verbindlich erklären (Art. 9 Kartellverfahrensordnung) sowie Art. 101, 102 AEUV im Einzelfall für nichtanwendbar erklären.

Zunächst sendet die Kommission ein sog. „Statement of objections" (Mahnschreiben). Dem Adressaten wird daraufhin die Möglichkeit gegeben, auf diese Vorwürfe zu antworten. Außerdem kann der Adressat eine mündliche Anhörung einfordern. Anschließend entwirft die Kommission ein „preliminary assessment", auf welches weitere „statements of objections" folgen können. Dann veröffentlicht die Kommission eine Anzeige im Amtsblatt der EU zur Durchführung eines Markttests.[724]

722 Kommission, Memo/08/328.

723 Erwägungsgrund Nr. 17 VO 1/2003/EG.

724 So die übliche Verfahrensweise, vgl. beispielsweise Distrigas: Kommission, Memo/07/407 und EDF: Kommission, Memo/08/809.

4.5.2.1 Nachprüfungsbefugnisse

Nach Art. 20 Kartellverfahrensordnung kann die Kommission im Rahmen einer offiziellen Untersuchung alle erforderlichen Nachprüfungen vornehmen. Das betroffene Unternehmen hat nach Abs. 4 diese Maßnahmen zu dulden. In diesem Rahmen ist sie insbesondere dazu befugt (vgl. lit. a) – e):

- alle Räumlichkeiten, Grundstücke und Transportmittel von Unternehmen und Unternehmensvereinigungen zu betreten,[725]
- alle Bücher und sonstige Geschäftsunterlagen zu prüfen,
- Kopien oder Auszüge gleich welcher Art aus diesen Büchern und Unterlagen anzufertigen oder zu erlangen,
- betriebliche Räumlichkeiten und Bücher oder Unterlagen jeder Art für die Dauer und in dem Ausmaß zu versiegeln, wie es für die Nachprüfung erforderlich ist[726] und
- von allen Vertretern oder Mitgliedern der Belegschaft des Unternehmens oder der Unternehmensvereinigung Erläuterungen zu Tatsachen oder Unterlagen zu verlangen, die mit Gegenstand und Zweck der Nachprüfung in Zusammenhang stehen, und ihre Antworten zu Protokoll zu nehmen.

Laut dem 23. Erwägungsgrund der Kartellverfahrensordnung soll die Kommission die Befugnis haben, alle Auskünfte zu verlangen, die notwendig sind, um gemäß Art. 101f. AEUV verbotene Verhaltensweisen aufzudecken. Zwar können Unternehmen nicht dazu gezwungen werden, eine Zuwiderhandlung einzugestehen. Sie sind jedoch dazu verpflichtet, Fragen nach Tatsachen zu beantworten und auf Anfrage Unterlagen vorzulegen, auch wenn diese Verstöße gegen die europäischen Wettbewerbsvorschriften dieses oder eines anderen Unternehmens beweisen würden. In Bezug auf Kapazitätenberechnung und -vergabe an den Grenzkuppelstellen könnte sich die Kommission damit grundsätzlich alle relevanten Daten[727] vorlegen lassen, die der Berechnung und der anschließenden Vergabe zugrunde lagen.

---

725 Laut dem 26. Erwägungsgrund Kartellverfahrensordnung soll die Kommission sogar zum Betreten von aller Räumlichkeiten (einschließlich Privatwohnungen) befugt sein, in denen sich Geschäftsunterlagen befinden; zum Schutz der Privatsphäre soll dies allerdings nur nach entsprechender gerichtlicher Entscheidung möglich sein.

726 Vgl. 25. Erwägungsgrund VO 1/2003/EG.

727 So z.B. auch Angaben über die tatsächlichen Lastflüsse.

4.5.2.2 Feststellung und Abstellung von Zuwiderhandlungen

Nach Art. 7 Kartellverfahrensordnung schreitet die Kommission entweder von Amts wegen oder aber auf eine Beschwerde[728] hin ein. Es liegt allerdings allein im Ermessen der Kommission bei Verstößen gegen die Art. 101, 102 AEUV tätig zu werden („kann [...] verpflichten"). Stellt sie einen Verstoß fest, so kann sie entweder die beteiligten Unternehmen dazu verpflichten, die Zuwiderhandlungen abzustellen. Es steht ihr aber auch frei, erforderliche Abhilfemaßnahmen, seien sie verhaltensorientierter oder struktureller Art, vorzuschreiben. Die Kommission hat jedoch immer den Grundsatz der Verhältnismäßigkeit zu beachten. Abhilfemaßnahmen struktureller Art sind nur als letztes Mittel anzuordnen, also nur dann, wenn verhaltensorientierte Maßnahmen nicht gleich erfolgversprechend wären oder eingreifender wären, als strukturelle Maßnahmen. In besonders gelagerten Fällen kann die Kommission eine Zuwiderhandlung auch noch feststellen, wenn diese tatsächlich schon beendet ist. Ein solches Interesse kann beispielsweise bei Wiederholungsgefahr bestehen.

Bezüglich der Grenzkuppelstellen käme als Abhilfemaßnahme grundsätzlich deren Verkauf, also die Umwandlung in sog. Merchant Interconnectors, in Betracht. Der Verkauf von Grenzkuppelstellen ist wettbewerbsrechtlich grundsätzlich wünschenswert, wird sich in den meisten Fällen aber nur schwer als tatsächlich erforderlich und angemessen begründen lassen. Dies ist vor allem vor dem Hintergrund zu sehen, dass der europäische Gesetzgeber im Rahmen des Dritten Binnenmarktpakets gerade verdeutlicht hat, dass die eigentumsrechtliche Trennung der Stromübertragungsnetze von den übrigen Aktivitäten integrierter Versorger keine zwingende Voraussetzung für diskriminierungsfreien Drittzugang ist.[729] Auf der anderen Seite ist in Betracht zu ziehen, dass der Verkauf von Grenzkuppelstellen unter missbräuchlichem Verhalten gegenüber dem Verkauf des gesamten Höchstspannungsnetzes das bei Weitem mildere Mittel wäre und in seinem Umfang mit einer eigentumsrechtlichen Entflechtung der Netze nicht vergleichbar ist.

4.5.2.3 Verpflichtungszusagen

Nach Art. 9 Kartellverfahrensordnung hat die Kommission die Möglichkeit gegen Zusagen laufende Verfahren einzustellen. Mit einer solchen Entscheidung erklärt

---

728 Zu Einreichung einer Beschwerde sind natürliche und juristische Personen, die ein berechtigtes Interesse darlegen, sowie die Mitgliedstaaten befugt.

729 Markert, ZNER 2009, 193, 195.

die Kommission die Verpflichtungszusagen als strukturelle Abhilfemaßnahmen für bindend. Die von den Unternehmen gegebenen Zusagen müssen geeignet, erforderlich und angemessen sein, um den Verstoß abzustellen, so dass für ein weiteres Tätigwerden der Kommission kein Anlass mehr besteht. Diese Voraussetzungen werden zwar bis auf die Geeignetheit nicht explizit in Art. 9 Kartellverfahrensordnung genannt, lassen sich aber aus dem Vergleich mit Art. 7 ableiten: Wenn die Kommission gem. Art. 7 eine Abstellungsentscheidung treffen könnte, ist sie auch berechtigt, Verpflichtungszusagen nach Art. 9 für bindend zu erklären. Die Verpflichtungszusage des fraglichen Unternehmens muss also geeignet sein, den Verstoß auszuräumen, darf aber auf der anderen Seite wiederum nicht über das hinausgehen, was die Kommission nach Art. 7 hätte verbieten dürfen.[730]

Sobald das betroffene Unternehmen seine Zusagen der Kommission übermittelt hat, veröffentlicht die Kommission diese Verpflichtungsangebote und ruft den Markt zu Stellungnahmen auf. Sollte eine durchgeführte Marktprüfung ergeben, dass die Beteiligten der Auffassung sind, dass die vorgeschlagenen Verpflichtungen geeignet sind, etwaige Bedenken der Kommission hinsichtlich der Abschottung eines Marktes auszuräumen, erlässt die Kommission eine sogenannte Entscheidung über Verpflichtungszusagen nach Art. 9 Kartellverfahrensordnung. In einer solchen Entscheidung wird festgestellt, dass es keinen Anlass für ein weiteres Tätigwerden der Kommission gibt. Ob hingegen ein Verstoß gegen Wettbewerbsvorschriften vorlag beziehungsweise noch vorliegt ist nicht Gegenstand einer solchen Entscheidung.

Für den Fall, dass die im Rahmen einer solchen Entscheidung eingegangen Verpflichtungen nicht eingehalten werden, kann die Kommission für das betroffene Unternehmen eine Geldbuße in Höhe von bis zu 10 % des weltweiten Umsatzes belegen (Art. 23 Abs. 2 Kartellverfahrensordnung). Eines Nachweises, dass tatsächlich ein Verstoß gegen Kartellvorschriften vorlag, bedarf es nicht.[731] Durch derartige Zusagen gelingt es der Kommission, ganze Industrien umzugestalten und zwar umfassender, als es ihr durch Entscheidungen nach Art. 7 Kartellverfahrensordnung möglich wäre. Im Energiebereich eröffnen derartige Zusagen oftmals erst den Zugang zu Essential Facilities.[732]

Fraglich ist allerdings, ob nicht ohnehin die meisten Verpflichtungszusagen eher symbolpolitische Demonstrationen gegenüber der Kommission sind. Es ist

730 So auch im Ergebnis Markert, ZNER 2009, 193, 194.

731 Vgl. Kommission, IP/07/490; Beispiele für mögliche Verpflichtungszusagen finden sich unter http://ec.europa.eu/comm/competition/antitrust/cases.

732 Weitbrecht/Mühle, EuZW 9/2010, 327, 332.

zu beobachten, dass in einigen Fällen Zusagen gemacht wurden, die vielleicht auch ohne ein drohendes Verfahren eingetreten wären. So hat die Kommission zwar im Jahr 2008 einige Netzveräußerungszusagen für verbindlich erklärt. Jedoch erfolgte dies zu einer Zeit, als andere Höchstspannungsnetzbetreiber auch ohne den Druck der Kommission ein Verfahren einzuleiten, ihre Netze verkaufen wollten.[733] Ob es sich dabei um einen adäquaten „Tausch" gehandelt hat, der eine Verfahrenseinstellung rechtfertigen konnte, mag dahingestellt bleiben.[734]

Diese Vorgehensweise der Kommission wird in der Literatur durchaus als problematisch angesehen. Im Rahmen einer Entscheidung nach Art. 9 Kartellverfahrensordnung wird der Kartellrechtsverstoß nicht rechtsverbindlich festgestellt. Dadurch wird den Betroffenen die Möglichkeit genommen, gegebenenfalls Schadensersatzansprüche auf dem Zivilrechtsweg geltend zu machen. Diese Entscheidungen der Kommission sind nur vorläufig und entfalten damit für den Zivilrechtsweg keine Bindungswirkung.[735] Hinzu kommt, dass teilweise sogar schwere Kartellrechtsverstöße letztendlich unaufgeklärt bleiben. Denn die Kommission beendet ihre Untersuchung mit der Verbindlicherklärung der Zusagen.[736] Damit wird aufgrund eines „Anfangsverdachts" eine Unternehmenszusage für verbindlich erklärt.

Dem ist zwar entgegenzuhalten, dass sich die großen Wettbewerbsdefizite auf den Märkten für leitungsgebundene Energien primär durch den Einsatz strukturpolitischer Instrumente beheben lassen. Auf der anderen Seite besteht hier jedoch die Gefahr einer sachwidrigen Verknüpfung zwischen einer adäquaten Gestaltung der Marktstruktur mit Missbrauchsverfahren gegen marktbeherrschende Unternehmen. Insbesondere die Monopolkommission beurteilt die Vorgehensweise der Kommission durchaus kritisch. Sie beschränkt ihre Kritik jedoch ausdrücklich auf Verpflichtungszusagen in der Missbrauchskontrolle. Diese seien von Verpflichtungszusagen im Fusionsbereich zu unterscheiden. Während im Rahmen der Fusionskontrolle Verpflichtungszusagen in der Regel aufgrund ihrer Natur als ex-ante Kontrolle auf

733 Für das deutsche Netz betraf dies beispielsweise Vattenfall.

734 Vgl. hierzu ausführlich Markert, ZNER 2009, 193, 195.

735 In Deutschland ergibt sich eine solche Bindungswirkung grundsätzlich aus § 33 Abs. 4 GWB.

736 Vgl. z.B. Kommission, Entscheidung vom 26. November 2009, Comp/39.388 und Comp/39.389 – Deutscher Stromgroßhandels- und Regelenergiemarkt, Rn. 90: „Diese Entscheidung enthält keine Schlussfolgerung zu der Frage, ob eine Zuwiderhandlung vorgelegen hat oder noch vorliegt. Bei ihrer Beurteilung [...] stützt sich die Kommission auf ihre vorläufige Beurteilung [...]".

Initiative der Unternehmen hin ergehen erfolgen Verpflichtungszusagen im Rahmen der ex-post Kontrolle innerhalb von Missbrauchsverfahren zumeist auf Initiative der Kommission.[737]

In der Literatur wird zudem zunehmend hinterfragt, inwiefern Zusagenentscheidungen der Kommission nach der Kartellverfahrensordnung innerhalb von Missbrauchsverfahren überhaupt dem Prinzip der Verhältnismäßigkeit entsprechen.[738] Die Kommission geht davon aus, dass die Verhältnismäßigkeit einer Verpflichtungszusage jedenfalls dann gegeben sei, wenn diese freiwillig unterbreitet wurde und ausreicht, um die Bedenken der Kommission auszuräumen.[739] Nach Ansicht der Monopolkommission bestehen sogar Bedenken hinsichtlich der ökonomischen und rechtlichen Fundierung der vorläufigen Beurteilung durch die Kommission. Außerdem sei gerade das Kriterium der Freiwilligkeit oftmals nicht erfüllt. Verpflichtungszusagen der Unternehmen mit Verbindlichkeitserklärung der Kommission seien in der Praxis zumeist das Ergebnis eines impliziten Handels zwischen beiden Beteiligten. Allein die Möglichkeit eines Missbrauchsverfahrens mit der Androhung eines Bußgeldes von bis zu 10 % des weltweiten Unternehmensumsatzes sowie die zu erwartenden hohen Verfahrenskosten in Verbindung mit der damit einhergehenden ungünstigen Öffentlichkeitswirkung reiche oftmals aus, das Unternehmen dazu zu veranlassen, der Kommission in ihren Vorstellungen entgegen zu kommen. Ausschlaggebend sei nach Ansicht der Monopolkommission oftmals nicht, ob die Vorwürfe der Sache nach gerechtfertigt seien. Die Monopolkommission vertritt die Auffassung, dass nur diejenigen Strafen im eigentlichen Verbotsverfahren, die im Verhältnis zu der zu ahndenden Tat stehen, auch verhältnismäßig seien. Hinzu kommt, dass durch die Zusagenentscheidungen das Verfahren der gerichtlichen Kontrolle nahezu entzogen wird. Nur Mitgliedstaaten sowie unmittelbar betroffene Dritte können noch ein (zumeist geringfügiges) Interesse geltend machen, gegen einmal getroffene Zusagenentscheidungen der Kommission gerichtlich vorzugehen. Das betroffene Unternehmen selbst wird selten gerichtlich gegen eine Zusagenentscheidung vorgehen, der ein eigenes Angebot des Unternehmens zugrunde liegt.[740]

---

737 Monopolkommission, Sondergutachten 54, Rn. 495f.

738 Vgl. hierzu ausführlich Klees, WuW 59, 2009, 374, 378ff.

739 vgl. Kommission, Entscheidung vom 26. November 2009, Comp/39.388 und Comp/39.389 – Deutscher Stromgroßhandels- und Regelenergiemarkt; vgl. zu beiden Entscheidungen: Koppenfels, N&R 1/2009, 60, 60f.

740 Monopolkommission, Sondergutachten 54, Rn. 499f.

4.6 Fallbeispiel: Prüfverfahren wegen Verdachts auf Drosselung von Exporten

An Grenzkuppelstellen kann es auch zu mittelbaren Kartellrechtsverstößen kommen. Am 23. April 2009 hat die Generaldirektion für Wettbewerb der Kommission ein förmliches Prüfverfahren zur Untersuchung des Verhaltens des schwedischen Übertragungsnetzbetreibers Svenska Kraftnät[741] wegen des Verdachts auf einen Verstoß gegen Art. 102 AEUV eingeleitet. Die Kommission hielt es zumindest für möglich, dass Svenska Kraftnät seine Monopolstellung missbraucht haben könnte, indem es die Übertragungskapazität schwedischer Exportleitungen in Nachbarländer verringerte,[742] was eine Diskriminierung zwischen nationaler und zu exportierender Elektrizität bedeutet und damit zu einer Behinderung des Europäischen Binnenmarktes geführt hätte. Dabei stellte sich heraus, dass Svenska Kraftnät während ca. einem Drittel des überprüften Zeitraumes die Übertragungskapazitäten um 60 % eingeschränkt hatte, was zu überhöhten Preisen in den Nachbarländern führte.[743] Der Fall Svenska Kraftnät ist insbesondere deshalb interessant, da es sich hier um die Beschränkung von Exportkapazitäten handelte. Bis dato war die Kommission zumeist davon ausgegangen, dass die Unternehmen wettbewerbswidrig Importe einschränkten, um die nationalen Erzeugungsstrukturen zu schützen. Der Fall Svenska Kraftnät zeigt, dass nicht nur die Drosselung von Import sondern auch die Einschränkung von Export an Grenzkuppelstellen marktmissbräuchlich sein kann.

Die Kommission ging bei Verfahrenseinleitung davon aus, dass Svenska Kraftnät die Exportkapazitäten an den Grenzkuppelstellen drosselte, um die Überlastung des eigenen Netzes zu vermindern. Die Überlastung kam durch die Gegebenheiten im schwedischen Markt zustande: Das schwedische Übertragungsnetz ist auf nationaler Ebene durch Engpässe belastet. Diese resultieren auf der ungleichen

---

741 Svenska Kraftnät ist eine zentrale schwedische Behörde, die mit der Instandhaltung, dem Betrieb und der Entwicklung des nationalen Stromübertragungsnetzes einschließlich der ebenfalls staatlichen Verbindungsleitungen betraut ist; sie wurde gem. Art. 8 RL 2003/54/EG eingerichtet und ist in Schweden ausschließlich dazu berechtigt, Stromübertragungsdienste anzubieten, vgl. http://www.svk.se/Start/English/About-us/, zuletzt abgerufen am 16.10.2013, sowie Kommission, MEMO/09/191 vom 23.4.2009.

742 Kommission, MEMO/09/191.

743 Koch, Energiekartellrecht: Die jüngste Fallpraxis der GD Wettbewerb, Vortrag anlässlich des Workshops zum Energierecht am 16.02.2010 am ENREG Institut der Freien Universität Berlin.

Verteilung von Erzeugung und Nachfrage. Es herrscht eine ausgeprägte Nord-Süd Flussrichtung vor. Denn die günstige Wasserkraft (49 % von insgesamt 80 % der Gesamterzeugung) befindet sich im Norden Schwedens, während fast der gesamte Verbrauch (Haushalts- und Industriekunden) in Südschweden liegt, da dort auch die größten Städte (Göteborg, Stockholm und Malmö) liegen. Da die Kosten für Wasserkraft wesentlich geringer sind, als die Kosten für beispielsweise kohlenbasierte Erzeugung, ist der Arbeitspreis[744] in Schweden in der Regel günstiger als in Dänemark. Dementsprechend besteht an den schwedischen Grenzkuppelstellen ein hoher Bedarf an Exportkapazitäten, während die Nachfrage nach Importkapazitäten gering ist. Auf der anderen Seite wird im Norden Schwedens zusätzlich ebenfalls günstige Elektrizität aus Norwegen importiert, wo oft ein Überschuss an Wasserkraft besteht. Schweden hat jedoch nur eine einzelne Preiszone eingeführt.[745] Dies führte in der Praxis dazu, dass nicht nur der in Nordschweden erzeugte Strom, sondern auch der aus Norwegen importierte Strom durch ganz Schweden hindurch zum Verbrauch in Südschweden sowie zum Export nach Dänemark transportiert wurde. Dies führte zu erheblichen Engpässen innerhalb Schwedens.

Die Kommission war der Ansicht, dass durch das Verhalten Svenska Kraftnäts schwedische gegenüber ausländischen Verbrauchern begünstigt würden, da ihnen der in Schweden erzeugte Strom vorbehalten würde. Die Konsumenten in den angrenzenden Staaten würden im Gegenzug benachteiligt werden. Denn ein gedrosselter Export führe zu einer Erhöhung der Preise in Ost-Dänemark. Dadurch werde der Wettbewerb eingeschränkt und Endverbraucher würden langfristig benachteiligt. Außerdem würden falsche Preissignale vor allem in Bezug auf potentielle Investoren ausgesandt. Die Kommission befürchtete nach ihrer vorläufigen Beurteilung des Falles, dass Svenska Kraftnät seine beherrschende Stellung auf dem schwedischen Stromübertragungsmarkt missbraucht haben könnte, indem es die inländischen Stromübertragungsdienste anders behandelte als den Stromexport und dadurch den Binnenmarkt segmentierte.[746]

Svenska Kraftnät argumentierte dagegen, dass die vorgenommenen Exportdrosselungen erforderlich gewesen seien, um der Überlastung und den Engpässen innerhalb des schwedischen Verteilernetzes entgegen zu wirken. Sie hätten

744 Der Arbeitspreis ist der Preis für eine Kilowattstunde und ist im Gegensatz zum Grundpreis verbrauchsabhängig.

745 Koch, Energiekartellrecht: Die jüngste Fallpraxis der GD Wettbewerb, Vortrag anlässlich des Workshops zum Energierecht am 16.02.2010 am ENREG Institut der Freien Universität Berlin.

746 Kommission, IP/09/1425 vom 06.10.2009.

somit der Versorgungssicherheit gedient. Allerdings stellte diese Maßnahme nach Ansicht der Kommission nicht das mildeste Mittel dar und war deshalb ihrer Meinung nach unverhältnismäßig.[747] Die Kommission untermauerte ihre Ansicht mit einem von Svenska Kraftnät selbst veröffentlichten Gutachten, in dem festgestellt wurde, dass die Einführung von Regelzonen[748] in Schweden die Notwendigkeit der Kapazitätsdrosselung an den Grenzkuppelstellen erheblich vermindern würde.

Im Jahr 2009 hat Svenska Kraftnät seine Verpflichtungszusagen bei der Kommission eingereicht.[749] Darin hat Svenska Kraftnät angeboten, das schwedische Übertragungsnetz in zwei oder mehr Regelzonen aufzuteilen. Durch diese Segmentierung sollen Engpässe innerhalb des schwedischen Übertragungsnetzes reguliert werden, ohne die Kapazitäten an den Grenzkuppelstellen zu beschränken.[750] Das schwedische Übertragungsnetz sollte nach der Verpflichtungszusagen spätestens ab dem 1. Juli 2011 auf dieser Grundlage betrieben werden. Die Konfiguration der Regelzonen soll dabei jedoch so flexibel sein, dass eine schnelle Anpassung an künftige Veränderungen der Stromflussmuster im schwedischen Übertragungsnetz durchgeführt werden kann. Ausgenommen ist jedoch der sog. Westküstenkorridor. Denn nach Aussage von Svenska Kraftnät ist dort kein wirksames Engpassmanagement durch die Einführung von Regelzonen möglich, da es dort keine ausreichenden Energieressourcen gebe, um einen eigenen Marktpreis zu bestimmen. Bezüglich des Westküstenkorridors hat Svenska Kraftnät angeboten, bis zum 30. November 2011 durch den Bau und Betrieb einer 400 kV-Übertragungsleitung zwischen Stenkullen und Strömma-Lindome Abhilfe zu schaffen.[751] Bis zur Einrichtung der Regelzonen schlug Svenska Kraftnät vor interne Engpässe im schwedischen Übertragungsnetz durch Countertrading[752]

747 Kommission, MEMO/09/191 vom 23.4.2009.

748 Elektrizitätsnetzgebiet, für dessen Regelleistung ein Übertragungsnetzbetreiber verantwortlich ist, Danner/Theobald, Energierecht, 64. EL 2009, § 3 EnWG, Rn. 235.

749 Vgl. Kommission, Bekanntmachung gemäß Artikel 27 Absatz 4 der Verordnung (EG) Nr. 1/2003 des Rates in der Sache Comp/B-1/39.351 – Swedish Interconnectors, Abl. EU C 239/9 vom 06.10.2009.

750 Koch, Energiekartellrecht: Die jüngste Fallpraxis der GD Wettbewerb, Vortrag anlässlich des Workshops zum Energierecht am 16.02.2010 am ENREG Institut der Freien Universität Berlin.

751 Der Bau selbst konnte bis zu diesem Datum zwar nicht realisiert werden, jedoch wurde das Bauvorhaben zumindest gestartet, siehe Pressemitteilung seitens Svenska Kraftnät vom 16.12.2011, online abrufbar unter http://www.svk.se/Start/English/Press/News/Press-releases/Svenska-Kraftnat-procures-cables-for-SEK-117-billion/, zuletzt abgerufen am 16.10.2013.

752 Vgl. hierzu oben, S. 28.

auszugleichen, wodurch zumindest weniger Drosselungen an den Grenzkuppelstellen notwendig sein sollten. Nach Eingang der Verpflichtungszusagen von Svenska Kraftnät hat die Kommission eine Marktprüfung angesetzt und alle Betroffenen aufgefordert, zu den Verpflichtungsangeboten Stellung zu nehmen.[753] Die Verpflichtungsangebote bringen allerdings nicht nur Vorteile mit sich: So steht zu befürchten, dass mit Preiserhöhungen innerhalb Schwedens gerechnet werden muss.[754]

4.7 Zwischenergebnis

Die Kapazitätenvergabe an den Grenzkuppelstellen ist, wie sich gezeigt hat, nicht nur anhand von Regulierungsrecht, sondern auch an wettbewerbsrechtlichen Kriterien zu messen und unterfällt damit grundsätzlich der Prüfung nach Art. 101, 102 AEUV.

Fast alle quantitativen Verfahren verstoßen entweder gegen Art. 101 AEUV (Pro-Rata), gegen Art. 102 AEUV (Eigentümervorrang) oder sogar gegen sowohl Art. 101 als auch gegen Art. 102 AEUV (Retention, Served-today-served-tomorrow, Grandfathering, Long-before-short Verfahren). Lotterien und das First-come-first-served Verfahren sind zwar wettbewerbsrechtlich unbedenklich. Jedoch führt ihre Anwendung nicht notwendigerweise zur idealen Ausnutzung der ohnehin eingeschränkten Kapazitäten. Denkbar könnte jedoch eine Anwendung von Pro-Rata Zuteilungen oder des First-come-first-served Verfahrens zur kurzfristigen Auflösung von Engpässen sein, vor allem um die Versorgungs- oder Netzsicherheit sicherzustellen. Hierzu eignen sich Lotterien jedoch nicht, da diese die Kapazitäten nicht demjenigen zuteilen, der sie auch am effektivsten nutzt. Die Zuteilung wird dem Zufall und nicht dem Markt überlassen. Der Versorgungs- oder Netzsicherheit nützen sie nicht.

Marktbasierte Verfahren sind grundsätzlich sowohl mit Art. 101 AEUV als auch mit Art. 102 AEUV vereinbar. Insbesondere stellt die Gründung eines sog. Auction Office im Rahmen des Market Coupling keine gegen Art. 101 AEUV verstoßende Vereinbarung dar. Explizite Auktionen kommen nur als Übergangslösung bis zur Einführung von impliziten Auktionen in Betracht, da sie

753 Kommission, IP/09/1425.

754 Koch, Energiekartellrecht: Die jüngste Fallpraxis der GD Wettbewerb, Vortrag anlässlich des Workshops zum Energierecht am 16.02.2010 am ENREG Institut der Freien Universität Berlin.

gegebenenfalls auch zu einem Verstoß gegen europäisches Wettbewerbsrecht führen können.

Abzustellen ist jedoch immer auf den Einzelfall sowie auf die Begleitumstände. So kann das identische Verhalten zweier Grenzkuppelstellenbetreiber in einem Fall als missbräuchliches Verhalten zu werten sein, während im anderen Fall von wettbewerbsrechtlich konformen Verhalten ausgegangen werden kann. Die Missbräuchlichkeit wird nicht allein durch das Handeln des betreffenden Grenzkuppelstellenbetreibers, sondern unter Beachtung der gesamten Marktsituation bestimmt.

5 Zusammenfassung und Ausblick

Das europäische Übertragungsnetz und damit die die nationalen Übertragungsnetze verbindenden Grenzkuppelstellen sind stark von Engpässen geprägt. Aufgrund des sich intensivierenden europäischen Energiebinnenmarktes, der derzeitig politisch forcierten Energiewende und dem damit einhergehenden Ausbau erneuerbarer Energien steht bereits fest, dass sich diese Engpässe noch weiter verstärken werden. Vor allem nicht-steuerbare Einspeisungen, wie sie durch Fotovoltaik- und Windanlagen verursacht werden, führen zu Überlastungen der nationalen Netze und zu kurzfristigen und nicht-planbaren Stromflüssen über die Grenzkuppelstellen. Langfristig wird dies nur durch einen Ausbau der nationalen Netze und durch Errichtung weiterer Grenzkuppelstellen zu lösen sein.

Eine effiziente Kapazitätenvergabe an Grenzkuppelstellen bietet jedoch kurz- und mittelfristige Lösungsansätze. Durch eine optimierte Kapazitätenvergabe wird sichergestellt, dass die vorhandenen Kapazitäten optimal berechnet und vergeben werden. Auch langfristig, d.h. nach dem grundsätzlich erforderlichen Ausbau der Grenzkuppelstellen, werden die vorhandenen Kapazitäten möglichst optimal vergeben werden müssen. Die Kapazitätenvergabe an Grenzkuppelstellen wird eine immerwährende regulatorische und wettbewerbsrechtliche Herausforderung bleiben.

Im Folgenden werden die im Rahmen dieser Arbeit gewonnenen Erkenntnisse zusammengefasst, bevor im Anschluss zwei potentielle Szenarien, wie die Kapazitätenvergabe an Grenzkuppelstellen weiterentwickelt werden könnte, kurz skizziert und kursorisch geprüft werden.

5.1 Zusammenfassung in Thesen

- Die Kapazitätenberechnung und -vergabe steht im Fokus des europäischen Gesetzgebers und der Kartellbehörden.

Bereits seit den 1990er Jahren ist die Kapazitätenvergabe an den Grenzkuppelstellen mehr und mehr in das Bewusstsein des europäischen Gesetzgebers gerückt. Konkrete Vorschriften wurden erstmals im Jahr 2003 im Rahmen der StromHVO a.F. entwickelt. Schnell stellte sich jedoch heraus, dass diese nicht ausreichend waren. Im Jahr 2006 wurden deshalb zunächst die Leitlinien stark ausgeweitet; im

Jahr 2009 erfolgte die Novellierung der StromHVO. Zudem wurden die Grenzkuppelstellen in den 2000er Jahren vermehrt von den Kartellbehörden überwacht. So stellte die Kapazitätenvergabe an Grenzkuppelstellen einen wesentlichen Teil der Sektorenuntersuchung der Kommission im Jahr 2006 dar. Weitere Verschärfungen des Regelungsrahmens sind zu erwarten.

– Die Kapazitätenberechnung und -vergabe ist nicht nur aus regulatorischer Sicht zu bewerten sondern auch kartellrechtlich zu untersuchen.

Die Kapazitätenvergabe an Grenzkuppelstellen ist sowohl aus regulatorischer als auch aus wettbewerbsrechtlicher Sicht zu beurteilen. Aus regulatorischer Sicht muss sie sich vor allem an Art. 16 StromHVO und den Leitlinien der StromHVO messen lassen und zwar bereits bevor sich ein Engpass gebildet hat. Aufgrund des grundsätzlich bestehenden Kontrahierungszwanges sind die Grenzkuppelstellenbetreiber dazu verpflichtet, schon während der Berechnung sicherzustellen, dass alle bereit stehenden Kapazitäten tatsächlich zu Verfügung gestellt werden.

Kartellrechtlich sind die unterschiedlichen Berechnungs- und Vergabemethoden vor allem anhand der Art. 101f. AEUV zu messen. Es ist davon auszugehen, dass jeweils alle Grenzkuppelstellen, die zwei Mitgliedstaaten miteinander verbinden und den gleichen beteiligten Grenzkuppelstellenbetreibern gehören, als sachlicher und räumlicher Markt zu werten sind.

– Die regulatorischen Vorgaben zur Kapazitätenberechnung sind unzureichend.

Detaillierte Vorgaben zur zu verwendenden Berechnungsmethode gibt es bislang nicht. Aussagen zur Kapazitätenberechnung werden in Art. 15f. StromHVO und in den Leitlinien nur am Rande getroffen. Grenzkuppelstellenbetreiber sind im Rahmen der Berechnung der Kapazitäten nur dazu verpflichtet ein allgemeines Modell für die Berechnung der Kapazitäten an den Grenzkuppelstellen zu entwickeln (Art. 15 Abs. 2 StromHVO). Es bestehen keine einheitlichen europaweiten Transparenzstandards. Die mangelnde Harmonisierung der Berechnung und der Veröffentlichungspflichten birgt ein großes Missbrauchspotential. Schon aufgrund der unterschiedlichen Berechnungsmethoden verfallen große Mengen an Kapazitäten ungenutzt. Auf der anderen Seite dauern die Genehmigungsverfahren der allgemeinen Berechnungsmodelle derzeit zu lange. Im Jahr 2009 haben zwei deutsche Übertragungsnetzbetreiber die Genehmigung eines lastflussbasierten Modells bei der Bundesnetzagentur beantragt.[755] Obwohl die Bundesnetzagentur zeitnah im

755 Vattenfall Europe Transmission GmbH, Das lastflussbasierte Modell zur Berechnung von Übertragungskapazitäten in der CEE-Region vom 30.09.2009.

Oktober 2009 ein Konsultationsverfahren durchführte[756] hat sie bis 2012 noch keine endgültige Entscheidung erlassen. Die schleppende Umsetzung des Art. 15 Abs. 2 StromHVO ist damit nicht ausschließlich auf die Übertragungsnetzbetreiber zurückzuführen.

– Mittelfristig sollten lastflussbasierte Berechnungsmethoden etabliert werden.

Die statischen Berechnungsmethoden, insbesondere im Rahmen der NTC-Bestimmung[757], lassen sich zwar einfach implementieren und sind innerhalb Europas bereits erprobt. Sie bieten aber einige Nachteile, vor allem dadurch, dass sie bilateral berechnet werden und keine Stromflüsse über mehrere Grenzen hinweg berücksichtigen können.

Dagegen bietet die lastflussbasierte PDTF-Berechnungsmethode[758] die Möglichkeit, alle Lastflüsse und geplanten Handelsaktivitäten einer Region zu berücksichtigen. Diese Methode stellt im Rahmen der Berechnung quasi das Gegenstück zu impliziten Auktionen dar. Die Berechnung der Kapazitäten über mehrere Grenzen hinweg ist problemlos möglich. Auf der anderen Seite setzt die Berechnung mittels der lastflussbasierten Methode detaillierte Kenntnisse des gesamten Marktes sowohl hinsichtlich der technischen Gegebenheiten als auch hinsichtlich der Handelsgebote voraus, wodurch die Implementierung erschwert wird.

– Obwohl der Sekundärmarkt in der StromHVO nur rudimentär geregelt ist, sind die Vorgaben des Art. 16 StromHVO auf diesen dennoch anwendbar.

Im Gegensatz zur FerngasZVO (Art. 22 FerngasZVO) enthält die StromHVO keine dezidierten Regelungen zum Sekundärmarkt. Allein in den Leitlinien ist geregelt, dass die Marktteilnehmer entweder das „use-it-or-lose-it"-Verfahren oder das „use-it-or-sell-it"-Verfahren anzuwenden haben (Punkt 2.5 der Leitlinien). Die Marktteilnehmer sind dazu verpflichtet ungenutzte Kapazitäten entweder an den Grenzkuppelstellenbetreiber zurückzugeben oder aber, falls dies zeitlich noch möglich sein sollte, die freizugebenden Kapazitäten selbst weiter zu vermarkten (Art. 16 Abs. 4 StromHVO). Marktteilnehmer, die ihre ungenutzten Kapazitäten bewusst verfallen lassen, haben gem. Punkt 2.13 der Leitlinien

756 Bundesnetzagentur, Aufruf zur Konsultation in den Verfahren BK6-09-138 und BK6-09-139.

757 Die Net Transfer Capacity (NTC) ist das maximale Austauschprogramm zwischen zwei internationalen Netzgebieten unter Berücksichtigung der möglichen zukünftigen Fehlerquellen, siehe hierzu ausführlich oben, S. 21f.

758 Siehe hierzu ausführlich oben, S. 23f.

die Entschädigungszahlungen zu ersetzen, die die Grenzkuppelstellenbetreiber gem. Art. 16 Abs. 2 UA 2 StromHVO an Marktteilnehmer zu leisten haben, deren Transaktionen sie einschränken mussten. Die Vorgaben des Art. 16 StromHVO – unter Berücksichtigung der Kurzfristigkeit des Sekundärmarktes und der Tatsache, dass im Rahmen des Sekundärmarktes nicht nur die Grenzkuppelstellenbetreiber sondern auch die übrigen Marktteilnehmer Kapazitäten vergeben – sind grundsätzlich analog anwendbar. Jedoch gelten die Vorgaben insoweit nur eingeschränkt als dass die Kapazitäten nicht marktbasiert vergeben werden müssen.

– Quantitative Vergabeverfahren verstoßen grundsätzlich gegen die StromHVO, sind jedoch zumindest teilweise mit dem Europäischen Wettbewerbsrecht vereinbar; marktbasierte Verfahren sind sowohl mit der StromHVO als auch mit dem Europäischen Wettbewerbsrecht vereinbar.

Von den in der Praxis bei Vorliegen eines Engpasses verwendeten Vergabemethoden verstoßen einige der quantitativen Verfahren gegen die StromHVO, vor allem gegen das in Art. 16 StromHVO statuierte Diskriminierungsverbot. Hierzu gehören der Eigentümervorrang, die Retention, das Grandfathering, das long-before-short-Verfahren und Lotterien. Auch das Pro-Rata-Verfahren und das first-come-first-served-Verfahren verstoßen gegen einzelne Grundsätze der StromHVO. So senden sie keine wirksamen wirtschaftlichen Signale an den Markt aus und werden nicht marktorientiert eingesetzt (Art. 16 Abs. 1 StromHVO). Beide Verfahren sollten aufgrund ihrer einfachen Implementierbarkeit aber zumindest auf dem Sekundärmarkt zugelassen werden. Bei der Beurteilung des first-come-first-served-Verfahren sollte sogar so weit gegangen werden, es bei besonders kurzfristigen und zeitkritischen Engpässen auch auf dem Primärmarkt für zulässig zu erachten. Denn es ist leicht zu implementieren und besonders bei zeitkritischen kurzfristigen Engpässen schnell umsetzbar. Zudem ist die first-come-first-served-Methode sehr transparent, diskriminierungsfrei und nichttransaktionsorientiert (Art. 16 Abs. 1 StromHVO). Marktbasierte Verfahren, also explizite und implizite Auktionen, sowie das in den letzten Jahren vermehrt eingesetzte Market Coupling sind grundsätzlich mit den Vorgaben der StromHVO vereinbar.

Aus wettbewerbsrechtlichen Gesichtspunkten sind innerhalb der quantitativen Verfahren nur der Eigentümervorrang, das First-come-first-served-Verfahren und die Lotterien mit Art. 101 AEUV vereinbar. Die Retention, das Served-today-served-tomorrow-Verfahren, das Grandfathering, das Pro-Rata-Verfahren und die Long-before-short-Methode verstoßen dagegen gegen Art. 101 AEUV. Uneingeschränkt mit Art. 101 AEUV im Einklang stehen hingegen marktbasierte Verfahren. Dies gilt auch im Hinblick auf das Market Coupling. Obwohl das im Rahmen des Market Coupling zu gründende Auction Office weitgehende Vereinbarungen zwischen den beteiligten Übertragungsnetzbetreibern erfordert, liegt auch hier kein Verstoß gegen Art. 101 AEUV vor.

Einige der quantitativen Verfahren, namentlich der Eigentümervorrang, die Retention, das Served-today-served-tomorrow-Verfahren, das long-before-short-Verfahren und das Grandfathering, verstoßen gegen Art. 102 AEUV. Diese können als missbräuchliche Nutzung marktbeherrschender Stellung interpretiert werden. Allein das Pro-Rata-Verfahren, die first-come-first-served-Methode und Lotterien sind mit Art. 102 AEUV vereinbar. Gleiches gilt für marktbasierte Verfahren. Diese stehen grundsätzlich im Einklang mit Art. 102 AEUV.

Damit zeichnet sich folgendes Ergebnis ab (Vereinbarkeit (+), Unvereinbarkeit (–):

Tabelle 1: Überblick Vereinbarkeit der gängigen Kapazitätenvergabemethoden aus regulatorischer und kartellrechtlicher Sicht, eigene Darstellung.

Methode	*StromHVO*	*Art. 101 AEUV*	*Art. 102 AEUV*
Eigentümervorrang	–	+	–
Retention	–	–	–
Grandfathering	–	–	–
Served-today-served-tomorrow	–	–	–
Long-before-short	–	–	–
Lotterien	–	+	+
Pro-Rata	PrimärM –, SekundärM +	–	+
First-come-first-served	PrimärM kurzfr. Engpässe + SekundärM +	+	+
Explizite Auktionen	+	+	+
Implizite Auktionen	+	+	+
Market Coupling	+	+	+
Market Splitting	+	+	+

Es hat sich gezeigt, dass fast alle quantitativen Methoden entweder gegen die regulatorischen oder gegen die kartellrechtlichen Vorgaben bzw. sogar gegen beide verstoßen. Allein das first-come-first-served-Verfahren steht – zumindest was kurzfristige Vergaben auf dem Primärmarkt sowie den Sekundärmarkt angeht – sowohl mit der StromHVO als auch mit Art. 101, 102 AEUV im Einklang. Anders sieht es bei den marktbasierten Methoden aus. Sowohl die expliziten und impliziten Auktionen als auch das Market Coupling sind aus regulatorischer und aus kartellrechtlicher Sicht unbedenklich.

– Durch eine optimale Kapazitätenberechnung und Kapazitätenvergabe würde die Engpasssituation an Grenzkuppelstellen kurz-, mittel- und auch langfristig entschärft werden.

Durch eine Optimierung der Kapazitätenberechnung und -vergabe an Grenzkuppelstellen könnten Engpässe verhindert oder, sollten sie nicht zu vermeiden sein, zumindest minimiert werden. Derzeit verfallen tausende Stunden Kapazität an den Grenzkuppelstellen ungenutzt. Dies ist auf die Anwendung unterschiedlicher Kapazitätenberechnungs- und -vergabemethoden und die ihnen zugrundeliegenden unterschiedlichen Prämissen zurückzuführen. Denn die Wahl einer bestimmten Vergabemethode hat Auswirkung auf den tatsächlichen Ausnutzungsgrad einer Grenzkuppelstelle.

Zudem erfolgt die Berechnung und Vergabe der Kapazitäten zumeist noch auf bilateraler Ebene. Durch eine Optimierung der Vergabe an Grenzkuppelstellen würde es kurz- oder zumindest mittelfristig möglich sein, sowohl Importe als auch Exporte zu erhöhen und damit den Wettbewerb im Erzeugungsbereich zu verstärken. Langfristig würde eine solche Optimierung den zusätzlichen Effekt zeigen, dass durch neu entstehende Infrastrukturen mit optimaler Kapazitätenvergabe die Entstehung von Engpässen verhindert werden kann. Erreichbar ist dies durch schärfere regulatorische Vorgaben und eine weitergehende kartellrechtliche Aufsicht, um Grenzkuppelstellenbetreiber zu zwingen die maximal vorhandenen Kapazitäten zur Verfügung zu stellen.

5.2 Weiterentwicklung zu einer optimalen Kapazitätenvergabe an Grenzkuppelstellen

Aufgrund der hohen Dynamik des europäischen Elektrizitätsmarktes ist davon auszugehen, dass sich die gesetzlichen Vorgaben zur Kapazitätenberechnung und -vergabe an Grenzkuppelstellen weiter verändern werden. Sowohl aus regulatorischer als auch aus wettbewerbsrechtlicher Sicht ist es notwendig, die Kapazitätenberechnung und -vergabe an Grenzkuppelstellen marktkonformer auszugestalten. Dem Gesetzgeber ist durchaus bewusst, dass den Marktteilnehmern bislang sowohl bei der Berechnung als auch der Vergabe der Kapazitäten an Grenzkuppelstellen noch zu große Spielräume zur Verfügung stehen.

Die Berechnung der Kapazitäten an Grenzkuppelstellen sollte weiter harmonisiert werden. Die technischen Rahmenbedingungen sollten vereinheitlicht werden. Eine Vollharmonisierung scheint jedoch nicht empfehlenswert zu sein, da diese nicht die gerechtfertigten Unterschiede auf Grund unterschiedlicher Rahmenbedingungen wie Lage und Struktur der Netze oder Eigenschaften der Kraftwerksparks etc. berücksichtigen könnte. Vorzugswürdiger wäre hier, Beurteilungskriterien für die „Bereitstellungsqualität“ von Kapazitäten aus Sicht der Marktteilnehmer zu definieren und diesbezüglich Qualitätsstandards einzuführen. Eine Einführung derartiger Qualitätsstandards ist jedoch nur auf langfristiger Basis möglich. Kurzfristige Verbesserungen würden sich jedoch bereits durch eine Separierung der einzelnen Bewertungsfaktoren erreichen lassen.

Grenzkuppelstellenbetreibern sollten weitreichende Veröffentlichungspflichten auferlegt werden. Sie sollten zudem dazu verpflichtet werden, lastflussbasierte Berechnungsmethoden anzuwenden. Diese können Stromflüsse und Handelsaktivitäten einer ganzen Region berücksichtigen und führen dadurch zu einer genaueren Berechnung der vorhandenen Kapazitäten. Durch die Verwendung lastflussbasierter Berechnungsmethoden wird die Kapazitätenvergabe, vor allem durch implizite Auktionen und Market Coupling, möglichst optimal vorbereitet. Zudem sollte den nationalen Regulierungsbehörden eine konkrete Frist vorgegeben werden, in der Genehmigungen des Modells zur Berechnung der Kapazitäten gemäß Art. 15 Abs. 2 Satz 3 StromHVO zu erfolgen haben.

Im Rahmen der Kapazitätenvergabe sollten Vorgaben gemacht werden, welche Kapazitätenvergabemethoden zu verwenden sind. Es könnte beispielsweise eine Unterteilung in Fallgruppen erfolgen: Generell sollten markbasierte Verfahren zulässig sein, wobei den impliziten Auktionen und dem Market Coupling sowie dem Market Splitting der Vorzug gegeben werden sollte. Es sollte definiert werden, in welchen Fällen die first-come-first-served-Methode bei besonders kurzfristigen Engpässen zulässig ist. Außerdem erscheint es notwendig, den Sekundärmarkt explizit zu regeln. Diese Regelungen sollten ebenfalls Vorgaben enthalten, welche Kapazitätenvergabemethoden grundsätzlich zulässig sind. Vor allem im Rahmen des „use-it-or-sell-it“-Verfahrens sollte die first-come-first-served-Methode sowie das Pro-Rata-Verfahren aufgenommen werden. Zudem sollten Grenzkuppelstellenbetreiber dazu verpflichtet werden, die Wahl einer bestimmten Kapazitätenvergabemethode zu begründen, um eine bessere Überprüfbarkeit durch die nationalen Regulierungsbehörden zu gewährleisten. Durch eine solche Fallgruppenbildung würde die Kapazitätenvergabe an Grenzkuppelstellen optimiert werden, ohne Grenzkuppelstellenbetreibern die Verwendung einer bestimmten Vergabemethode vorzuschreiben.

Beispielsweise könnte zudem ein Konzept vergleichbar zur deutschen Anreizregulierung eingeführt werden: Je optimaler, d.h. im Sinne von Art. 16 Abs. 1

StromHVO diskriminierungsfreier, transparenter, marktorientierter und unter Aussendung wirksamer wirtschaftlicher Signale, Grenzkuppelstellenbetreiber die Kapazitäten vergeben, desto höhere Anteile ihrer Erlöse der Grenzkuppelstellen dürfen sie im Nachgang von den Bestimmungen des Art. 16 Abs. 6 StromHVO befreien lassen.

Förderlich erscheint auch eine weitergreifende Aufsichtskompetenz durch die zuständigen nationalen Regulierungsbehörden. Denkbar wäre es, den Aufsichtsbehörden die Möglichkeit zu eröffnen, in die Marktpreisbildung an den Grenzkuppelstellen einzugreifen. Dies könnte zum einen durch ein Genehmigungsverfahren erfolgen, in welchem die Grenzkuppelstellenbetreiber ihr jeweiliges Konzept der Kapazitätenvergabe umfassend vorstellen müssten. Eine ex-post Kontrolle wäre das mildere Mittel. Möglich wäre auch eine Beweislastumkehr zu Lasten der Grenzkuppelstellenbetreiber mit der Verpflichtung zur Darlegung einer ordnungsgemäßen Kapazitätenvergabe im Falle von festgestellten Unregelmäßigkeiten.

Es steht zu erwarten, dass Vorgaben zur Kapazitätenberechnung in die StromHVO aufgenommen werden da diese bereits Einzug in die CACM-Leitlinien der ACER[759] gefunden haben. Die Vorgaben zur Kapazitätenberechnung und -vergabe der CACM-Leitlinien werden mittels im Rahmen von Art. 8 StromHVO von ENTSO-E zu entwickelnder Netzkodizes weiter ausgestaltet werden (vgl. Art. 6 Abs. 2 StromHVO). Verbindlicher ist eine Weiterentwicklung der regulatorischen Vorgaben mittels einer Novellierung der Leitlinien. Bislang gleichen die Leitlinien eher generellen Richtwerten, an denen die Mitgliedstaaten sich beim Vollzug der StromHVO orientieren sollten. Jedoch ist zu erwarten, dass die Leitlinien nicht im Rahmen des zunehmend in die Kritik geratenen Komitologieverfahrens novelliert werden. Hierfür spricht vor allem, dass im Jahr 2010 die Leitlinien zum Ausgleichsmechanismusverfahren nach Art. 13 StromHVO als Verordnung im Sinne des Art. 288 AEUV erlassen wurden.[760] Insofern ist zu erwarten, dass aufgrund ihrer Relevanz für den Elektrizitätsbinnenmarkt auch eine Novellierung der bereits bestehenden Leitlinien zur Kapazitätenvergabe an Grenzkuppelstellen in Form einer Verordnung erfolgen wird.

Losgelöst von den bisher in der Praxis verwendeten Kapazitätenvergabemethoden, wäre es weiter möglich, eine Differenzierung nach der Erzeugungsart der

---

759 ACER, CACM-Leitlinien vom 29.07.2011, S. 6ff.

760 Verordnung (EU) Nr. 838/2010 der Kommission vom 23. September 2010 zur Festlegung von Leitlinien für den Ausgleichsmechanismus zwischen Übertragungsnetzbetreibern und für einen gemeinsamen Regelungsrahmen im Bereich der Übertragungsentgelte, Abl. EU L 250/5 vom 24.09.2010.

grenzüberschreitend zu handelnden Elektrizität einzuführen. Mit der Entscheidung der Bundesrepublik Deutschland im Jahr 2011 zur „Energiewende“ wurde grundsätzlich auch der Ausstieg aus der Atomenergie beschlossen. Über die Grenzkuppelstellen wird jedoch weiterhin Atomstrom nach Deutschland importiert werden. Denkbar wäre daher, gerade aus Sicht der Bundesrepublik Deutschland, ein Importverbot für Atomstrom zu forcieren oder zumindest die nachrangige Kapazitätenvergabe an Atomstrom zu fordern. Im Hinblick auf die Kapazitätenvergabe an Grenzkuppelstellen würde ein solches Importverbot bzw. die Festlegung der Nachrangigkeit dazu führen, dass keine Kapazitäten für Transporte von Atomstrom vergeben werden dürften bzw. dass Kapazitäten erst dann an Lieferungen aus Atomstrom vergeben werden dürften, wenn diese ansonsten nicht benötigt würden. Denkbar wären auch Regelungen, die die prioritäre Vergabe für Strom aus erneuerbaren Energien vorsieht. Dies könnte beispielsweise in Zeiten hoher Einspeisung aus Windkraft zu einer Entlastung des deutschen Höchstspannungsübertragungsnetzes führen, da zu viel eingespeister Strom statt über die engpassgefährdete Nord-Süd-Trasse über die Grenzkuppelstellen Norddeutschlands abtransportiert werden könnte.

Beide Ausprägungen würden zu einer Differenzierung nach Art des Stroms führen. Fraglich ist jedoch, ob ein solches Vorgehen als Mittel deutscher Umwelt- und Energiepolitik zulässig wäre. Die EU hat im Bereich der Umweltpolitik ein umfangreiches umweltrechtliches „acquis communautaire“[761] etabliert; so wurde umfangreiches Sekundärrecht geschaffen, das seine Rechtsgrundlagen speziell in den Art. 191–193 AEUV[762] findet.[763] Vorgaben, Kapazitäten für den Handel von Atomstrom grundsätzlich nicht zur Verfügung zu stellen, lassen sich aus europäischem Sekundärrecht jedoch nicht ableiten. Insbesondere finden sich in der StromHVO oder ihren Leitlinien keine Anhaltspunkte dafür, dass bei der Kapazitätenvergabe an Grenzkuppelstellen Umwelterwägungen zu berücksichtigen sein könnten. Würden die Grenzkuppelstellenbetreiber nun keine Kapazitäten an

761 Der sog. Acquis Communautaire ist das gesamte vorhandene, geschriebene und ungeschriebene Gemeinschaftsrecht, welches in Zusammenhang mit den politischen Zielsetzungen und Aufgaben der EU sowie deren rechtlichen Bindungen, sowie den Auslegungen des EuGH gesehen werden muss.

762 Ex Art. 174–176 EG-Vertrag.

763 Primär zielt die europäische Umweltpolitik unter Berücksichtigung der nationalen und regionalen Gegebenheiten auf ein hohes Schutzniveau ab, welches auf den Grundsätzen der Vorsorge und Vorbeugung, dem Prinzip der Ursprungsbekämpfung von Umweltbeeinträchtigungen und dem Verursacherprinzip beruht, Bergmann/Kenntner, Deutsches Verwaltungsrecht unter europäischem Einfluss, 2002, S. 35.

Atomstrom vergeben, würden sie die Kapazitäten nicht mehr diskriminierungsfrei und auch nicht marktorientiert vergeben. Gleiches würde für die nachrangige Kapazitätenvergabe an Atomstrom gelten. Damit würde ein Verstoß gegen die Strom-HVO vorliegen. Gleiches gilt für die prioritäre Kapazitätenvergabe an Strom aus erneuerbaren Energien. Auch hier würde eine Diskriminierung nach der Art des Stroms vorliegen und die Marktorientierung würde vernachlässigt. Die prioritäre Kapazitätenvergabe an Strom aus erneuerbaren Energien zum Schutz des nationalen Netzes vor Überlastung verstößt zudem, wie sich im Fall Svenska Kraftnät gezeigt hat, gegen Europäisches Kartellrecht.[764] Polen hat sich bereits ablehnend gegenüber hohen grenzüberschreitenden Stromflüssen, die aus unregelmäßiger Windkraft resultieren, geäußert.[765]

Die Kapazitätenvergabe an Grenzkuppelstellen soll nach dem Willen des europäischen Gesetzgebers eben gerade nicht dazu dienen, nationale Energiepolitiken zu unterstützen oder zu forcieren. Vielmehr soll gewährleistet werden, dass die Kapazitätenberechnung und -vergabe an Grenzkuppelstellen so weit als möglich optimiert wird, um den europäischen Energiemarkt zu intensivieren und so die energiepolitischen Ziele Versorgungssicherheit und Wettbewerbssicherheit durch möglichst weitreichenden grenzüberschreitenden Handel zu erreichen. Eine Kapazitätenvergabe, die sich lastflussbasierter Berechnungsmethoden und markbasierter Vergabemethoden bedient, also mithin im Einklang mit den wettbewerbsrechtlichen und regulatorischen Anforderungen steht, ist dafür nicht nur kurzfristig sondern auch mittel- und langfristig unabdingbare Voraussetzung.

---

764 Siehe hierzu oben, S. 169ff; Im Falle Svenska Kraftnät waren zwar die Kapazitäten an den Grenzkuppelstellen gedrosselt worden, um das nationale Netz zu entlasten. Jedoch lassen sich die dort gefundenen Grundsätze übertragen. Denn im Ergebnis spielt es keine Rolle, auf welche Art und Weise auf die Grenzkuppelstellen eingewirkt wird. Solange das Verhalten des Grenzkuppelstellenbetreibers auf den Schutz des nationalen Netzes gerichtet ist, stellt die Verhaltensweise einen Verstoß dar.

765 „Deutschland nervt Polen mit der Energiewende“, Zeit Online vom 1.12.2011, online abrufbar unter http://zeit.de/wirtschaft/2011-11/stromnetz-ringfluesse, zuletzt abgerufen am 16.10.2013.

Literaturverzeichnis

Alsheimer, Constantin/Kassebohm, Kristian/Schulz, Holger, Räumliche Marktabgrenzung im Gasmarkt, RdE 2008, S. 1ff.

Bach, Norbert/Buchholz, Wolfgang/Eichler, Bernd, Geschäftsmodelle für Wertschöpfungsnetzwerke, Gabler Verlag, Wiesbaden, 2003.

Bacher, Rainer, Optimierung liberalisierter elektrischer Energiesysteme, Vorlesungstext ETH Zürich vom 22.12.2006, online abrufbar unter http://homepage.hispeed.ch/41564935930/20061222%20Vorlesung%20OLEES%20Bacher.pdf, zuletzt abgerufen am 16.10.2013.

Bacher, Rainer, Marktkompatibles Engpassmanagement bei elektrischen Netzen, Präsentation anlässlich des Kolloquiums „Aktuelle Probleme der Energietechnik" vom 25.01.2005 an der ETH Zürich, online abrufbar unter http://www.ee.ethz.ch/uploads/media/eth-kolloquium250105.pdf, zuletzt abgerufen am 16.10.2013.

Bacher, Rainer/Näf, Urs, Eidgenössiches Bundesamt für Energie: Bericht über den Stromausfall in Italien am 28. September 2003, November 2003, online abrufbar unter http://www.bfe.admin.ch/themen/00612/04481/index.html?lang=de&dossier_id=00796, zuletzt abgerufen am 16.10.2013.

Bain, Joe, Industrial Organization, 2. Aufl. New York, Wiley Verlag 1968.

Bardt, Hubertus, Regulierungen im Strommarkt: Umweltschutz und Wettbewerb, Deutscher Institutsverlag, 2005.

Baur, Jürgen/Salje, Peter/Schmidt-Preuß, Matthias (Hrsg.), Regulierung in der Energiewirtschaft: Ein Praxishandbuch, Heymanns Verlag, Köln, 2011.

Baur, Jürgen/Sandrock, Otto/Scholtka, Boris/Shapira, Amos (Hrsg.), Festschrift für Gunther Kühne zum 70. Geburtstag, Verlag Recht und Wirtschaft GmbH, 2009.

Becker, Carsten/Zapfe, Charlotte, Energiekartellrechtsanwendung in Zeiten der Regulierung, ZWeR 4/2007, S. 419ff.

Bergmann, Jan/Kenntner, Markus, Deutsches Verwaltungsrecht unter europäischem Einfluss, Richard Boorberg Verlag, Stuttgart, 2002.

Böge, Ulf, Gas-Langfristverträge: Ein Instrument der Marktabschottung, Wirtschaft und Wettbewerb 2005, S. 1098ff.

Böttcher, Enno, Market Coupling in Europa, e/m/w 2/2009, S. 24ff.

Boucher, Jaqueline/Smeers, Yves, Towards A Common European Electricity Market – Paths in the Right Direction … Still far from an Effective Design, Journal of Network Industries 2002, S. 375ff.

Brand, Edmund/Witthohn, Alexander, Die energiepolitischen Handlungsmöglichkeiten der EG, ET 4/2002, S. 253ff.

Callies, Christian/Ruffert, Matthias, EUV/EGV Kommentar, 3. Auflage, C.H. Beck Verlag, München, 2007.

Cameron, Peter D., Competition in Energy Markets, 2. Auflage, Oxford University Press, Oxford, 2007.

Celli, Ricardo/Riis-Madsen, Christian, New Developments in EU Legislation and Application of Competition Rules to Interconnectors, International Energy Law & Taxation Review 2002, S. 177ff.

Dauses, Manfred A. (Hrsg.), Handbuch des EU-Wirtschaftsrechts, C.H. Beck Verlag, München, 33. EL, 2013.

Deutsche Energieagentur, Netzstudie II – Integration erneuerbarer Energien in die deutsche Stromversorgung im Zeitraum 2015 – 2020 mit Ausblick 2025: Zusammenfassung der wesentlichen Ergebnisse durch die Projektsteuerungsgruppe, Januar 2011, online abrufbar unter http://www.dena.de/publikationen/energiesysteme/dena-netzstudie-ii.html, zuletzt abgerufen am 16.10.2013.

Dieckmann, Birgit, Engpassmanagement im Europäischen Strommarkt, Dissertation, 2008, online abrufbar unter http://miami.uni-muenster.de/servlets/DocumentServlet?id=4593, zuletzt abgerufen am 16.10.2013.

Dietz, Thorsten, Explizite Kapazitätsauktionen unter Einfluss steigender Windeinspeisung, VDE-Tagungsverband Engpassmanagement und Intraday-Energieaustausch, Juni 2004, online abrufbar unter http://www.vde.com/de/fg/ETG/Exklusiv-Mitglieder/dach2004/Seiten/Folien.aspx, zuletzt abgerufen am 16.10.2013.

Dummer, Andreas/Popelka, Herbert, Engpassmanagement im hoch ausgelasteten Übertragungsnetz von Verbund-Austrian Power Grid, e&i Elektrotechnik und Informationstechnik 2004, S. 420ff.

Dziadywicz, Eryk, Refusal to Grant Third-Party Access by an Electricity Transmission System Operator – Overview of Competition Law Issues, Journal of Energy & Natural Resources Law, Volume 25, Nr. 2/2007, S. 114ff.

Eberlein, Burkard, Regulating Cross-Border Trade by Soft Law? The „Florence Process“ in the Supranational Governance of Electricity Markets, Journal of Network Industries 2003, S. 137ff.

Ehricke, Ulrich, Der Europäische Regelungsansatz zur Versorgungssicherheit in Bezug auf Stromnetze – Richtlinienvorschlag für die Sicherung der Elektrizitätsversorgung, ZNER 2004, S. 211ff.

Eiß, Harald, Die Ordnung des Elektrizitätsmarktes in der Europäischen Gemeinschaft, Oldenbourg Verlag, München, 1990.

Erdmann, Georg, Liberalisierung versus Versorgungssicherheit im Strommarkt – Erfahrungen aus Deutschland und Europa, TU International 55, Juli 2004, S. 8ff.

Everis/Mercados, From Regional Markets to a Single European Market, Final Report vom 28.04.2010, online abrufbar unter http://ec.europa.eu/energy/gas_electricity/studies/doc/2010_gas_electricity_markets.pdf, zuletzt abgerufen am 16.10.2013.

Faull, Jonathan/Nikpay, Ali, The EC Law of Competition, 2. Aufl. 2007, Oxford University Press.

Ferrey, Steven, The New Rules – A Guide to Electric Market Regulation, PennWell Books, Tulsa OK USA, 2000.

Fischer, Florian, Langfristige Energieverträge und Kartellrecht, Nomos Verlag, Baden-Baden, 2011.

Fritsch, Michael/Wein, Thomas/Ewers, Hans-Jürgen, Marktversagen und Wirtschaftspolitik: mikroökonomische Grundlagen staatlichen Handelns, 7. Aufl. 2007, Vahlen Verlag, München.

Frontier Economics/Consentec, Analysis of Cross-Border Congestion Management Methods for the EU Internal Electricity Market, 2004, online abrufbar unter http://ec.europa.eu/energy/gas_electricity/studies/doc/electricity/2004_06_congestion_management_methods.pdf, zuletzt abgerufen am 16.10.2013.

Germer, Christoph/Loibl, Helmut, Energierecht: Handbuch, 2. Aufl., Schmidt Verlag, Berlin, 2007.

Glachant, Jean-Michel/Grant, Robert/Hafner, Manfred/de Jong, Jacques, Toward a Smart EU Energy Policy: 22 Recommendations, Robert Schuhmann Centre für advanced studies, Florence School of Regulation, RSCAS 2010/52, online abrufbar unter http://cadmus.eui.eu/bitstream/handle/1814/14181/RSCAS_2010_52.pdf?sequence=1, zuletzt abgerufen am 16.10.2013.

Göbel, Jens/Urbanke, Claus, Fallstudie: Gründe und Auswirkungen der Kapazitätsbegrenzungen für Stromexporte aus Polen im Juli, e/m/w 6/2006, S. 34ff.

Gómez–Ibàñez, José A., Regulating Infrastructure, Harvard Univ. Press, Cambridge USA, 2003.

Green, Jonathan, Energy and Competition: Liberalisation of Europe's Energy Markets, Competition Law Insight 2005, S. 8ff.

Groeben, Hans von der (Hrsg.), Kommentar zum EU-/EG-Vertrag, 6. Aufl., Nomos-Verlag, Baden-Baden, 2003.

Hakvoort, Rudi A./de Jong, Hanneke M., Pushing European power transmission: private investment in priority interconnections? European Review of Energy Markets, Volume 2, Issue 1, September 2007 S. 109ff.

Hamdorf, Matthias, Die Verordnung (EG) Nr. 1228/2003 über die Netzzugangsbedingungen für den grenzüberschreitenden Stromhandel, IR Energie, Verkehr, Abfall, Wasser, 2004, S. 245ff.

Hancher, Leigh, EC Electricity Law, Chancery Law Publications, London, 1992.

Hancher, Leigh, Cross – Border Transmission of Electricity in the European Energy Market: Regulatory Issues, Journal of Network Industries 1/2000, S. 127ff.

Hancher, Leigh, Generating the right signals for the community electricity market – an interdisciplinary challenge, Journal of Network Industries 2002, S. 365ff.

Haubrich, Hans-Jürgen/Fritz, Wolfgang/Vennegeerts, Hendrik, Study on Cross-Border Electricity Transmission Tariffs by order of the European Commission, DG XVII / C1 vom April 1999, online abrufbar unter http://ec.europa.eu/energy/electricity/publications/doc/cbett_en.pdf, zuletzt abgerufen am 16.10.2013.

Haubrich, Hans-Jürgen/Fritz, Wolfgang/Zimmer, Christian/Sengbusch, Klaus von/Kopp, Stefanie/Li, Feng, Grenzüberschreitende Übertragungskapazitäten und Engpässe im europäischen Stromnetz, ET 2002, S. 232ff.

Hauteclocque, Adrien de, Long-term supply contracts in European decentralized electricity markets: an antitrust perspective, Diss. 2009, University of Manchester.

Heitzer, Bernhard, Wettbewerbs- und Regulierungsrecht: gleiches Ziel, unterschiedliche Instrumente, N&R 2007, S. 89ff.

Heuck, Klaus/Dettmann, Klaus-Dieter, Elektrische Energieversorgung: Erzeugung, Übertragung und Verteilung elektrischer Energie für Studium und Praxis, 6. Auflage, Friedrich Vieweg & Sohn Verlag, Wiesbaden 2005.

Hinüber, Gerd/Egger, Hermann/Neus, Heiko/Haubrich, Hans-Jürgen, „Market Coupling“ – ein Verfahren zur Ermittlung des bestmöglichen Marktgleichgewichts, ET 2004, S. 790.

Hirsbrunner, Simon/Herrmann, Joachim, Die Zuteilung von Netzkapazitäten im Strom- und Gasbereich nach dem VEMW-Urteil des Europäischen Gerichtshofs, ET 8/2008, S. 44ff.

Hobe, Stefan, Energiepolitik, EuR 2009, Beiheft 1, S. 219ff.

Höffler, Felix, Engpassmanagement und Anreize zum Netzausbau im leitungsgebundenen Energiesektor, Gutachten im Auftrag der Monopolkommission, Vallendar, 2008.

Höffler, Felix, Engpassmanagement und Anreize zum Netzausbau im leitungsgebundenen Energiesektor, Nomos Verlag, Baden – Baden, 2009.

Hohmann, Holger, Die essential facilities doctrine im Recht der Wettbewerbsbeschränkungen, Nomos-Verlag, Baden-Baden, 2001.

Höppner, Thomas, Die Pflicht interne Produktionsmittel zu vermarkten zugleich Anmerkung zum EuGH-Urteil IMS, EuZW 2004, S. 748ff.

Immenga, Ulrich/Mestmäcker, Ernst-Joachim, Wettbewerbsrecht, Band 1 EG/ Teil 1, 4. Aufl., C.H. Beck Verlag, München, 2007.

Institut für Elektrische Anlagen und Energiewirtschaft/Consentec, Analysis of Electricity Network Capacities and Identification of Congestion (Final Report), Aachen, Dezember 2001, online abrufbar http://www.consentec.de/publikationen/studien, zuletzt abgerufen am 16.10.2013.

Jones, Christopher, EU Energy Law, Vol. I: The Internal Energy Market: The Third Liberalisation Package, Third Edition, Claeys & Casteels, Leuven, 2010.

Jones, Christopher, EU Energy Law, Vol. II: EU Competition Law and Energy Markets, Second edition, Claeys & Casteels, Leuven, 2007.

Kaiser, Julia, Verordnete Regulierung? Die Bedeutung der Stromhandelsverordnung – Verordnung (EG) Nr. 1228/2003 – und der Gashandelsverordnung – Verordnung (EG) Nr. 1775/2005 – für den europäischen Energiebinnenmarkt, Nomos Verlag, Baden-Baden, 2007.

Keller, Katja, Netznutzungspreise in liberalisierten Elektrizitätsmärkten: Eine ökonomische Analyse der Entgelte für das Höchstspannungsnetz, Nomos Verlag, Baden – Baden, 2005.

Kessel, Christian/Meeus, Leonardo/Schwedler, Christian, Elektrizitätsbinnenmarkt: Erfahrungen mit privaten Verbindungsleitungen (Interconnectoren) im Rahmen der VO (EG) 1228/2003 und Perspektiven für die VO (EG) 714/2009, EWS 5/2011, S. 175ff.

Klaue, Siegfried, Zur Rezeption der amerikanischen „essential-facility-doctrine" in das europäische und deutsche Kartellrecht, Recht der Energiewirtschaft 1996, S. 51ff.

Ders., Liberalisierung und/oder Regulierung in der Energiewirtschaft, BB 2002, S. 162ff.

Klees, Andres, Das Instrument der Zusagenentscheidung der Kommission und der Fall „E.ON" – Ein (weiterer) Sündenfall, WuW 59/2009, S. 374ff.

Klimisch, Anette / Lange, Markus, Zugang zu Netzen und anderen wesentlichen Einrichtungen als Bestandteil der kartellrechtlichen Missbrauchsaufsicht, Wirtschaft und Wettbewerb 1998, S. 15ff.

Knops, Hamilcar/de Jong, Hanneke, Merchant Interconnectors in the European Electricity System, Journal of Network Industries, 6/2005, S. 261ff.

Knops, Hamilcar/de Vries, Laurens/Hakvoort, Rudi, Congestion Management in the European Electricity System: An Evaluation of the Alternatives, Journal of Network Industries 2001, S. 311ff.

Kolks, Uwe, Wertschöpfungsnetzwerke im Energiemarkt, in: Bach/Buchholz/Eichler (Hrsg.), Geschäftsmodelle für Wertschöpfungsnetzwerke, Gabler Verlag, Wiesbaden, 2003, S. 283ff.

Koppenfels, Ulrich, Bericht aus Brüssel: Beilegung von Wettbewerbsverfahren der Kommission im Wege von strukturellen Zusagen im deutschen Strom- und Gasmarkt, Netzwirtschaften und Recht 6 (1), 2009, S. 60ff.

Kroneberg, Jürgen, Stromhandel ohne Grenzen oder Grenzen für den Stromhandel? ET 2003, S. 589ff.

Ksoll, Markus / Schöler, Klaus, Alternative Organisation zweistufiger Strommärkte – ein räumliches Marktmodell bei zweidimensionaler Verteilung der Nachfrage, Potsdam 2001, online abrufbar unter http://opus.kobv.de/ubp/volltexte/2007/1377/pdf/vwd47.pdf, zuletzt abgerufen am 16.10.2013.

Kuckuck, H. A., Am EG-Energiemarkt wird noch gebastelt, ET 5/1990, S. 390f.

Kühling, Jürgen, Die neuen Engpass-Leitlinien der Kommission im grenzüberschreitenden Stromhandel – Freie Fahrt für das open-market coupling in Deutschland?, RdE 2006, S. 173ff.

Kühling, Jürgen/Hermeier, Guido, Innovationsoffenheit des Unbundlingregimes? – Die Einführung neuer Strukturen im grenzüberschreitenden Stromhandel als Bewährungsprobe, ZNER 1/2006, S. 27ff.

Kühling, Jürgen/Pisal, Ruben, Das Dritte Energiebinnenmarktpaket – Herausforderungen für den deutschen Gesetzgeber, RdE 6/2010, S. 161ff.

Kühling, Jürgen/Sester, Peter/Wipfler, Berthold/Matz, Yvonne/Hermeier, Guido, Rechtsgutachten über die Etablierung eines Auction Office im Rahmen des Open Market Coupling, online abrufbar unter http://www.bundesnetzagentur.de/cae/servlet/contentblob/35910/publicationFile/1596/RechtsgutachtenAuctionOfficeId7929pdf.pdf, zuletzt abgerufen am 11.03.2012.

Kühne, Günter, Leitplanken und Entwicklungsstränge des Energierechts, Kölner Schriften zum Wirtschaftsrecht 3/2011, S. 219ff.

Langen, Eugen/Bunte, Herrmann-Josef, Kommentar zum deutschen und europäischen Kartellrecht, Bd. 2: Europäisches Kartellrecht, 11. Aufl., Luchterhand Verlag, Köln, 2010.

Lecheler, Helmut/Gundel, Jörg, Ein weiterer Schritt zur Vollendung des Energie-Binnenmarktes: Die Beschleunigungs-Rechtsakte für den Binnenmarkt für Strom und Gas, EuZW 20/ 2003, S. 621ff.

Li, Feng/Haubrich, Hans-Jürgen, Bewertung von Netzausbaumaßnahmen zur Engpassbeseitigung im UCTE-Verbundnetz, Energiewirtschaftliche Tagesfragen 3/2006, S. 16ff.

Lieb, Julia/Maurer, Andreas (Hrsg.), Der Vertrag von Lissabon, 3. aktualisierte und erweiterte Auflage 2009, online abrufbar unter http://swp-berlin.org/fileadmin/contents/products/arbeitspapiere/Vertrag_Lissabon_Kurzkommentar_3rd_edition_090421_KS.pdf, zuletzt abgerufen am 16.10.2013.

Löfken, Jan-Oliver, Strom auf neuen Wegen, Technology Review 9/2006, S. 34ff.

Lüdemann, Jörn (Hrsg.), Telekommunikation, Energie, Eisenbahn – Welche Regulierung brauchen die Netzwirtschaften? Mohr Siebeck Verlag, Tübingen, 2008.

Markert, Kurt, Die Anwendung des deutschen und europäischen Kartellrechts und der zivilrechtlichen Preiskontrolle nach §§ 307, 315 BGB im Strom- und Gassektor im zweiten Jahrzehnt der Marktliberalisierung, ZNER 2009, S. 193ff.

Maire, Emmanuelle, Le cadre réglementaire de l'ouverture des Marchés de l'électricité et du gaz en Europe, Revues du Droit de l'Union européenne 2002, S. 451ff.

Meeus, Leonard, Implicit Auctioning on the Kontek Cable: Third Time Lucky? Robert Schuhmann Centre for advanced studies, Florence School of Regulation, RSCAS 2010/49, online abrufbar unter http://cadmus.eui.eu/bitstream/handle/1814/14095/RSCAS_2010_49.pdf?sequence=1, zuletzt abgerufen am 16.10.2013.

Müller, Leonhard, Handbuch der Elektrizitätswirtschaft, Springer Verlag, Berlin, Heidelberg, New York, 2001.

Müller-Kirchenbauer, Joachim/Struck, Hans-Martin/Siedentopp, Volker/Reukauf, Thomas/Nailis, Dominic, Nebenwirkungen und Hausmittel – die EU-Verordnung über grenzüberschreitenden Stromhandel, ME 5/2002, S. 30ff.

Neus, Heiko/Haubrich, Hans-Jürgen/Moser, Albert, Market Coupling: Ein Entwicklungsziel für den europäischen Strommarkt? ET 2004, S. 387ff.

Neveling, Stefanie/Theobald, Christian, Aktuelle Entwicklungen des Energiehandels: Die Vorschläge der EG-Kommission zur Anpassung der Strom- und Gasrichtlinien, EuZW 2002, S. 106ff.

Paulweber, Michael/Weinand, Armin, Europäische Wettbewerbspolitik und liberalisierte Märkte, EuZW 2001, S. 232ff.

Pieckenbrock, Dirk, in: Gabler Verlag (Hrsg.), Gabler Wirtschaftslexikon, Stichwort: Markttransparenz, online abrufbar unter http://wirtschaftslexikon.gabler.de/Archiv/54542/markttransparenz-v3.html, zuletzt abgerufen am 16.10.2013.

Pielow, Johann Christian, Grundstrukturen öffentlicher Versorgung: Vorgaben des Europäischen Gemeinschaftsrechts sowie des französischen und des deutschen

Rechts unter besonderer Berücksichtigung der Elektrizitätswirtschaft, Mohr Siebeck Verlag, Tübingen, 2001.

Presser, Florian, Grenzüberschreitender Stromhandel: Die Entwicklung zu einem europäischen Binnenmarkt für Strom, Dissertation, Peter Lang Verlag, Frankfurt a.M., 2011.

Pritzsche, Kai/Stephan, Michael/Pooschke, Sebastian, Engpassmanagement durch marktorientiertes Redispatching, RdE 2/2007, S. 36ff.

Pritzsche, Kai, Engpässe im Stromnetz – rechtliche Lösungsansätze? In: Ehricke (Hrsg.), Die neuen Herausforderungen im Lichte des Energierechts, Nomos–Verlag, Baden–Baden, 2009, S. 73ff.

Pritzsche, Kai, Market Coupling, in: Baur, Jürgen F./Sandrock, Otto/Scholtka, Boris/Shapira, Amos (Hrsg.), Festschrift für Gunther Kühne zum 70. Geburtstag, Verlag Recht und Wirtschaft, Frankfurt a.M. 2009, S. 231ff.

Pritzsche, Kai, Engpassmanagement/UCTE Netze, in: Baur, Jürgen F./Salje, Peter/Schmidt-Preuß, Matthias (Hrsg.), Regulierung in der Energiewirtschaft: Ein Praxishandbuch, Carl-Heymanns Verlag, Köln, 2011, S. 274ff.

Ritzau, Michael/de Wyl, Christian/Hartmann, Thies Christian, Rechtliche und energiewirtschaftliche Grundsätze zur Bewirtschaftung und Veröffentlichung von Engpässen im Übertragungsnetz, ET 6/2007, S. 84ff.

Röller, Lars-Hendrik/Stehmann, Oliver, Grenzen der Wettbewerbspolitik bei der Öffnung von Netzwerkindustrien, Perspektiven der Wirtschaftspolitik 2006, S. 355ff.

Roels, Harry, Die Modernisierung der deutschen Energiewirtschaft vor dem Hintergrund internationaler Verflechtungen, ET 2006, S. 20ff.

Roggenkamp, Martha/Rønne, Anita/Redgwell, Catherine/Del Guayo, Iñigo (Hrsg.), Energy Law in Europe: National, EU and International Law and Institutions, Oxford University Press, 2001.

Roon, Serafin von/Huck, Malte, Merit Order des Kraftwerksparks, Forschungsstelle für Energiewirtschaft e.V., Juni 2010, München, online abrufbar unter http://www.ffe.de/download/wissen/20100607_Merit_Order.pdf, zuletzt abgerufen am 16.10.2013

Rottenburg, Eberhard von, Importbeschränkungen für „schmutzigen Strom“ nach dem Welthandelsrecht: Eine Betrachtung produktionsbezogener Handelsregulierungen (PPMs) unter besonderer Berücksichtigung des internationalen Elektrizitätshandels, Nomos Verlag, Baden – Baden, 2002.

Ryan, Patrick, A re-energised Approach to a Competitive European Electricity Market, Journal of Energy & Natural Resources Law, Vol. 27 No 1, Februar 2009, S. 42ff.

Säcker, Franz-Jürgen (Hrsg.), Berliner Kommentar zum Energierecht, 2. Auflage, Verlag Recht und Wirtschaft, Frankfurt a.M., 2010.

Säcker, Franz-Jürgen, Freiheit durch Wettbewerb, Wettbewerb durch Regulierung, ZNER 2/2004, S. 98ff.

Säcker, Franz-Jürgen/Boesche, Katharina, Vertikale Fusionen im Energiesektor gefährden wirksamen Wettbewerb, BB 2001, S. 2329ff.

Schebstadt, Arnd, Die Aufsicht über Netznutzungsentgelte zwischen Kartellrecht und sektorspezifischer Regulierung, RdE 8/2004, S. 181ff.

Schmidt, Ingo, Wettbewerbspolitik und Kartellrecht, 8. Aufl., Lucius & Lucius, Stuttgart, 2005.

Schmitt, Dieter, Verschärfung der Regulierung im Strom- und Gasbereich? Wirtschaftsdienst 2006, S. 719ff.

Schneider, Jens-Peter, Kooperative Netzzugangsregulierung und europäische Verbundverwaltung im Elektrizitätsbinnenmarkt, ZWeR 2001, S. 381ff.

Scholz, Rupert/Langer, Stefan, Europäischer Binnenmarkt und Energiepolitik, Duncker & Humblot, Berlin, 1992.

Schulenberg, Sebastian, Die Energiepolitik der Europäischen Union, Nomos Verlag, Baden-Baden, 2009.

Schwarze, Jürgen (Hrsg.), Der Netzzugang für Dritte im Wirtschaftsrecht, Nomos-Verlag, Baden-Baden, 1999.

Schwarze, Jürgen, Daseinsvorsorge im Lichte des europäischen Wettbewerbsrecht, EuZW 2001, S. 334ff.

Schwintowski, Hans-Peter (Hrsg.), Energierecht der Zukunft – Herausforderungen für kommunale EVU, Nomos-Verlag, Baden-Baden, 2001.

Senke, Mirka, Elektrizitätslieferverträge nach der Liberalisierung der Elektrizitätsmärkte im Lichte des europäischen und deutschen Kartellrechts, Tenea Verlag, Berlin, 2003.

Streinz, Rudolf (Hrsg.), EUV/EGV: Vertrag über die Europäische Union und Vertrag zur Gründung der Europäischen Gemeinschaft, CH. Beck Verlag, München, 2003.

Stumpf, Cordula/Gabler, Andreas, Netzzugang, Netznutzungsentgelte und Regulierung in Energienetzen nach der Energierechtsnovelle, NJW 2005, S. 3174ff.

Talus, Kim, First interpretation of Energy Market Directives by the European Court of Justice – Case 17/03, Vereniging voor Energie, Journal of Energy & Natural Resources Law, Vol 24 No 1, 2006, S. 39ff.

Tersteegen, Bernd/Hinüber, Gerd/Mirbach, Tobias/Haubrich, Hans-Jürgen, Untersuchungen zur Praxistauglichkeit eines Open Market Coupling-Verfahrens, ET 4/2007, S. 37ff.

Thomas, Stefan, Die Bindungswirkung von Mitteilungen, Bekanntmachungen und Leitlinien der EG-Kommission, EuR 3/2009, S. 423ff.

Vattenfall Europe Transmission GmbH, Das lastflussbasierte Modell zur Berechnung von Übertragungskapazitäten in der CEE-Region: Beschreibung des Modells zur Berechnung der Übertragungskapazitäten für die koordinierte Allokation von Übertragungsrechten vom 30.09.2009, online abrufbar unter http://www.bundesnetzagentur.de/DE/DieBundesnetzagentur/Beschlusskammern/1BK-Geschaeftszeichen-Datenbank/BK6/2009/2009_101bis200/BK6-09-0138,%20%20BK6-09-139/Modell_Kapazitaetsberechnung_FBA.pdf?__blob=publicationFile, zuletzt abgerufen am 11.03.2012.

De Vries, Laurens/de Joode, Jeroen/Hakvoort, Rudi, The regulation of electricity transmission networks and its impact on governance, European Review of Energy Markets, 3/2009, S. 1ff.

Wawer, Tim, Konzepte für ein nationales Engpassmanagement im deutschen Übertragungsnetz, ZfE 31/2007, S. 109ff.

Wawer, Tim, Effizientes Engpassmanagement zur Schaffung eines europäischen Strombinnenmarktes – die Rolle von finanziellen Übertragungsrechten, ZfE 2/2009, S. 91ff.

Weber, Rolf H./Kratz, Brigitta, Elektrizitätswirtschaftsrecht, Stämpfli Verlag, Bern, 2005.

Weber, Christoph/Vogel, Philip, Marktmacht in der Elektrizitätswirtschaft – Welche Indizien sind aussagekräftig, welche Konsequenzen adäquat? ET 4/2007, S. 20ff.

Weigt, Hannes/von Hirschhausen, Christian, Aktive Wettbewerbspolitik für effiziente Elektrizitätserzeugungsmärkte – Europäische Erfahrungen und wirtschaftspolitische Schlussfolgerungen, ZNER 2007, S. 12ff.

Weitbrecht, Andreas/Mühle, Jan, Europäisches Kartellrecht 2009, EuZW 9/2010, S. 327ff.

Wolf, Dieter, Die Liberalisierung der europäischen Energiemärkte, BB 1998, S. 1433ff.

Zenke, Ines/Ellwanger, Niels, Handel mit Energiederivaten, C.H. Beck Verlag, München, 2003.

Zimmer, Christian/Eckenroth, Lutz/Feldmann, Jörg/Jones, Wynne/Elms, Nick/Riechmann, Christoph/Schlecht, Daniel/Cremer, Dirk/Haubrich, Hans-Jürgen, Weiterentwicklungen des grenzüberschreitenden Engpassmanagements im europäischen Stromnetz, ET 2004, S. 786ff.

Zinow, Bernd-Michael, Rechtsprobleme der grenzüberschreitenden Durchleitung von Strom in einem EG-Binnenmarkt für Energie, Lang-Verlag, Frankfurt a.M., 1991.

Dokumente Europäischer Institutionen (chronologisch geordnet)

Agency for the Cooperation of Energy Regulators, Framework Guidelines on Capacity Allocation and Congestion Management for Electricity vom 29.7.2011, FG-2011-E-002, online abrufbar unter http://www.acer.europa.eu/Electricity/FG_and_network_codes/Electricity%20FG%20%20network%20codes/FG-2011-E-002.pdf, zuletzt abgerufen am 16.10.2013.

Europäische Kommission, Arbeitsdokument: Der Binnenmarkt für Energie, KOM(88) 238, endg., vom 2.5.1988.

Europäische Kommission, Mitteilung, Die Ausweitung der innergemeinschaftlichen Stromlieferungen: ein grundlegender Beitrages zur Vollendung des Binnenmarktes für Energie, zugleich: Vorschlag für eine Richtlinie des Rates über den Transit von Elektrizitätslieferungen über die großen Netze, KOM(89) 336 endg. vom 29.09.1989.

Europäische Kommission, Die Nuklearindustrie in der Gemeinschaft: Die Industrie für Planung und Bau von Kernkraftwerken angesichts der Vollendung des Europäischen Binnenmarkts, KOM(89) 347 endg. vom 7.02.1990.

Europäische Kommission, Reorganisation der Elektrizitätswirtschaft in England and Wales, Mitteilung gem. Art. 19 Abs. 3 der Richtlinie 17, Abl. EU, 1990, C 191, S. 9ff.

Europäische Kommission, Reorganisation der Elektrizitätswirtschaft in Schottland, Mitteilung gem. Art. 19 Abs. 3 der Richtlinie 17, Abl. EU, 1990, C 245.

Europäische Kommission, Weißbuch: Eine Energiepolitik für die europäische Union, KOM(95) 0682 endg. vom 13.12.1995.

Europäische Kommission, Entscheidung Nr. 1254/96/EG über eine Reihe von Leitlinien betreffend die transeuropäischen Netze im Energiebereich, Abl. EU, 161, S. 147–153 vom 5.6.1996.

Europäische Kommission, Bekanntmachung über die Definition des relevanten Marktes im Sinne des Wettbewerbsrechts der Gemeinschaft, Abl. C 372 (97/C 372/03) vom 9.12.1997.

Europäische Kommission, Zweiter Bericht an den Rat und das Europäische Parlament über den Harmonisierungsbedarf, Richtlinie 96/92/EC betreffend gemeinsame Vorschriften für den Elektrizitätsbinnenmarkt (SEK 1999/0470) vom 16.4.1999.

Europäische Kommission, XXVIII. Bericht über die Wettbewerbspolitik 1998, online abrufbar unter http://ec.europa.eu/competition/publications/annual_report/1998/de.pdf, zuletzt abgerufen am 16.10.2013.

Europäische Kommission, Mitteilung an den Rat und an das Europäische Parlament, Die jüngsten Fortschritte bei der Schaffung eines Elektrizitätsbinnenmarktes, KOM (2000) 297 endg., vom 16.05.2000.
Europäische Kommission, Mitteilung „Leistungen der Daseinsvorsorge in Europa", KOM(2000) 580 endg., vom 20.09.2000.
Europäische Kommission, Grünbuch: Hin zu einer europäischen Strategie für Energieversorgungssicherheit, KOM(2000) 769 endg., vom 29.11.2000.
Europäische Kommission, Erhöhter Spielraum für Wettbewerb bei Stromeinfuhren in Nordeuropa – ein Schritt in Richtung Strombinnenmarkt, Pressemitteilung IP/01/30 vom 11.01.2001.
Europäische Kommission, Die Rolle der Verbindungsleitungen im Strommarkt aus wettbewerbspolitischer Sicht, MEMO/01/76 vom 12.03.2001.
Europäische Kommission, Öffnung der Verbindungsleitung zwischen Frankreich und dem Vereinigten Königreich erhöht Spielraum für Wettbewerb, IP/01/341 vom 12.03.2001.
Europäische Kommission, Vorschlag für eine Verordnung des Europäischen Parlaments und des Rates über die Netzzugangsbedingungen für den grenzüberschreitenden Stromhandel, KOM(2001) 125 endg. vom 28.08.2001.
Europäische Kommission, Mitteilung gemäß Art. 19 Abs. 3 der Verordnung Nr. 17 des Rates in der Sache COMP/E-3/37.921 – Viking Cable, (2001/C 247/04), Abl. EU vom 05.09.2001, C 247/11 vom 05.09.2001.
Europäische Kommission, XXXI. Bericht über die Wettbewerbspolitik 2001, 29.04.2002, SEK(2002) 462 endg. vom 29.04.2002.
Europäische Kommission, Geänderter Vorschlag für eine Verordnung des europäischen Parlaments und des Rates über die Netzzugangsbedingungen für den grenzüberschreitenden Stromhandel, KOM(2002) 304 endg. vom 07.06.2002.
Europäische Kommission, Mitteilung an das Europäische Parlament gemäß Artikel 251 Absatz 2 Unterabsatz 2 EG-Vertrag betreffend den vom Rat angenommenen gemeinsamen Standpunkt im Hinblick auf den Erlass einer Verordnung des Europäischen Parlaments und des Rates über die Netzzugangsbedingungen für den grenzüberschreitenden Stromhandel, SEK(2003) 160 endg. vom 07.02.2003.
Europäische Kommission, Zweiter Benchmarkingbericht über die Vollendung des Elektrizitäts- und Erdgasbinnenmarktes (aktualisierter Bericht unter Einbeziehung der Beitrittsländer), SEK(2003) 448 vom 07.04.2003.
Europäische Kommission, Mid-Term Evaluation of the TEN-E Program 2000–2006 vom 6. Juli 2004, online abrufbar unterhttp://ec.europa.eu/energy/evaluations/doc/2004_ten_e.pdf, zuletzt abgerufen am 16.10.2013.

Europäische Kommission, Preliminary Report – Executive Summary, Sector Inquiry under Art. 17 Regulation 1/2003 on the Gas and Electricity Markets vom 16.02.2006.

Europäische Kommission, Preliminary Report, Sector Inquiry under Article 17 Regulation 1/2003 on the Gas and Electricity Markets vom 16.02.2006.

Europäische Kommission, Energiewesen: Untersuchung der EU-Kommission bestätigt Probleme und zeigt Lösungsmöglichkeiten auf, Pressemitteilung IP/06/174 vom 16.02.2006.

Europäische Kommission, Kommission erlässt neue Vorschriften für den grenzüberschreitenden Stromhandel in der EU, Pressemitteilung IP/06/1539 vom 09.11.2006.

Europäische Kommission, Beschluss vom 9. November 2006 zur Änderung des Anhangs zur Verordnung (EG) Nr. 1228/2003 über die Netzzugangsbedingungen für den grenzüberschreitenden Stromhandel, Abl. EU L 312/59 vom 11.11.2006.

Europäische Kommission, Mitteilung an den Europäischen Rat und das Europäische Parlament: Eine Energiepolitik für Europa, KOM (2007) 1 endg., vom 10.1.2007.

Europäische Kommission, DG Competition Report on Energy Sector Inquiry, SEC(2006)1724 vom 10.01.2007.

Europäische Kommission, Wettbewerb: Untersuchung des Energiesektors bestätigt Existenz ernsthafter Wettbewerbsprobleme, IP/07/26, Pressemitteilung vom 10.1.2007.

Europäische Kommission, Commission Staff Working Document: Accompanying document to the Communication from the Commission to the Council and the European Parliament – Prospects for the internal gas and electricity market (Implementation Report), SEC(2006) 1709, COM(2006) 841 vom 10.01.2007.

Europäische Kommission, Energy sector competition inquiry – final report – frequently asked questions and graphics, Memo/07/15, Pressemitteilung vom 10.01.2007.

Europäische Kommission, Kommission prüft Verpflichtungszusagen von Distrigas, IP/07/490, Pressemitteilung vom 11.04.2007.

Europäische Kommission, Mitteilung an den Rat und das Europäische Parlament: Bericht über die Erfahrungen mit der Anwendung der Verordnung (EG) Nr. 1228/2003 „Verordnung über den grenzüberschreitenden Stromhandel", KOM(2007) 250 endg. vom 15.05.2007.

Europäische Kommission, Kommission leitet wegen mutmaßlicher Beschränkungen der Gaslieferung förmliches Verfahren gegen Gaz de France ein, Memo/08/328, Pressemitteilung vom 22.05.2007.

Europäische Kommission, Kartellrecht: Kommission leitet förmliches Verfahren gegen Electrabel und EDF wegen Verdachts auf Abschottung des belgischen und des französischen Strommarktes ein, MEMO/07/313, Pressemitteilung vom 16.07.2007.

Europäische Kommission, Commission increases competition in the Belgian gas market – Distrigas, MEMO/07/407 vom 11.10.2007.

Europäische Kommission, Kartellrecht: Kommission begrüßt Vorschläge von E.ON zu strukturellen Abhilfemaßnahmen, um den Wettbewerb auf dem deutschen Strommarkt zu stärken, Memo/08/132, Pressemitteilung vom 28.02.2008.

Europäische Kommission, Commission confirms sending Statement of Objections to EdF on French electricity market, Memo/08/809, Pressemitteilung vom 29.12.2008.

Europäische Kommission, Erläuterungen zu den Prioritäten der Kommission bei der Anwendung von Artikel 82 des EG-Vertrags auf Fälle von Behinderungsmissbrauch durch marktbeherrschende Unternehmen, 2009/C45/02, Mitteilung vom 26.2.2009.

Europäische Kommission, Bericht über die Fortschritte bei der Verwirklichung des Erdgas- und Elektrizitätsbinnenmarktes, KOM(2009) 115, Mittelung vom 11.02.2009.

Europäische Kommission, Prüfverfahren gegen schwedischen Übertragungsnetzbetreiber wegen Verdachts auf Drosselung von Stromexporten, MEMO/09/191, Pressemitteilung vom 23.4.2009.

Europäische Kommission, Bekanntmachung gemäß Artikel 27 Absatz 4 der Verordnung (EG) Nr. 1/2003 des Rates in der Sache Comp/B-1/39.351 – Swedish Interconnectors, Abl. EU C 239/9 vom 06.10.2009.

Europäische Kommission, Kommission unterzieht Verpflichtungszusagen von Svenska Kraftnät für schwedischen Stromübertragungsmarkt einer Marktprüfung, IP/09/1425, Pressemitteilung vom 06.10.2009.

Europäische Kommission, Bekanntmachung gemäß Artikel 27 Absatz 4 der Verordnung (EG) Nr. 1/2003 des Rates in der Sache Comp/B-1/39.351 – Swedish Interconnectors, Abl. EU C 239/9 vom 06.10.2009.

Europäische Kommission, Bericht über die Fortschritte bei der Verwirklichung des Erdgas- und Elektrizitätsbinnenmarktes, KOM(2010) 84, Mitteilung vom 11.03.2010.

Europäisches Parlament, Entschließung zum Zweiten Bericht der Kommission an den Rat und das Europäische Parlament über den Stand der Liberalisierung der Energiemärkte, A5-0180/2000, PE 286.082 vom 06.07.2000.

Europäisches Parlament, Standpunkt festgelegt in Erster Lesung am 13. März 2002 im Hinblick auf den Erlass der Verordnung (EG) Nr. .../2002 des Europäischen Parlaments und des Rates über die Netzzugangsbedingungen für den grenzüberschreitenden Stromhandel, P5_TC1-COD(2001)0078, Abl. EU vom 27.02.2002, C 47E, 380, online abrufbar unter http://eur-lex.europa.eu/LexUriServ/LexUriServ.do?uri=OJ:C:2003:047E:0380:0388:DE:PDF, zuletzt abgerufen am 16.10.2013.

Europäisches Parlament, Legislative Entschließung zu dem Vorschlag für eine Verordnung des Europäischen Parlaments und des Rates über die Netzzugangsbedingungen für den grenzüberschreitenden Stromhandel (KOM(2001) 1125 – C5-0185/2001 – 2001/0078 (COD)), P5_TA(2002)0107, Abl. EU vom 27.02.2003, C 47 E, 379, online abrufbar unter http://eur-lex.europa.eu/LexUriServ/LexUriServ.do?uri=OJ:C:2003:047E:0379:0379:DE:PDF, zuletzt abgerufen am 16.10.2013.

Europäisches Parlament, Empfehlung des Ausschusses für Industrie, Außenhandel, Forschung und Energie für die zweite Lesung betreffend den Gemeinsamen Standpunkt des Rates im Hinblick auf den Erlass der Verordnung (EG) Nr. ..../2003 des Europäischen Parlaments und des Rates vom ... über die Netzzugangsbedingungen für den grenzüberschreitenden Stromhandel (15527/2/2002 – C5-0036/2003 – 2001/0078 (COD)) vom 25.04.2003, online abrufbar unter http://www.europarl.europa.eu/sides/getDoc.do?pubRef=-//EP//TEXT+REPORT+A5-2003-0134+0+DOC+XML+V0//DE#title3, zuletzt abgerufen am 16.10.2013.

Europäisches Parlament, Standpunkt festgelegt in zweiter Lesung am 04. Juni 2004 im Hinblick auf den Erlass der Verordnung (EG) Nr. .../2003 des Europäischen Parlaments und des Rates vom ... über die Netzzugangsbedingungen für den grenzüberschreitenden Stromhandel Abl. Eu 2004, C 68 E, 262, sowie Legislative Entschließung zum Gemeinsamen Standpunkt des Rates im Hinblick auf den Erlass der Verordnung (EG) Nr. .../2003 des Europäischen Parlaments und des Rates vom ... über die Netzzugangsbedingungen für den grenzüberschreitenden Stromhandel, (15527/2/2002 C5-0036/2003 – 2001/0078(COD)), Abl. EU 2004, C 68 E, 262, online abrufbar unter http://eur-lex.europa.eu/LexUriServ/LexUriServ.do?uri=OJ:C:2004:068E:0262:0262:DE:PDF, zuletzt abgerufen am 16.10.2013.

Europäisches Parlament, Aussichten für den Erdgas- und Elektrizitätsbinnenmarkt, A6-0249/2007 vom 10.7.2007.

Europäischer Rat, Entschließung über neue energiepolitische Ziele der Gemeinschaft für 1995 und die Konvergenz der Politik der Mitgliedstaten (86/C 241/01) vom 16.09.1986, Abl. EU Nr. C 241 vom 25.09.1986.

Europäischer Rat, Schlussfolgerungen des Vorsitzes, Europäischer Rat (Barcelona), 15. und 16. März 2002, online abrufbar unter http://www.consilium.europa.eu/ueDocs/cms_Data/docs/pressdata/de/ec/71067.pdf, zuletzt abgerufen am 16.10.2013.

Europäischer Rat, Gemeinsamer Standpunkt (EG) Nr. 4/2003 festgelegt am 3.2.2003 im Hinblick auf den Erlass der Verordnung (EG) Nr. .../2003 des Europäischen Parlaments und des Rates vom ... über die Netzzugangsbedingungen für den grenzüberschreitenden Stromhandel, Abl. EU 2003, C 50 E, S. 1ff.

Europäischer Rat, Schlussfolgerungen der Tagung des Europäischen Rates vom 1./2. März 2012, Übermittlungsvermerk des Generalsekretariats des Rates für die Delegationen, CO EUR 2, CONCL 1, EUCO 4/12 vom 02.03.2012, online abrufbar unter http://www.consilium.europa.eu/uedocs/cms_data/docs/pressdata/de/ec/128570.pdf, zuletzt abgerufen am 16.10.2013.

Dokumente nationaler Institutionen

Bundesamt für Energie, Versorgungssicherheit im Bereich der Elektrizität, Vorstudie vom 10. Juni 2003, online abrufbar unter http://www.news.admin.ch/NSBSubscriber/message/attachments/944.pdf, zuletzt abgerufen am 16.10.2013.

Bundeskartellamt, Sektorenuntersuchung Stromerzeugung/Stromgroßhandel vom 13.01.2011, online abrufbar unter http://www.bundeskartellamt.de/wDeutsch/download/pdf/Stellungnahmen/110113_Bericht_SU_Strom__2_.pdf, zuletzt abgerufen am 16.10.2013.

Bundeskartellamt, Bericht über seine Tätigkeit in den Jahren 2005/2006 sowie über die Lage und Entwicklung auf seinem Aufgabengebiet, BTDrs. 16/5710.

Bundesministerium für Wirtschaft und Technologie, Energie in Deutschland, Aktualisierte Ausgabe August 2010.

Bundesnetzagentur, Report on the use of the French-German interconnection in 2006, online abrufbar unter http://www.bundesnetzagentur.de/SharedDocs/Downloads/EN/BNetzA/Areas/ElectricityGas/Special%20Topics/AnnualReportFrench-GermanCross-BorderInterconnctn/JahresberichtId10268pdf.pdf?__blob=publicationFile, zuletzt abgerufen am 11.03.2012.

Bundesnetzagentur, Nationaler Berichtsbeitrag zum EU-Benchmarkbericht, August 2006.

Bundesnetzagentur, Monitoringbericht 2007 vom 29.06.2007, online abrufbar unter http://www.bundesnetzagentur.de/cln_1931/DE/Presse/Berichte/Berichte Basepage.html, zuletzt abgerufen am 11.03.2010.

Bundesnetzagentur, Leitfaden für die Internet-Veröffentlichungspflichten der Stromnetzbetreiber, Version 1.1 vom 23.06.2008, online abrufbar unter http://www.bundesnetzagentur.de/DE/Sachgebiete/ElektrizitaetGas/AllgemeineInformationen/TransparenzStrommarkt/LeitfadenStromnetzbetreiber_Basepage.html, zuletzt abgerufen am 11.03.2012.

Bundesnetzagentur, Aufruf zur Konsultation in den Verfahren BK6-09-138 und BK6-09-139 vom 27.04.2010, online abrufbar unter http://www.bundesnetzagentur.de/cln_1931/DE/DieBundesnetzagentur/Beschlusskammern/1BK-Geschaeftszeichen-Datenbank/BK6/2009/2009_101bis200/BK6-09-0138,%20%20BK6-09-139/BK6-09-138_BK6-09-139_Konsultation_des_Modells_BKV.html?nn=54788, zuletzt abgerufen am 11.03.2012.

Bundesnetzagentur, Bericht gemäß § 63 Abs. 4 a EnWG zur Auswertung der Netzzustands- und Netzausbauberichte der deutschen Elektrizitätsübertragungsnetzbetreiber vom 14.03.2011, online abrufbar unter http://www.bundesnetzagentur.de/SharedDocs/Downloads/DE/BNetzA/Presse/Berichte/2011/20110314BerichtNetzzustandNetzausbaupdf.pdf?__blob=publicationFile, zuletzt abgerufen am 11.03.2012.

Bundesnetzagentur, Auswirkungen des Kernkraftwerk-Moratoriums auf die Übertragungsnetze und die Versorgungssicherheit, Bericht der Bundesnetzagentur an das Bundesministeriums für Wirtschaft und Technologie vom 11.04.2011, online abrufbar unter http://www.bundesnetzagentur.de/SharedDocs/Downloads/DE/BNetzA/Presse/Berichte/2011/MoratoriumsBericht11April2011pdf.pdf?__blob=publicationFile, zuletzt abgerufen am 11.03.2012.

Bundestag, Unterrichtung durch die Bundesregierung: Tätigkeitsbericht 2005 bis 2007 der Bundesnetzagentur für Elektrizität, Gas, Telekommunikation, Post und Eisenbahnen und Stellungnahme der Bundesregierung, BTDrs. 16/9000 vom 25.04.2008.

Monopolkommission, Sondergutachten 54, Strom und Gas 2009: Energiemärkte im Spannungsfeld von Politik und Wettbewerb, Maßnahmen, online abrufbar unter http://www.monopolkommission.de/sg_54/s54_volltext.pdf, zuletzt abgerufen am 16.10.2013.

Dokumente europäischer Verbände

CEER, Position Paper: The Role of Regulation in Security of Supply and the CEER Approach vom 14.10.2002, online abrufbar unter http://www.energy-regulators.eu/portal/page/portal/EER_HOME/EER_PUBLICATIONS/CEER_

PAPERS/Electricity/2002/SOS_PAPER_2002-10-14.PDF, zuletzt abgerufen am 16.10.2013.
ERGEG, Guidelines on Congestion Management: Explanatory Note vom 18.07.2005, online abrufbar unter http://www.energy-regulators.eu/portal/page/portal/EER_HOME/EER_CONSULT/CLOSED%20PUBLIC%20CONSULTATIONS/ELECTRICITY/Congestion%20Management%20Guidelines/CD/E05-PC-03-27b_guidelines%20on%20congestion%20management.pdf, zuletzt abgerufen am 16.10.2013.
ERGEG, Guidelines of Good Practice on Information Management and Transparency in Electricity Markets vom 02.08.2006, Ref: E05-EMK-06-10, online abrufbar unter http://ec.europa.eu/energy/electricity/florence/doc/twg/ergeg_ggpimt.pdf, zuletzt abgerufen am 16.10.2013.
ERGEG, Cross Border Framework for Electricity Transmission Network Infrastructure – An ERGEG Conclusions Paper vom 18.04.2007, Ref: E07-ETN-01-03, online abrufbar unter http://www.energy-regulators.eu/portal/page/portal/EER_HOME/EER_PUBLICATIONS/CEER_PAPERS/Electricity/2007/E07-ETN-01-03_CB-Frameword-ETNI_V24-04.pdf, zuletzt abgerufen am 16.10.2013.
ERGEG, Compliance with Electricity Regulation 1228/2003 – An ERGEG Monitoring Report vom 18.07.2007, Ref: E07-EFG-23-06, online abrufbar unter http://ec.europa.eu/energy/electricity/florence/doc/florence_14/ergeg_compliance_r.pdf, zuletzt abgerufen am 16.10.2013.
ERGEG, Report on Transparency, IG Transparency, Electricity Regional Initiative Northern Regional Electricity Market, Final Version vom 13.09.2007, online abrufbar unter http://energia.fi/sites/default/files/report_on_transparency_2007.pdf, zuletzt abgerufen am 16.10.2013.
ERGEG, Electricity Regional Initiative – Convergence and Coherence of the Regional Development, Präsentation anlässlich des XIV. Florenz-Forums vom 24./25.09.2007, online abrufbar unter http://ec.europa.eu/energy/gas_electricity/electricity/forum_electricity_florence_en.htm, zuletzt abgerufen am 16.10.2013.
ERGEG, Compliance with Regulation 1228/2003 and Congestion Management Guidelines – Criteria for Compliance vom 10.12.2007, Ref: E07-EFG-25-03, online abrufbar unter http://www.energy-regulators.eu/portal/page/portal/EER_HOME/EER_PUBLICATIONS/CEER_PAPERS/Electricity/2007/E07-EFG-25-03_CriteriaForCompliance_10-Dec-2007.pdf, zuletzt abgerufen am 16.10.2013.
ERGEG, Strategic Guidelines and Codes: Rationale and Scope – Example related to Congestion Management in Electricity vom 10.04.2008, Ref: C08-GA-40-08, online abrufbar unter http://www.energy-regulators.eu/portal/page/

portal/EER_HOME/EER_PUBLICATIONS/CEER_PAPERS/Electricity/Tab1/C08-GA-40-08_SGvsCodes_ElectriciyEx_10-Apr-08_0.pdf, zuletzt abgerufen am 16.10.2013.

ERGEG, Northern Europe Electricity Regional Initiative – Implementation Group „Optimizing the use of the interconnectors – SwePol Link and Baltic Cable", Final Report 2007, Ref: ERI-NO-IG vom 11.04.2008, online abrufbar unter http://www.energy-regulators.eu/portal/page/portal/EER_HOME/EER_ACTIVITIES/EER_INITIATIVES/ERI/Northern/Final%20docs/FINAL%20REPORT%20%E2%80%93%20SwePol%20Link%20and%20Baltic%20Cable, zuletzt abgerufen am 16.10.2013.

ERGEG, Firmness of nominated transmission capacity vom 15.07.2008, Ref: E08-EFG-29-05, online abrufbar unter http://www.energy-regulators.eu/portal/page/portal/EER_HOME/EER_PUBLICATIONS/CEER_PAPERS/Electricity/Tab1/E08-EFG-29-05_FirmnessTransmissionCapacity_2008-07-15.pdf, zuletzt abgerufen am 16.10.2013.

ERGEG, Regulation (EC) 1228/2003 Compliance Monitoring Second Report – ERGEG Conclusions Paper vom 19.02.2009, Ref: E08-ENM-03-05c, online abrufbar unter http://www.energy-regulators.eu/portal/page/portal/EER_HOME/EER_CONSULT/CLOSED%20PUBLIC%20CONSULTATIONS/ELECTRICITY/2008%20Compliance%20Monitoring/CD/E08-ENM-03-05c_ComplianceMonitoring_2009-02-19.pdf, zuletzt abgerufen am 16.10.2013.

ERGEG, Second ERI Coherence and Convergence Report: An ERGEG Conclusions Paper vom 11.03.2009, Ref: E08-ERI-19-04, online abrufbar unter http://www.energy-regulators.eu/portal/page/portal/EER_HOME/EER_CONSULT/CLOSED%20PUBLIC%20CONSULTATIONS/ELECTRICITY/2008%20ERI%20Coherence%20and%20Convergence/CD/E08-ERI-19-04, zuletzt abgerufen am 16.10.2013.

ERGEG, Electricity Regulation (EC) 1228/2003 Compliance Monitoring, Third Report vom 07.12.2010, Ref: E10-ENM-04-15, online abrufbar unter http://www.energy-regulators.eu/portal/page/portal/EER_HOME/EER_PUBLICATIONS/CEER_PAPERS/Electricity/2010/E10-ENM-04-15_3rdComplianceReport_7-Dec-2010.pdf, zuletzt abgerufen am 16.10.2013.

ERGEG, Advice: Comitology Guidelines on Fundamental Electricity Data Transparency vom 07.12.2010, Ref: E10-ENM-27-03, online abrufbar unter http://www.energy-regulators.eu/portal/page/portal/EER_HOME/EER_CONSULT/CLOSED%20PUBLIC%20CONSULTATIONS/ELECTRICITY/Comitology%20Guideline%20Electricity%20Transparency/CD/E10-ENM-27-03_FEDT_7-Dec-2010.pdf, zuletzt abgerufen am 16.10.2013.

ETSO, Evaluation of congestion management methods for cross-border transmission, November 1999, online abrufbar unter http://www.eui.eu/RSCAS/ProfessionalDevelopment/FSR/pdf/12Congestionmanagementmethods.pdf, zuletzt abgerufen am 16.10.2013.

ETSO, Net Transfer Capacities (NTF) and Available Transfer Capacities (ATC) in the Internal Market of Electricity in Europe (IEM) – Information for User, March 2000, online abrufbar unter https://www.entsoe.eu/fileadmin/user_upload/_library/ntc/entsoe_NTCusersInformation.pdf, zuletzt abgerufen am 16.10.2013.

ETSO, Definitions of Transfer Capacities in liberalised Electricity Markets, Final Report April 2001, online abrufbar unter https://www.entsoe.eu/fileadmin/user_upload/_library/ntc/entsoe_transferCapacityDefinitions.pdf, zuletzt abgerufen am 16.10.2013.

ETSO, Procedures for cross-border transmission capacity assessments, October 2001, online abrufbar unter https://www.entsoe.eu/fileadmin/user_upload/_library/ntc/entsoe_proceduresCapacityAssessments.pdf, zuletzt abgerufen am 16.10.2013.

ETSO, Capacity Publications and Procedures, Oktober 2001, online abrufbar unter https://www.entsoe.eu/fileadmin/user_upload/_library/ntc/entsoe_capacityPublicationsProcedures.pdf, zuletzt abgerufen am 16.10.2013.

ETSO/EuroPex, Development and Implementation of a Coordinated Model für Regional and Inter-Regional Congestion Management, Final Report vom 25.02.2009, online abrufbar unter https://www.entsoe.eu/fileadmin/user_upload/_library/publications/etso/Congestion_Management/ETSO-EuroPEX%20report-25-02-09.pdf, zuletzt abgerufen am 16.10.2013.

Eurelectric, Power Quality in European Electricvity Supply Networks – 1st Edition, Februar 2002, Ref: 2002-2700-0005.

EuroPex, Using Implicit Auctions to Manage Cross-Border Congestion: Decentralised Market Coupling vom 08.07.2003, online abrufbar unter http://www.europex.org/index/pages/id_page-21/lang-en/, zuletzt abgerufen am 16.10.2013.

UCTE, Half-Year Report 2002, online abrufbar unter https://www.entsoe.eu/fileadmin/user_upload/_library/publications/ce/otherreports/halfyearlyreports/Report_II_2002.pdf, zuletzt abgerufen am 16.10.2013.

Veröffentlichungen des Instituts für deutsches und europäisches Wirtschafts-, Wettbewerbs- und Regulierungsrecht der Freien Universität Berlin

Herausgegeben von Franz Jürgen Säcker

Band 1 Franz Jürgen Säcker (Hrsg.): Deutsch-russisches Energie- und Bergrecht im Vergleich. Ergebnisse einer Arbeitstagung vom 31. März / 1. April 2006. 2007.

Band 2 Franz Jürgen Säcker / Walther Busse von Colbe (Hrsg.): Wettbewerbsfördernde Anreizregulierung. Zum Anreizregulierungsbericht der Bundesnetzagentur vom 30. Juni 2006. 2007.

Band 3 Dirk Zschenderlein: Die Gleichbehandlung der Aktionäre bei der Auskunftserteilung in der Aktiengesellschaft. Zum Problem der Zulässigkeit der Weitergabe von Informationen an einzelne Aktionäre und Dritte. 2007.

Band 4 Simone Kirchhain: Die Anwendung der Vertikal-GVO auf innerstaatliche Wettbewerbsbeschränkungen nach der 7. GWB-Novelle. 2007.

Band 5 Franz Jürgen Säcker: Der Independent System Operator. Ein neues institutionelles Design für Netzbetreiber? 2007.

Band 6 Stefanie Otto: Allgemeininteressen im neuen UWG. § 1 S. 2 UWG und die wettbewerbsfunktionale Auslegung. 2007.

Band 7 Jochen Eichler: Vertragliche Dritthaftung. Eine Auseinandersetzung mit der Frage der Dritthaftung von sogenannten Experten und anderen Auskunftspersonen im Rahmen des § 311 Abs. 3 BGB. 2007.

Band 8 Markela Stamati: Die Anforderungen der operationellen Entflechtung nach den Beschleunigungsrichtlinien der Europäischen Kommission. Umsetzung in Deutschland und Griechenland. 2008.

Band 9 Franz Jürgen Säcker: The Concept of the Relevant Product Market. Between Demand-Side Substitutability and Supply-Side - Substitutability in Competition Law. 2008.

Band 10 Renate Rabensdorf: Die Durchgriffshaftung im deutschen und russischen Recht der Kapitalgesellschaften. Eine rechtsvergleichende Untersuchung. 2009.

Band 11 Franz Jürgen Säcker: Der beschleunigte Ausbau der Höchstspannungsnetze als Rechtsproblem. Erläutert am Beispiel der 380-kV-Höchstspannungsleitung Lauchstädt – Redwitz – Grafenrheinfeld mit Querung des Rennsteigs im Naturpark Thüringer Wald. 2009.

Band 12 Helen Mahne: Eigentum an Versorgungsleitungen. 2009.

Band 13 Franz Jürgen Säcker (Hrsg.): Russisches Energierecht - Gesetzessammlung. 2009.

Band 14 Franz Jürgen Säcker / Maik Wolf: Integrierte Energieversorgung in geschlossenen Verteilernetzen. Zum Gestaltungsspielraum des Gesetzgebers zur Neuregelung des § 110 EnWG im Lichte des Dritten EG-Energiepakets. 2009.

Band 15 Franz Jürgen Säcker (Hrsg.): Das Dritte Energiepaket für den Gasbereich. Deutsch-Englische Textausgabe mit einer Einführung. 2009.

Band 16 Franz Jürgen Säcker (Hrsg.): Das Dritte Energiepaket für den Elektrizitätsbereich. Deutsch-Englische Textausgabe mit einer Einführung. 2009.

Band 17 Thomas Dörmer: Die Unternehmenspacht. Rechtsstellung der Vertragsparteien unter besonderer Berücksichtigung der Pflicht des Unternehmenspächters zur ordnungsgemäßen Unternehmensführung sowie der Rechtslage bei Vertragsbeendigung. 2010.

Band 18 Klaas Bosch: Die Kontrolldichte der gerichtlichen Überprüfung von Marktregulierungsentscheidungen der Bundesnetzagentur nach dem Telekommunikationsgesetz. 2010.

Band 19 Geng-Sook Leem: Einheitliche Corporate Governance-Grundsätze für die Europäische Aktiengesellschaft (SE). Eine rechtsvergleichende Untersuchung anhand der Ausgestaltung der SE im deutschen und britischen Recht. 2010.

Band 20 Wiebke Gebhardt: Gentechnik und Koexistenz nach der Gesetzesnovelle von 2008: Zivilrechtliche Haftung im Vergleich Deutschland und USA. 2010.

Band 21 Cathrin Isenberg: Die Geruchsmarke als Gemeinschaftsmarke. Schutzfähigkeit und Einsatzmöglichkeiten. 2010.

Band 22 Franz Jürgen Säcker / Jochen Mohr / Maik Wolf: Konzessionsverträge im System des europäischen und deutschen Wettbewerbsrechts. 2011.

Band 23 Judith Antonia Loeck: Die unzumutbare Belästigung nach der UWG Novelle 2008 und dem Gesetz zur Bekämpfung unerlaubter Telefonwerbung und zur Verbesserung des Verbraucherschutzes bei besonderen Betriebsformen. 2011.

Band 24 Jörg Jaecks: Konzernverrechnungsklauseln und verwandte einseitige Verrechnungsbefugnisse im Mehrpersonenverhältnis. 2011.

Band 25 Franz Jürgen Säcker: Marktabgrenzung, Marktbeherrschung, Markttransparenz und Machtmissbrauch auf den Großhandelsmärkten für Elektrizität. 2011.

Band 26 Susanne Wende: Die einheitliche Auslegung von Beihilfen- und Vergaberecht als Teilgebiete des europäischen Wettbewerbsrechts. 2011.

Band 27 Leonie Kempel: Die Anwendung von Art. 102 AEUV auf geistiges Eigentum und Sacheigentum. Die Voraussetzungen des Kontrahierungszwangs nach Art. 102 AEUV und der Essential-Facility-Doktrin unter besonderer Berücksichtigung der Unterschiede zwischen geistigem Eigentum und Sacheigentum. 2011.

Band 28 Christoph Schuldt: Werbejingles – schützenswerte Kompositionen!? Die urheberrechtliche und markenrechtliche Schutzfähigkeit von Werbejingles vor unbefugter Nachahmung. 2012.

Band 29 Lydia Scholz: Die Rechtfertigung von diskriminierenden umweltpolitischen Steuerungsinstrumenten. Eine Untersuchung der Reichweite der Warenverkehrsfreiheit und ihrer Begrenzung durch den Umweltschutz als Vertragsziel am Beispiel der deutschen Energiefördergesetze EEG und KWKModG. 2012.

Band 30 Franz Jürgen Säcker: Investitionen in Kraftwerke zur Sicherung einer zuverlässigen Elektrizitätsversorgung nach der Energiewende. Rechtliche und ökonomische Rahmenbedingungen. 2012.

Band 31 Florian Leib: Kartellrechtliche Durchsetzungsstrategien in der Europäischen Union, den USA und Deutschland. Eine rechtsvergleichende Darstellung. 2012.

Band 32 Holger Hoch: Marktverschlusseffekte und Effizienzen vertikaler Zusammenschlüsse. Kartellrechtliche Beurteilung nach europäischem und deutschem Recht. 2012.

Band 33 Sebastian Kemper: Gasnetzzugang in Deutschland und in Spanien. 2012.

Band 34 Elena Timofeeva: Unbundling in der russischen Elektrizitätswirtschaft im Vergleich zum deutschen und europäischen Energierecht. 2012.

Band 35 Gisela Drozella / Harald Krebs: Marktbeherrschung im Bereich Stromerzeugung / Stromgroßhandel. Eine kritische Analyse der neueren Sicht des Bundeskartellamts. 2013.

Band 36 Christian Rehm: Die Einzel- und Gesamtverantwortung der Vorstandsmitglieder der Aktiengesellschaft. Die Verantwortung für die Leitung und Geschäftsführung im mehrköpfigen Vorstand in der unabhängigen und der herrschenden AG. 2013.

Band 37 Ann-Christin Richter: Mengen- und umsatzbezogene Rabatte marktbeherrschender Unternehmen in den Grenzen des Art. 102 AEUV. 2013.

Band 38 Nikolaos Pitsos: Die erhebliche Behinderung des wirksamen Wettbewerbs (SIEC-Test) im Fusionskontrollrecht. Zugleich ein Beitrag zur Problematik der oligopolistischen Marktbeherrschung unter Vergleich mit dem amerikanischen SLC-Test. 2013.

Band 39 Mirko Heinemann: Das Markenzeichen als Anknüpfungspunkt des Markenimages. 2013.

Band 40 Sylvia Lorenz: Der Immaterialgüterschutz virtueller Ladengeschäfte. Ein Vorschlag für die rechtliche Erfassung virtueller Güter. 2014.

Band 41 Anke Reimers: Wettbewerbsrechtliche und regulatorische Analyse der Kapazitätenvergabe an Grenzkuppelstellen im Elektrizitätsbinnenmarkt. 2014.